U0564897

本书系2023年度河北省社会科学基金项目《面向文化数字化战略的数字作品非同质代币化交易著作权法规制研究》（项目编号：HB23FX013）的项目成果。

Research on the Application of the Principle of Exhaustion of Distribution Right in Digital Environment

数字环境下发行权穷竭原则适用研究

金　松◎著

中国政法大学出版社

2024·北京

声　　明　　1. 版权所有，侵权必究。

2. 如有缺页、倒装问题，由出版社负责退换。

图书在版编目（CIP）数据

数字环境下发行权穷竭原则适用研究 / 金松著. -- 北京 : 中国政法大学出版社, 2024. 6. -- ISBN 978-7-5764-1588-9

Ⅰ. D923.414

中国国家版本馆 CIP 数据核字第 2024KS9427 号

出版者　中国政法大学出版社

地　　址　北京市海淀区西土城路 25 号

邮寄地址　北京 100088 信箱 8034 分箱　邮编 100088

网　　址　http://www.cuplpress.com（网络实名：中国政法大学出版社）

电　　话　010-58908586(编辑部) 58908334(邮购部)

编辑邮箱　zhengfadch@126.com

承　　印　固安华明印业有限公司

开　　本　720mm×960mm　1/16

印　　张　13.5

字　　数　230 千字

版　　次　2024 年 6 月第 1 版

印　　次　2024 年 6 月第 1 次印刷

定　　价　59.00 元

目录

引　言

一、选题背景及研究意义

著作权法的发展历史充满了限制与反限制的矛盾，发行权穷竭原则是处理这对矛盾的产物。在“发行-传播”的逻辑线索中，对发行权的控制意味着对作品传播的控制。作者个人创造和前人智慧的结合孕育了作品，作品利益由作者和公众共享是著作权法的价值范式，合理分配和协调作者利益和公众利益是著作权法的行为范式。发行权穷竭原则的确立为著作权法实现这一范式赋能。〔1〕发行权穷竭原则是著作权权利限制体系的重要原则。其基本内涵是：发行权在作品原件或授权合法制作的作品复制件经由著作权人许可首次向公众出售或赠与后一次用尽，引发作品合法获得者再次出售或赠与该作品原件或复制件无需著作权人许可之法律效果。发行权穷竭使著作权人丧失对特定作品原件或复制件流通的控制权。将发行权穷竭原则明确规定于著作权法律规范是当今大多数国家的普遍做法。例如，《美国版权法》第 109 条 a 款规定：“尽管有第 106 条第（3）款之规定，根据本法合法制作的复制件或唱片之所有权人或经该所有权人授权的任何主体，销售或以其他方式处分其对复制件或唱片之占有无须经过版权人许可。”〔2〕《日本著作权法》第 26 条（b）款第 2 项规定：“发行权不适用于所有权经由著作权人或其授权之主体已向公众转让的作品原件或复制件。”《德国著作权法》第 17 条第 2 款规定：“作品原件或复制件经著作权人同意已在欧盟境内合法售出，其后续流转不受著作权人控制。”《英国版权法》第 18 条第 2 款规定：“发生于权利用尽之后的销售、分发、出租作品复制件的行为不适用发行权。”正是由于发行权穷竭

〔1〕 钟瑞栋：《论著作权法中的平衡精神——以版权穷竭制度为个案》，载《厦门大学法律评论》2001 年第 1 期，第 100~114 页。

〔2〕 17 USC §109.

原则的存在，我们既可以流连于书店卷帙浩繁的书海购买其从批发商处采购的琳琅满目的书籍，也可以受益于旧货市场将自己手中闲置的二手正版唱片和书籍进行转售。发行权的独特精神意向在于防止他人出售作品的非法复制件，因此如若著作权人能够继续控制已经合法售出的作品原件或复制件，既违背了发行权的精神意向，又滋生了著作权人干涉他人物权合法流通的问题，严重背离生产要素自由流动的市场经济准则。藉此，发行权穷竭原则应运而生，著作权人通过向公众发行作品原件或复制件而将发行权一次用尽，无权阻止该特定原件或复制件由所有权人流转。〔1〕

十九大以来，版权产业作为国际竞争力的重要考察标准和文化软实力的参照体系，其导向、引领和驱动作用日益受到国家重视。人工智能、大数据、5G 以及区块链纷至沓来，现代数字信息技术方兴未艾，我国版权产业的发展水平和面貌已今非昔比。〔2〕信息技术的快速发展助推了数字技术与版权产业的深度融合。数字版权产业契合数字经济发展规律，逐渐拉动产业升级的引擎，推动了我国版权产业奔向更加多元化的新高地。〔3〕发行权穷竭原则作为著作权法的一项重要原则，通过对著作权人权利行使范围的制约，对版权产业中作品交易活动的秩序与规则产生影响。这一原则的运用，不仅可以在宏观层面回应国家版权产业的发展战略，也可以为企业商业模式和战略的运用提供借鉴。在我国版权产业国际化、数字化的背景下，正确认识发行权穷竭原则的作用和价值，进而在不同的立法模式和规范制度之间做出合理的选择，具有重要的理论意义和实践价值。从 2017 年至 2021 年，中国版权产业的行业增加值从 6.08 万亿元人民币增长至 8.48 万亿元人民币，产业规模增幅 39.43%；从对国民经济的贡献来看，中国版权产业占 GDP 的比重由 2017 年

〔1〕 王迁：《知识产权法教程》，中国人民大学出版社 2014 年版，第 143~144 页；Bobbs-Merrill Co. v. Straus, 210 U. S. 339, 350-51 (1908). The Court groundedthis policystance in its view ofthe goals of the copyright statutes of the time, stating: In our view the copyright statutes, while protecting the owner of the copyright inhis right tomultiply and sell his production, do not create the right to impose, bynotice, such as is disclosed in this case, a limitation at which the book shall besold at retail by future purchasers, with whom there is no privity of contract. Thisconclusion is reached in view of the language of the statute, read in the light of itsmain purpose to secure the right of multiplying copies of the work, a right whichis the special creation of the statute.

〔2〕 刘浏、闻凯：《论网络版权产业发展的挑战及其法律应对——基于河北省网络版权产业情况调研》，载《河北法学》2021 年第 8 期，第 187 页。

〔3〕 胡慧源、朱仲玉：《"十三五"时期我国版权保护与管理回眸及展望》，载《中国出版》2020 年第 24 期，第 20 页。

的7.35%增长至2021年的7.41%，提高0.06个百分点；从年均增长率来看，五年间中国版权产业行业增加值的年均增长率为8.67%，高于同期全国GDP年均名义增长率0.23个百分点。版权产业规模稳步扩大，对全国经济发展的支撑作用进一步增强。[1]此外，2021年9月22日，中共中央、国务院印发的《知识产权强国建设纲要（2021—2035年）》明确指出了"到2025年，知识产权强国建设取得明显成效……版权产业增加值占GDP比重达到7.5%"的预期性指标。[2]在这样的宏观背景下，研究发行权穷竭原则的演变与发展，分析其对产业发展的作用，是非常值得关注的基本理论问题。尤其在我国《著作权法》[3]尚未明确规定相关问题的情况下，准确合理地认识发行权穷竭原则，为全球化进程中的版权产业、创意产业相关法律规则的具体设计，政府部门宏观产业发展战略和政策的出台，以及企业具体经营策略和模式的选择定位，具有重要的理论意义和现实价值。本书的问题意识及研究意义体现为：

第一，通过追溯发行权穷竭原则的起源，阐明发行权穷竭原则的概念，明确发行权穷竭原则的价值，澄清发行权穷竭原则的规范属性，搭建起发行权穷竭原则的理论框架，确立其本体论与价值论根基，从而为洞悉数字经济时代下发行权穷竭原则的核心命题打下基础。

第二，在明确发行权穷竭原则基本要义的基础上，梳理数字环境下发行权穷竭原则适用的论争，透视不同学说的理据和局限，明确"肯定说"的合理性并通过逻辑论证弥补其论据的不充分，探索数字环境下发行权穷竭原则的发展方向，从而为版权行业相关企业商业模式的战略选择和重构、版权产品二手市场的孕育和激活提供理论根基。

第三，在总结相关司法判例的基础上，检视美欧数字环境下发行权穷竭原则适用的立法和司法实践，明确发行权穷竭原则数字环境适用的困境和羁

---

〔1〕 参见《2021年中国版权产业增加值占到GDP的7.41%》，载https://www.ncac.gov.cn/chinacopyright/contents/12558/358846.shtml，最后访问日期：2024年3月12日。（需要说明的是，目前可获取到的版权产业增加值等最新统计数据截止到2021年。国家统计局一般每年12月公布上一年度的国民经济数据，国家版权局在此基础上提取出版权的相关数据并于次年向社会公布，因此2022年版权产业增加值等数据在2024年向社会公布。）

〔2〕《中共中央、国务院印发〈知识产权强国建设纲要（2021-2035年）〉》，载https://www.cnipa.gov.cn/art/2021/9/23/art_2742_170305.html，最后访问日期：2021年10月28日。

〔3〕《著作权法》，即《中华人民共和国著作权法》，为表述方便，本书中涉及我国法律文件均省去"中华人民共和国"字样，全书统一，后不赘述。

绊并对其予以充分的关照和回应，提出我国发行权穷竭原则数字环境适用困境破解的有效路径。

第四，关注 Web 3.0 时代作品创作传播数字化、交易在线化的未来趋势。澄清非同质化通证（Non-Fungible Token，NFT）以及 NFT 数字作品的性质、发行权穷竭原则是否适用、NFT 数字作品交易平台注意义务界定等一系列困惑。从基本范畴界定、司法实践检视和理论证成三个层面分析了 NFT 数字作品发行权穷竭原则的适用逻辑，从多个维度勾勒出元宇宙发展背景下 NFT 数字作品交易的演进方向。

二、国内外研究现状

探讨数字环境下的发行权穷竭原则，实质是追随技术变迁的脉络，考察传统的发行权穷竭原则在数字时代是否仍具有适应性。因此，对研究现状的梳理不能仅仅局限于数字环境下的发行权穷竭原则适用本身，只有回归到对整体性的发行权穷竭原则研究现状梳理，我们才能够从更全面的视角把握发行权穷竭原则从传统到现代的制度发展变化，才能从全局上把握面临困境和危机的发行权穷竭原则如何有效适应数字时代作品传播的创新范式变迁。以这样的原则为范导，本书对国内外发行权穷竭原则相关的现有文献进行了全面梳理，以求达到资料占有的充分性和研究架构的逻辑性。发行权穷竭是随着国际贸易的发展而逐渐凸显出来的一个法学理论问题，它与国际贸易有着密不可分的关系。20 世纪 80 年代以来，随着国际贸易自由化，知识产权的地域性和平行进口引起了各国关注，相关政策和法律相继出台，客观上促进了“发行权穷竭”这一主题的学术研究，国内外均出现了一定数量的研究成果。

（一）国外研究现状

对于发行权穷竭原则的称谓，欧洲国家多称“发行权用尽原则”或“发行权穷竭原则”，而美国则习惯使用“首次销售原则”（First Sale Doctrine）一词。在美国，近年来支持数字作品转售适用发行权穷竭原则的呼声越来越高，支持者多为国内图书馆集团、一些大型电子商务交易平台和学者。他们认为，由于美国法律不区分“发行行为”和“网络传输行为”，两者都受发行权调整，因此传统的发行权穷竭原则在数字环境中具有适用的可能性。通过主张不能以严格的形式主义方式解释发行权穷竭原则，支持者强调消费者处分作品的传统权利具有不可剥夺性。[1]一方面，他们主张在数字环境下发行权穷竭原则仍然应当予以适用，认为采用“转发-删除”技术作为支持数字作品转售的手段实际上能够自始至终保证作品的唯一性，这与传统市场交易环境所进行的作品有形载体的转让并无本质区别，并提出了所谓的“数字权利穷竭原则”以保障消费者转让数字内容的行为具有合法性；另一方面，他们认为如果数字环境下无法适用发行权穷竭原则，必将影响数字作品的正常市场流通，容易导致价格垄断，减少公众获得作品的机会，进而损害整个社会福利。同时，美国国内反对者的力量也比较强大，他们主张作品的复制与发行密不可分，数字作品的转售过程必然产生作品的复制行为，而著作权人的复制权无论是在传统环境还是数字环境下都未穷竭，允许数字环境下适用发行权穷竭原则会侵害到著作权人的复制权，这是《美国版权法》所不能容忍的。此外，是否删除或销毁原有的复制件难以确定，在法律上和实践中没有相应的监督方法。即使有技术可以同时删除或销毁原始复制件，现有技术也总是被更先进的技术打破，这就决定了技术并不能保证真正的实施。由于美国国会不确定在数字环境下发行权穷竭会给电子商务的发展带来多大影响，所以没有在立法中采纳数字环境下适用发行权穷竭原则的建议。学者阿里尔·卡茨（Ariel Katz）注意到，学界有人认为发行权穷竭原则濒临死亡。在实体复制时代形成并仅限于实体复制发行的权利穷竭原则，将在数字新世界失去其突出地位，数字新世界中，以数字格式的作品不再作为特定的可识别物品被发行和享用。发行权穷竭原则可能不会完全消失，但历史可能会使它随着泛黄的旧书，落满灰尘的唱片和破碎的胶片降级到文化和知识的老年部门。这种“死亡预测”进一步依赖于声称禁止买方将其购买的物品转让给他人的合同和许可条件的激增，即使这种转让在其他方面是技术上可行和法律上许可的。如果这些限制性条件是可执行的（许多人认为它们通常是可执行的），那么发行权穷竭原则可能在法律上仍然存在，但实际上已经死亡。阿里尔·卡茨则认为，关于数字环境下发行权穷竭的法律尚无定论，并且可以有不同的解释。作为权利穷竭原则，它可能只限制发行权，但它的法律规定可能只是确认了一个更广泛的权利穷竭原则——版权法中限制版权人权利的原则之一。权利

---

〔1〕 See Reply Comments of the library of Congress, The United States Copyright Office and the Department of Commerce, National Telecommunications and Information Administration, Washington. D. C., http://www.mlanet.org/govern ment/dmca/dmca_ reply02. html, 2020-06-22.

穷竭原则在发行权之外可以适用，而且已被应用。[1]亚伦·普赞诺斯基（Aaron Perzanowski）和杰森·舒尔茨（Jason Schultz）认为，虽然发行权穷竭原则在版权制度中长期发挥的作用和功能正在受到威胁，但是该原则应该在数字转型时代生存下来。在解释了现有法律制度下数字环境中适用发行权穷竭原则的两个主要障碍之后，他们概述了对数字环境中发行权穷竭立法的可能方法，主张通过一个灵活的基于标准的方法赋予法院相当大的裁量权是更好的解决方案。[2]学者安东尼·鲁比·普格（Antoni Rubi Puig）提供了一个基于包括版权、专利权和商标权在内的知识产权穷竭的传统理论构建的分析框架，该框架确定了法院和决策者在某些情况下更灵活地应用发行权穷竭原则时可以考虑的因素。[3]洛塔尔·德特尔曼（Lothar Determann）提供了一个介绍数字环境下发行权穷竭的实践和法律维度，考察了欧盟和美国的法律框架进行比较并分析了大西洋两岸的判例法，包括关于尚未在美国公开的数字产品的最近判决，并提供了一个关于跨国界穷竭问题的国际视角，然后将相关的法律原则应用到一组常见的事实场景和变化当中，来说明该主题的重要性并提供具体的法律结果以及有充分根据的政策评估。他认为，从公共政策的角度来看，数字发行权穷竭的倡导者可以依据消费者期望、对作品的公开访问、商业自由和交易隐私支持该原则——允许消费者转售数字作品复制件而无需经过版权所有人的许可。学者马修·J. 图尔钦（Matthew J. Turchyn）也对数字发行权穷竭持肯定态度，他认为，虽然在数字发行平台的背景下建立发行权穷竭原则对软件发行者来说代价高昂，但这些成本并不超过通过许

〔1〕 Ariel Katz, "Copyright, Exhaustion, and the Role of Libraries in the Ecosystem of Knowledge", I/S: *A Journal of Law and Policy for the Information Society* 13, no. 1 (Fall 2016): 81~124.

〔2〕 Aaron Perzanowski, Jason Schultz, "Legislating Digital Exhaustion", *BerkeleyTechnology Law Journal* 29, no. 3 (2014): 1535~1558.

〔3〕 Antoni Rubi Puig, "Copyright Exhaustion Rationales and Used Software", *Journal of Intellectual Property, Information Technology and Electronic Commerce Law* 4, no. 3 (December 2013): 173~174. 安东尼·鲁比·普格（Antoni Rubi Puig）认为："在决定是否允许版权所有者在售后市场上对受版权保护的商品的分销有更大程度的控制权时，法院和决策者可能会考虑：①商品购买者的个人特征，区分消费者和商业用户；②售后限制是否已充分传达给购买方，并已在合同或许可中得到同意；③货物的复杂程度及其生产性使用和互通性的前景；④其他专有权在使权利人间接控制复制品在售后市场上的使用方面的作用；⑤销售后限制对防止长期合同中机会主义的影响以及减少知识产权定价造成的无谓损失；⑥售后限制的时间范围。从事有利于竞争的销售后限制的权利人，如果可以表明这些因素中的大多数在特定分销环境中同时存在，就可以授予其执行限制用尽规则法律效果的合同协议的可能性。"

可而剥夺财产权利所造成的损害。以合理的成本建立数字发行权穷竭原则的手段已经存在，这些措施应该被推行。法案是迫使出版商通过将“鸭子测试法”应用于数字发行权穷竭原则采取必要的步骤保护消费者权利的理想方式。马修·J. 图尔钦以软件为例进行了说明，他认为，出售的软件比传输软件的媒介更重要。因此，不应区别对待不同的转让方式。潜在的转售者将通过二手软件的销售获取经济利益而受益，而二手市场上的买家也将能够购买原本无法负担的软件而获得可观的经济利益。法院应该打破专业术语的限制，应用“鸭子测试法”：如果一笔交易看起来像一笔交易，而且听起来也像一笔交易，那么它很可能就是一笔交易，并且应该被视为一笔交易。〔1〕数字发行权穷竭的反对者通常引用版权所有者的利益、合同自由原则，以及法院推翻既定的法定解释而出现的事与愿违的失常进行论证。值得注意的是，德国法院迄今为止在很大程度上拒绝了数字环境下适用发行权穷竭原则，法院似乎也不关心消费者的困惑，尽管在德国有对消费者进行高标准保护的传统。〔2〕亚伦·普赞诺斯基和杰森·舒尔茨将权利穷竭理论应用于前数字时代和数字时代的个人使用——包括转移空间的有形媒体、通过云计算存储的个人媒体以及越狱个人电子设备——以展示在数字时代，法院如何公平地解决此类纠纷。〔3〕莫里斯·P. 肖恩（Morris P. Sean）探讨了数字发行权穷竭的本质，并认为数字发行权穷竭制度应在本质上成为全球性的，并被像世界贸易组织一样的国际争端解决机制所执行。这将反映出电子商务的全球性，并将为数字产品的权利穷竭创建一个协调的国际版权制度。〔4〕学者西奥·帕帕多普洛斯（Theo Papadopoulos）分析了版权国内穷竭与国际穷竭的含义，认为采用国内

---

〔1〕 Matthew J. Turchyn, “It Looks Like a Sale; It Quacks Like a Sale. But It’s Not-An Argument for the Application of the Duck Test in a Digital First Sale Doctrine”, *Journal of Business, Entrepreneurship & the Law* 5, no. 1 (2011): 34~56. The term, “Duck Test”, was coined by poet James Whitcomb Riley, Robin S. Davis, Who’s Sitting On Your Nest Egg?: Why You Need A Financial Advisor And Ten Easy Tests Forfinding The Best One 7 (2007). It is used as a simplistic analytical tool to determine the identity of something by observing its characteristics.

〔2〕 Lothar Determann, “Digital Exhaustion: New Law from the Old World”, *Berkeley Technology Law Journal* 33, no. 1 (2018): 177~224.

〔3〕 Aaron Perzanowski, Jason Schultz, “Copyright Exhaustion and the Personal Use Dilemma”, *Minnesota Law Review* 96, no. 6 (June 2012): 2067~2143.

〔4〕 Morris P. Sean, “Beyond Trade: Global Digital Exhaustion in International Economic Regulation”, *Campbell Law Review* 36, no. 1 (Fall 2013): 107~146.

穷竭原则会扩大版权人的销售权范围，使其享有“垂直限制”的权利以控制产品的国际销售。[1]戴普里耶·A. 安加（Diepiriye A. Anga）探讨了 Costco v. Omega 案[2]以及 Kirtsaeng v. John Wiley & Son 案[3]的判决所引发的广泛影响，并考虑了版权作为进口控制措施的效用以及这些决定对消费者和灰色市场的潜在影响。[4]盖·A. 鲁布（Guy A. Rub）认为，发行权穷竭有降低信息成本的重要社会功能。如果没有它，买家将低效地浪费资源，需要询问他们能否转售受版权保护的作品。由于转售权通常是社会需要的，因此法律应向买方提供这些权利。发行权穷竭本身也有成本。主要成本是减少创造动机和递减分配效应。这些利益和成本之间的平衡应决定发行权穷竭的范围。不应阻止版权所有者对受版权保护商品的进口或数字作品的发行行使控制权。但是，应限制围绕发行权穷竭原则的合同条款，不应允许版权所有者仅仅通过在标准形式协议中添加一些条款来规避该原则。[5]

迄今为止，国外学者对发行权穷竭原则的理论研究历史较为悠久，针对国内相关立法和实践的研究成果比较丰富。但是关于这一问题的专著大都出版于20世纪，在21世纪的前十年较少有影响力较大的相关新著作出版。最近的一部影响力较大的相关著作是剑桥大学出版社 2018 年出版的 *Copyright Exhaustion：Law and Policy in the United States and the European Union*。该著作对美国、欧盟以及几个欧盟特定成员国的法律中发行权穷竭原则的发展、内容、政策考虑、规制和判例法进行了简明的讨论。目前，国外学术界对发行权穷竭原则的地域范围仍存在较大分歧，这些尖锐的分歧说明，在发行权穷竭原则的基本理论层面，目前都还没有形成共识，至于发行权穷竭原则的规范属性、数字环境下发行权穷竭原则的适用、元宇宙背景下，NFT 数字作品是否产生了发行权穷竭原则的新矛盾等问题，更是缺乏深入、全面的系统研究。

---

〔1〕 Theo Papadopoulos，“Copyright Law and Competition Policy：International Aspects”，*The Australian National University Agenda* 9，no. 2（2002）：113～120.

〔2〕 Costco Wholesale Corp. v. Omega，S. A.，559 U. S. 1066（2010）.

〔3〕 Kirtsaeng v. John Wiley & Sons，Inc.，132 S. Ct. 1905（2012）.

〔4〕 Diepiriye A. Anga，“Intellectual Property without Borders：The Effect of Copyright Exhaustion on Global Commerce”，*International Law & Management Review* 10，no. 1（Winter 2014）：53.

〔5〕 Guy A. Rub，“Rebalancing Copyright Exhaustion”，*Emory Law Journal* 64，no. 3（2015）：741～742.

(二) 国内研究现状

郑成思教授最早将发行权穷竭译为“专有权的枯竭”(The Exhaustion of Exclusive Right),认为它很像“进入公有领域的产权不可逆转”的原则。但这二者有本质区别。知识产权一旦进入公有领域,原所有人就丧失了原先享有的一切权利;“专有权的枯竭”仅仅指的是权利所有人在如何销售自己的作品这一点上,丧失了专有权。[1]在知识产权法律发展历史短暂和长期实行计划经济的影响下,权利穷竭和与之相伴随的平行进口问题在我国实践中一开始并未显得情势紧迫,对此问题的法律规定较少且理论探讨匮乏。我国的相关学术研究主要始于20世纪90年代初。到21世纪初,我国学者大多基于知识产权的地域性支持发行权国内穷竭原则,学术研究的数量较前一时期有所增加,内容方面主要体现为从平行进口的贸易现象入手对发达国家相关法律实践进行研究。[2]在欧盟的法律实践方面,我国学界对近几十年来欧盟为促进市场一体化而建立区域权利穷竭原则的过程较为关注,积累了欧盟权利穷竭原则相关的系列研究成果。我国学界对发行权穷竭原则的研究广度和深度逐渐扩大和加深是从21世纪后开始的。关于发行权穷竭原则的政策和法理,学界存在着许多不同的观点和立场,这反映出我国学界对发行权穷竭原则的基本理论问题尚未达成共识。经过笔者的总结归纳和梳理,具有代表性的研究成果主要体现在以下方面:

(1) 对数字环境下发行权穷竭原则相关的司法判例进行的研究。美、英、德、日以及欧盟都明确规定了发行权穷竭原则并出现了一定数量的案例。虽然我国著作权法中并未明确规定发行权穷竭原则,但该原则已在学术界和司法界得到广泛认可。我国关于发行权穷竭原则最早的司法政策文件可以追溯到1996年北京市高级人民法院发布的《关于审理著作权纠纷案件若干问题的解答》。[3]在司法实践中,也有通过讨论著作权领域知识产权权利穷竭的内涵

---

[1] 刘家瑞编:《郑成思知识产权文集:版权及邻接权卷(二)》,知识产权出版社2017年版,第979~980页。

[2] 詹爱岚:《美国版权耗尽与平行进口立法及其司法实践解析》,载《科技进步与对策》2005年第3期,第84~86页。

[3] 参见北京市高级人民法院《关于审理著作权纠纷案件若干问题的解答》第18条:“他人购买了著作权人许可发行的作品复制后,如果再次出售,是否可以不经著作权人同意?答:经著作权人许可发行了作品的复制件后,著作权人对该批作品复制件的出售权便一次用尽,不能再行使了。他人购买著作权人许可发行的作品复制件后再次出售的,不用经著作权同意。”

来判断发行权穷竭原则是否应予适用的案例，但这些案例并未涉及发行权穷竭原则的数字环境适用。随着数字作品的日益增多，我国司法实践中迟早会发生相关纠纷，美国和欧盟的立法和司法实践为我们提供了可资投鉴的对象。

甲骨文公司诉用软公司（UsedSoft v. Oracle）案（以下简称“UsedSoft案”）是欧盟法院处理数字环境下发行权穷竭问题的经典案例，学者梁志文、蔡英撰文对该案进行了分析。欧盟法院在该案的判决中指出，数字软件销售与实体软件销售并无本质区别，发行权穷竭原则同样适用于数字软件销售。数字软件的权利人在欧盟范围内销售其数字软件的行为使其丧失了对该特定复制件再次销售的控制权。具象而言，发行权穷竭原则对以DVD或CD等实体形式销售的软件和以在线下载方式销售的软件同等适用。作品交易的成立不考虑载体是否有形，“授权用户无限期使用作品”的条款使许可协议经历了由许可到销售的嬗变，著作权人通过销售行为将其对特定作品的发行权用尽。因此，即使授权协议禁止后续转售，著作权人也不能阻止合法购买者将复制件进一步流转。[1]从UsedSoft案的判决中我们可以看出，欧盟法院跳出了作品有形载体的束缚，通过实质解释将发行权穷竭原则延伸适用于网络传输以敷其用。尽管有观点认为从法律规定的层面讲，《信息社会版权指令》说明第29条并未规定发行权穷竭适用于网络传输，但欧盟法院对此予以了回应和澄清：发行权穷竭原则蕴含了合理限制发行权以避免市场分割、保护版权产品相关特定市场的立法旨意。如果将发行权穷竭原则狭隘地理解为仅适用于软件以DVD或CD等实体形式销售，则著作权人的控制力将不能及于数字软件转售，而实际上著作权人于数字软件在线首次销售时已经获得了应有的对价，阻止在线下载软件复制件的合法购买者转售，明显超过了著作权人所应受保护的范围。[2]根据欧盟法院的观点，数字计算机软件的在线传输若构成“向公众传播”，则发行权穷竭原则不应适用；若构成“数字计算机软件的销售”，则发行权穷竭就应予适用。[3]在该案中欧盟法院从用户一次性支付对价且使用软件不受期限限制的事实出发，作出了甲骨文公司名为“提供软件使用服

〔1〕 C128/11 UsedSoft v. Oracle International Corp［2012］ECR I0000, para. 89.

〔2〕 See C403/08 and C429/08 Football Association Premier League and Others［2011］ECR I-0000, para. 187 and 188, para. 105 and 106.

〔3〕 梁志文、蔡英：《数字环境下的发行权穷竭原则——兼评欧盟法院审理的Oracle公司诉UsedSoft公司案》，载《政治与法律》2013年第11期，第38~41页。

务”实为“销售软件复制件”的判断。由此，欧盟法院一针见血地指明了软件复制件所有权转让使“网络传播”嬗变为“发行”的本质，只要甲骨文公司的用户在转售后软件从其设备被彻底删除，发行权穷竭原则就应予适用，甲骨文公司无权对作品数字复制件的转售进行后续控制。对于数字作品转售过程中的复制行为，欧盟法院在 UsedSoft 案中的处理与美国法院截然不同，美国法院尽管承认数字发行，但对数字作品转售过程中的复制行为进行了机械、僵硬的解释，进而间接排斥了发行权穷竭原则的数字环境适用。欧盟法院在 UsedSoft 案中则认为，数字计算机软件转售中的复制本质上是计算机软件所有权人的“交付”行为，是合法转售合同的有机组成部分，不构成对著作权人复制权的侵犯。〔1〕

本书认为，欧盟法院对 UsedSoft 案灵活的处理方式也为我国解决该问题提供了数字语境下的解答和参考。尽管我国数字作品二手市场尚处雏形期、产业化远欠成熟，但随着数字发行的逐步普及，数字作品二手市场相关案件必将成为司法服务版权产业发展的主战场之一。发行权穷竭原则对实现作品的接触和收藏、保护消费者隐私权、减少消费者锁定以及促进社会创新方面具有重要价值。仅以通过网络传输方式转售数字作品不具备有形载体转移的特征而否定发行权穷竭原则的数字环境适用相当于因噎废食。欧盟法院对 UsedSoft 案的判决所折射出来的维护以版权产品使用者为代表的公共利益的价值意涵对我国立法和司法具有深刻的启示意义。概而论之，发行权穷竭原则目前仅作为著作权基本理论而为我国司法实践所运用，2021 年 6 月 1 日起施行的新《著作权法》并未对该原则进行法律条文层面的规定，这既为我国立法机关在法律规定的层面纾困该原则提供了处方，也为我国司法机关在司法审判的层面参鉴欧盟法院 UsedSoft 案的论证思路适用该原则提供了空间，发行权穷竭原则的数字环境适用是我国的必然选择。

（2）对发行权穷竭原则的适用范围及相关的国际贸易平行进口问题进行的研究。由于发行权穷竭原则涉及的利益关系具有复杂性，致使各国对该原则的认识存在很大分歧，甚至有学者形象地将其衍生的平行进口问题称为“国际贸易涉及知识产权最棘手的问题之一”。〔2〕关于发行权穷竭原则的地域

〔1〕 薛亚君：《数字化图书与发行权穷竭原则》，载《天津科技》2015 年第 9 期，第 74~75 页。

〔2〕 See Christopher Health, “ParallelImports and International Trade”, *28 IIC 623* (1997).

效力存在三派意见。一派意见主张“国际穷竭原则”，认为发行权穷竭原则的地域效力及于全世界，在某国发行作品原件或合法制作的作品复制件的行为使著作权人的发行权在世界范围内穷竭，买受人可以将该作品原件或合法制作的作品复制件转售至任何国家而无须取得著作权人许可。持“国际穷竭说”的学者建议我国明确采取知识产权的国际穷竭原则，确立不同国家同一知识财产上知识产权的本质一致性。对知识产权权利穷竭的竭点、穷竭的内容和适用的对象作出一般规定，并处理好知识产权法与宪法、信息财产权法、物权法以及司法和政策等方面的协调关系。然后，在《著作权法》《专利法》和《商标法》中作出特别规定，尤其要处理好权利国际穷竭原则与例外的关系。[1]首先，建议我国《著作权法》作出允许著作权产品平行进口的原则性规定；其次，加强著作权产品中图书、电影、音像制品等文化产品的进出口资质管理措施以保护我国文化产业；再次，列举出著作权国际穷竭的例外情形；最后，针对网络中数字作品复制件的在线发行、传输等情形，可参照适用有形产品的立法作出模糊的规定，等待该部分理论研究与司法实践的探索日渐成熟再进行系统立法。[2]

另一派意见主张“国内穷竭原则”，认为发行权穷竭原则的地域效力仅及于作品首次销售行为发生国，著作权人在首次销售行为发生国之外的发行权并未穷竭。例如，著作权人在A国发行作品的行为仅使其在A国的发行权穷竭，出口商若想将著作权人在A国发行的作品出口至B国销售，必须取得著作权人的许可，否则侵犯著作权人的发行权。最后一派意见主张“区域穷竭原则”，主要由欧盟等自由经济区实行。欧洲统一大市场是行塑“区域穷竭说”的逻辑基点，认为发生于欧盟任何一个成员国内的首次销售行为，使著作权人的发行权在整个欧盟地域范围内穷竭，被合法发行的作品可以在欧盟范围内转售而无须取得著作权人许可。例如，一批在德国首次销售的合法唱片，出口商可将该批唱片转售至法国而无须取得唱片著作权人的许可。刘春田教授认为，发行权穷竭原则的地域效力需要在著作权人、消费者、进出口商等多元主体的生态关系系统中协同确定。“国内穷竭说”之优势在于，著作权人可从分割市场中实现盆满钵盈，而“国际穷竭说”之优势在于，进出口

[1] 刁胜先：《论权利穷竭原则》，法律出版社2018年版，第321页。
[2] 刁胜先：《论权利穷竭原则》，法律出版社2018年版，第317页。

商可从进出口差价中实现中间利润，消费者可从平抑作品价格中享受更多物美价廉的商品。错综复杂的利益关系使国际条约对发行权穷竭原则地域效力的统一问题有意选择了回避，不同国家之间、作品进口国和出口国之间各自基于不同的立场范导进行了不同规范。[1]

在《Agreement on Trade-Related Aspects of Intellectual Property Rights》（以下简称《TRIPS 协定》）谈判之前，就知识产权权利穷竭问题上的政策和规则对国际贸易的影响而言，各成员的政府之间维持着各不相同的政策和规则。这种情况在欧洲和美国都相当复杂，因为这些国家之间不仅对知识产权的国内、地区和国际权利穷竭问题遵循着各自不同的解决办法，而且，它们常常根据不同的知识产权类别而采取不同的政策和规则。对知识产权的地域性与权利穷竭原则的关系，我国已有学者进行了批判和反思，提出知识产权的地域性不构成采取国内穷竭原则的当然理由。[2]学者余翔对不同国家和地区在平行进口问题上采取差异化规定的现象和作用效果进行了比较研究[3]，王弈通博士则从一个更广阔的宏观视角描述了基于不同立足点规制平行进口引发的不同景象，从推进跨境贸易便利和有效平衡利益诉求的旨趣出发，提出应站在国家利益和公共政策的高地，在统筹推进国内法治和涉外法治中对发行权穷竭原则做出适合本国国情的制度选择。[4]《世界知识产权组织版权条约》（WIPO Copyright Treaty，WCT）第 6 条第（2）款并未限定必须采取“国内穷竭”“国际穷竭”或“区域穷竭”，而是赋予成员国自由决定的权利。[5]

（3）对发行权穷竭原则的适用条件进行的研究。有学者提出，发行权穷竭原则的适用条件有二：首先，“同意”条件。即作品原件或复制件由著作权人同意合法制作。按此条件，盗版书籍等未经著作权人同意制作的作品复制件固然无法适用发行权穷竭原则。不论盗版书籍经过了几手交易、买受人对盗版事实主观上是否明知，销售盗版书籍的行为均属侵犯著作权人发行权。其次，“所有权转移”条件。即符合第一项条件的作品原件或复制件以向公众

[1] 刘春田主编：《知识产权法》，中国人民大学出版社 2014 年版，第 77 页。

[2] 张永艾：《略论权利穷竭的地域性与普遍性》，载《山东审判》2004 年第 5 期，第 78~80 页。

[3] 余翔：《权衡耗尽原则——中国专利权耗尽与平行进口相关分析》，载《国际贸易》2001 年第 6 期，第 43~46 页。

[4] 王弈通：《国际贸易中知识产权的权利穷竭问题研究》，复旦大学 2011 年博士学位论文。

[5] ［澳］山姆·里基森、［美］简·金斯伯格：《国际版权与邻接权——伯尔尼公约及公约以外的新发展》，郭寿康等译，中国人民大学出版社 2016 年版，第 614 页。

销售或赠与等方式实现了所有权转移。按照这一条件，如果著作权人并未授权同意以出售或赠与等所有权转移方式向公众提供作品原件或合法制作的作品复制件，他人擅自向公众提供、买受人或受赠人向公众转售或赠与的行为均属侵犯著作权人发行权。[1]在对发行权穷竭原则的适用条件进行研究的文献方面，一个争议的焦点问题为对该原则适用中的决定因素“同意”(Consent) 的认识。对“同意”的不同解释，影响到发行权穷竭原则是否适用于强制许可的判断。山姆·里基森和简·金斯伯格认为，强制许可的情况不适用发行权穷竭原则。以李明德教授、闫文军教授、王春燕教授为代表的我国学者也持同样的观点。发行权穷竭原则实现对著作权人利益和版权产品消费者利益的多元博弈和动态均衡是以明确其适用条件为前提的。因而，适用条件的廓清具有理论和实践的双重价值。本书认为，发行权穷竭原则的适用要考虑如下要素：第一，该原则的适用需要对著作权人的利益给予合理关照；第二，该原则仅适用于合法取得的作品原件或复制件；第三，该原则的适用应区分作品载体的销售与作品使用的许可。

(4) 对新技术条件下发行权穷竭原则的适用困境进行的研究。著作权被称为“技术之子”“现代传播技术的副产品”，技术发展对著作权的影响可见一斑。著作权法既要协调错综复杂的利益关系又要经常应对技术的急剧变化。[2]美国首席大法官约瑟夫·斯托里 (Joseph Story) 早在一个半世纪前就曾基于著作权的技术性和玄妙性而将其类比为“法律的形而上学”，[3]具有三百多年著作权法实践的英国将著作权法比喻为“鬼学”，意在强调其所涉利益和技术的复杂性，这种复杂性在数字环境下更加凸显。[4]学界普遍认为，印刷术的出现促进了现代著作权保护的萌芽，自此著作权走上了不断扩张的道路。甚至有一些学者在深入系统探究著作权扩张的动因后得出著作权扩张的直接原因归根于技术发展的结论。技术发展不仅在整体上推动著作权扩张，在具体制度安排上也深刻影响着著作权权利客体、内容、限制等各个方面。有学

---

[1] 王迁：《知识产权法教程》，中国人民大学出版社 2014 年版，第 144~145 页。

[2] Orit Fischman Afori, “Implied License: An Emerging New Standard in Copyright Law”, *Santa Clara Computer & High Technology Law Journal 25*, no. 2 (2008~2009): 275~276.

[3] [美] 保罗·戈斯汀：《著作权之道：从谷登堡到数字点播机》，金海军译，北京大学出版社 2008 年版，第 6 页。

[4] 刘春田：《〈民法典〉与著作权法的修改》，载《知识产权》2020 年第 8 期，第 7 页。

者犀利地指出，21 世纪最重要的版权挑战通常与将现有法律原则应用于数字环境有关。[1]新媒体时代下数字出版物的涌现对发行权穷竭原则的适用带来了挑战，“面临危机”的发行权穷竭原则如何有效适应数字时代作品传播的创新范式变迁是横亘在各国著作权法律实践面前的一个必须面对的课题。这一课题的解答不但关系二手数字作品交易市场的存废，也会影响版权行业相关企业商业模式的战略选择和重构。传统实体发行环境下，发行权穷竭原则的适用包括经由著作权人授权有形作品复制件所有权发生转让的事实，而在数字环境下这一事实发生了变化，导致传统的发行权穷竭原则无法直接适用。首先，数字作品的网络传输过程并不产生有形载体。其次，实践中著作权人往往采取只授予数字作品使用权而否定所有权的策略力图将网络信息交易定性为著作权许可服务以规避数字发行。因此，数字作品是否存在网络发行方式、数字复制件是否能够成为财产所有权的客体并进行流转等就成为数字环境下发行权穷竭原则适用需要解决的“元问题”。面对这一困惑，各国司法实践立场不一，欧盟的“折中说”与美国的“否定说”应对模式可谓不同的典型。美国总体上承认网络传送作品属于“发行行为”，可以适用发行权穷竭原则。但是，美国法院又机械、僵硬地解释“复制”，认为数字作品复制件网络传输过程中产生的“新复制件”侵犯了著作权人的复制权，进而对数字作品二手市场的合法性存疑以达到否定发行权穷竭原则数字环境适用之目的。2011 年的 Capitol Records v. ReDigi 案反映了美国法院加强网络著作权保护、否定发行权穷竭原则对网络传输行为适用的观点。

与美国不同的是，欧盟法院通过 UsedSoft 案的判决对在线软件销售情况下的发行权穷竭原则适用进行了三个方面的透视和塑造：计算机软件作品复制件载体的形式并非发行权穷竭原则适用的决定因素；信息网络传播不能全部归入服务范畴，特定情况下属于信息财产的销售；信息网络传播和网络发行并非难以共存的矛盾体，前者可以嬗变为后者。通过这三个方面，欧盟法院对数字计算机软件的发行权穷竭原则进行了既尊重著作权法律制度逻辑又体现数字时代发展规律的解释，承认通过网络传输计算机软件的无形复制件也可构成发行并适用发行权穷竭原则。然而遗憾的是，在备受期待的

---

〔1〕 Péter Mezei，“Copyright Exhaustion：Law and Policy in the United States and the European Union”，Cambridge University Press，2018：4.

Art&Allposters International BV v. Stiching Pictoright 案（以下简称“Allposters案”）的判决中，欧盟法院将发行权穷竭原则局限于有形载体，排除了属于《信息社会版权指令》调整的数字作品的发行权穷竭。与 UsedSoft 案相比，Allposters 案的判决过早地结束了数字作品的发行权穷竭原则，至少对于《信息社会版权指令》所调整的作品而言过早地结束了，这种退步必然妨碍国家版权法现代化的尝试，给著作权限制仅留下狭窄的空间。[1]在欧盟欠缺立法层面推进数字环境下发行权穷竭原则适用举措的情况下，有人可能思考欧盟法院是否能够成为最适合确定发行权穷竭是否应仅适用于作品有形复制件或将此进行推翻并适用于无形数字复制件的机构。欧盟法院在 UsedSoft 案中通过一种迂回的方式向后一种方法迈进了一大步，但随后以 Allposters 案和 Nederlands Uitgeversverbond & Groep Algemene Uitgevers v. Tom Kabinet Internet BV and other 案（以下简称“Tom Kabinet 案”）为代表的司法判例中，并未将 UsedSoft 案的判决表达的论证逻辑扩展到受《信息社会版权指令》调整的作品上实属遗憾。

具体到理论界，对数字环境下发行权穷竭原则是否适用的问题，存在“肯定说”“否定说”以及“折中说”三种观点。“肯定说”揭示了数字环境下发行权不穷竭引发的不利后果，从维护法律稳定性的视角提出在既有交易习惯下不应针对数字环境另行设计一套单独的法律制度，发行权穷竭原则应继续予以适用。该观点有一定的合理之处，但弊端是，该观点始终从反面阐释其支持发行权穷竭原则数字环境适用的理由，即不适用发行权穷竭原则会产生哪些不利后果，而未从正面直指数字作品转售行为应当适用发行权穷竭原则的根本原因，论据上缺乏说服力。“否定说”虽然罗列了发行权穷竭原则在数字环境下缺乏适用基础的诸多理由，但其缺陷在于，该观点站在维护著作权人利益的角度反对发行权穷竭原则的数字环境适用，虽然有助于实现著作权人的利益最大化，但是该观点遗忘了一个重要的事实是，著作权法具有平衡的品格和精神实质，这种平衡当然应存在于著作权人利益与社会公共利益的博弈和有机协调中。由于偏重对著作权人利益的保护而缺乏对社会公共利益的平衡关照，因此这一理论是利益失衡的产物，并不具有有效的指导作

〔1〕 Maša Gali č, “The CJEU Allposters Case: Beginning of the End of Digital Exhaustion?”, *European Intellectual Property Review*, 37 (6): 389, 2015.

用。除此之外，实务中的惯例并非论证逻辑正当性的充足理由，不乏惯例违反逻辑正当性的情况。本书认为，发行权穷竭原则是否应当适用，考察的核心问题并非有形载体还是无形载体这一媒介因素，而是有没有存在通过销售所进行的财产利益的转让。有学者认为，区块链技术可以为著作权保护领域的争点提供统一的、可操作性的技术方案，区块链技术的应用为著作权人知悉作品流通情况打开了一扇窗，这扇窗大大消解了数字作品著作权保护和使用的二元对立。[1]持同样观点的学者还有郭雅菲，认为数字环境下适用发行权穷竭原则的困境在于无形复制件的影响、发行权与复制权等权利的交叉、所有权转让与许可的判断以及所涉各方利益的平衡。主张区块链技术契合数字作品转售需求，为打破上述困境提供了有效路径。[2]本书认为，区块链技术提供了独有的契机，让我们能够在网络空间内改变透明度及信任等文化，其革命性和颠覆性使其具备了改变全球社会政治与经济传统的巨大潜力。但就区块链技术如何具体适用于数字环境下的发行权穷竭原则，则有待更加深入的细化研究，这也是本书试图关注的对象之一。

三、已有研究的局限性及创新点

前述研究成果，研究角度、研究方法和研究内容等都各有侧重。现有文献中，对发行权穷竭原则的基础理论存在较大争议，缺乏法理视角全面而深入的探讨，以至于在知识产权的地域性、平行进口、发行权穷竭原则的适用条件中的“同意”要素等具体问题上难以达成共识，反映出现有研究的碎片化状态，也导致了关于发行权穷竭原则的规范属性这一最基本的问题仍处于一种“众说纷纭”的混沌状态。由于研究的碎片化，缺乏对其中一些最一般问题的总结，进一步加剧了实践中的不同认识，甚至出现了法律适用前后不一乃至相互矛盾的做法。对于数字环境下发行权穷竭原则的适用，立法、司法与学术研究，还处于初步探索阶段，深入全面的研究尚未展开。为此，全方位、多层次研究数字环境下发行权穷竭原则的基本理论问题，在理论研究与实践参考方面都具有重要意义。发行权穷竭原则对版权产品消费者利益的

---

〔1〕 王清、聂欣妍：《基于区块链技术探讨权利穷竭原则对数字出版物的适用性》，载《出版参考》2019 年第 6 期，第 44~46 页。

〔2〕 郭雅菲：《基于区块链的数字作品发行权用尽研究》，载《上海法学研究》2020 年第 1 期，第 80~94 页。

保护必然会影响著作权人能够获取的利润回报。因此，不可回避的一个问题是：作为权利限制制度的发行权穷竭原则如何打消著作权人对自身利益保护的顾虑？该问题既是当代著作权法律制度激励水准的选取问题，也是发行权穷竭原则具体制度构成必须解答的问题。

综观理论界有关发行权穷竭原则数字环境适用的研究，主要有以下两种研究思路：一是对发行权穷竭原则数字环境适用问题从解释论出发提出肯定、否定或折中的观点，例如有学者提出数字作品在互联网上的出售与现实生活中实体作品的发行行为并无本质区别，因此应当将发行权穷竭原则扩展适用于数字作品〔1〕；有学者主张数字发行模式消弭了知识产权与物权所有权之间因客体捆绑而产生的冲突，与之相适应，著作权与物权所有权之间通过设置发行权穷竭原则相互妥协的必要性就丧失了〔2〕；还有学者提出了数字发行权有限穷竭的构想〔3〕。二是从某一具体案例出发，研究发行权穷竭原则的数字环境适用。〔4〕从国内外发行权穷竭原则的相关文献看，该领域的相关概念尚待厘清，各种学说和规则之间的关系尚待梳理。

本书主要学术贡献和创新性在于：第一，现有文献大部分研究仅仅碎片化选取了数字环境下发行权穷竭原则适用中的某一个小问题作为研究对象，而欠缺从比较法视角对数字环境下的发行权穷竭原则适用问题进行的整体研究。现有文献在研究方法和内容上，缺乏对相关立法司法实践的实质逻辑进行透视归因和对比挖掘，尤其是欠缺对欧盟司法实践变迁的相关分析。本书努力突破了现有研究的局限，从比较法视角对数字环境下的发行权穷竭原则适用问题进行了体系化的整体研究，对美欧相关立法司法实践的实质逻辑进行了透视归因和对比挖掘，尤其是对相关司法实践的变迁进行了深入分析检视。第二，现有文献发行权穷竭原则数字环境适用“肯定说”的观点虽具进步意义，但说理论证缺乏更直接的、足够的说服力。本书在赞同“肯定说”的观点及理由的基础上，从多维度对发行权穷竭原则应适用于数字环境的观

〔1〕陶乾：《电子书转售的合法性分析》，载《法学杂志》2015年第7期，第84页。

〔2〕陈琛、夏瑶：《虚拟发行语境下首次销售原则的法律与经济分析》，载《广西社会科学》2017年第1期，第98~101页。

〔3〕何炼红、邓欣欣：《数字作品转售行为的著作权法规制——兼论数字发行权有限用尽原则的确立》，载《法商研究》2014年第5期，第25~26页。

〔4〕梁志文、蔡英：《数字环境下的发行权穷竭原则——兼评欧盟法院审理的Oracle公司诉UsedSoft公司案》，载《政治与法律》2013年第11期，第38~41页。

点进行了证成。第三，对实践中区块链技术的发展给予了充分关注，主张其为数字环境下发行权穷竭原则的适用提供了独有契机，提出了“否定说”所担忧的自愿删除的不足和举证责任的缺陷完全可以借助区块链技术得以克服的观点。第四，从基本范畴界定、司法实践检视和理论证成三个维度勾勒出元宇宙发展背景下 NFT 数字作品交易的演进方向，指出持“债权转让说”观点的学者只看到了 NFT 数字作品的交易过程，忽视了交易结果。明确了 NFT 数字作品交易实质上是 NFT 数字作品的物权发生了变动。总之，本书在现有相关研究的基础上，采用多种研究方法深入系统地理性审视“面临危机”的发行权穷竭原则能否有效适应数字时代作品传播的创新范式变迁。在对相关问题进行准确界定的基础上，本书突破了美欧司法实践的束缚和我国制度构建的缺失，既关注本体论层面“是什么”的问题，也聚焦认识论角度“怎么办”的方案，着力对数字环境下的发行权穷竭原则进行体系化证成和规范化再造。

四、研究方法

（1）比较研究方法。概念比较和功能比较的二分法构成了完整的比较研究方法。[1]本书力图将概念比较法与功能比较法结合起来，对美国和欧盟就数字环境下发行权穷竭原则是否适用作出的相关判决进行深层次的透视和归因，以期待为我国就这一问题的思考与转型提供可资殷鉴的范式。

（2）实证分析方法。我国现行《著作权法》中虽然未对发行权穷竭原则进行规定，但该原则本身已在我国司法实践中被作为裁判说理的理论依据。通过对美国、欧盟的典型判例进行实证分析以及对我国 NFT 数字作品相关的著作权纠纷进行司法实践检视，既为我国立法机关在法律规定的层面纾困该原则提供了处方，也为我国司法机关后续在司法审判的层面参鉴域外法院思路、避免现有司法实践中的错误思路提供了空间。

（3）历史研究方法。法学研究离不开对相关制度演进的历史考察。具象而言，历史研究方法具有双重品格：以时间为序脉络分明地追溯法律制度的起源发展以及以历史事实为纲抽丝剥茧地探寻制度变迁的导向原因。就第一方面而言，本书一是系统梳理了发行权穷竭原则从起源到发展的历史演进，

---

〔1〕 沈宗灵：《比较法研究》，北京大学出版社 2004 年版，第 30~32 页。

在此基础上明确了发行权穷竭原则的制度价值，二是系统梳理了 NFT 的产生和发展，在此基础上澄清了 NFT 以及 NFT 数字作品的性质；就第二方面而言，本书通过美欧对发行权穷竭原则数字环境适用相关立法司法实践进行透析，检视这些立法司法实践折射出的精神意向，从而为当代数字环境下发行权穷竭原则的制度面向提供更多元的分析视角。

（4）法教义学研究方法。以法律适用为己任的法教义学注重对法律文本或法律条文的考察和分析，从这个角度而言，法教义学也可称为法律文本之学或者法条之学，属于以解释法律条文进而寻求个案疑难问题解决为皈依的释义学。正如学者所指出的一样，尽管知识产权法学对法教义学的理论借鉴较少，法教义学研究难度较大，但随着著作权司法化程度的显著提升，对著作权法律问题进行法教义学研究是值得期待的。[1]基于此，本书对《世界知识产权组织版权条约》和《世界知识产权组织表演和录音制品条约》（以下简称 WPPT）对发行权的规定、我国《著作权法》对发行权和信息网络传播权的规定以及我国《民法典》对“销售”的定义进行了法教义学分析，以期从解释条文的视角寻求发行权穷竭原则数字环境适用的解决之道。

〔1〕陈兴良：《法学知识的演进与分化——以社科法学与法教义学为视角》，载《中国法律评论》2021 年第 4 期，第 78~80 页。

第一章

发行权穷竭原则的基本范畴

科学界定发行权穷竭原则制度的基本范畴，是正确认识发行权穷竭原则的前提，也是探讨数字环境下发行权穷竭原则是否应予适用的逻辑起点。因此，有必要从历史发展的维度，对发行权穷竭原则的概念、起源、价值等基本范畴进行回溯考察，厘清发行权穷竭原则基本范畴层面的理论共识和争议，从而为本书的研究奠定基础。

第一节　发行权穷竭原则的概念及起源

一、发行权穷竭原则的概念

概念是体系的根基，基本概念的摒弃意味着法律大厦的崩塌。[1]尽管随着时间的推移，知识产权法的应用已经进行了调整，以应对不断变化的商业实践和不断发展的技术，但持续不断的科学进步要求我们重新思考这些法律所基于的概念。著作权法的基本范式是在著作权保护与作品可及性之间寻求契合以为科学文化的传播提供充足持续创作的现实动力。知识产权法律制度中蕴含的著作权权利限制不仅来源于著作权法，也来源于宪法第一修正案。[2]著作权保护既要顾及公众获取智力创作物的利益，又要顾及作者为这些创作获得金钱报酬的动机。补偿作者的方法之一是授予著作权人专有的发行权。所谓发行权，是指著作权人以出售或赠与等手段将作品原件或复制件向社会大众提供的一项著作财产权。获得合法发行的作品复制件的主体取得该复制件

〔1〕［美］博登海默：《法理学——法哲学及其方法》，邓正来、姬敬武译，华夏出版社 1987 年版，第 465 页。

〔2〕 Feist Publications, Inc. v. Rural Telephone Service Co. , 499 U. S. 340, 346, 1991.

的所有权后，自然有权对该复制件为事实上的处分或法律上的处分，而以出售等方式进行的法律上的处分行为则落入著作权人发行权的控制范围，那么所有权人的处分行为与著作权人的发行权何者具有优先效力呢？答案显然是所有权人的处分行为。这一方面是因为物权具有优先效力，另一方面是因为著作权人已经从合法发行的作品复制件中获得了其应得的对价，著作权人继续保持对该作品复制件的控制超越了其权利限度，这就是发行权穷竭原则的具体体现，其内涵为：作品原件或复制件所有权的合法取得主体有权不经著作权人同意将该原件或复制件销售或以其他方式处分。[1]发行权穷竭原则开始于作品原件或复制件的首次销售，若该首次销售是在已获得著作权人授权许可的情况下发生，则著作权人对该原件或复制件的发行权仅能行使一次，合法取得该原件或复制件的主体，对该原件或复制件进行转售或转赠不侵犯著作权人的发行权。一项发行权，通常由于含有该发行权的作品进行了“首次销售”（First Sale）或将其“投放市场”（Placing on the Market）而导致权利穷竭。因此，发行权穷竭原则又被称为“首次销售原则”，其秉持了一旦权利人能够从首次销售或投放市场中获得经济回报则作品的买受人就获得了使用和处分该作品的权利而不再受到进一步限制的理念。[2]

正是因为存在发行权穷竭原则，合法购买书籍、唱片的主体有权将该书籍或唱片进行转售。质言之，著作权人就一份作品复制件的发行只能获得不可重复的单一对价。发行权穷竭原则是要说明有这样一个点，一旦达到这个点，著作权人在作品上的控制即告停止。这种控制的终结，对于市场经济发挥功能具有关键意义，因为它使得作品得以自由转让。如果没有发行权穷竭原则，最初的著作权权利人将对作品的转让或使用施以永久的控制，并将因此控制经济生活。发行权穷竭原则使著作权和实物财产脱钩。假设有人在苏富比拍卖行买了查克·克洛斯（Chuck Close）的当代画作。买家现在拥有这幅画的实物所有权，但这幅画的著作权仍属于权利人画家查克·克洛斯或从查克·克洛斯手中受让著作权的人。如果没有发行权穷竭原则，买方出售该画作会侵犯这幅画的著作权。著作权人拥有展示绘画的原件和复制件并向公

---

〔1〕 Melvile B. Nimmer& David Nimmer, *Nimmer on Copyright*, Matthew Bender & Company, Inc., 2003, §8.11 [A].

〔2〕 联合国贸易与发展会议、国际贸易和可持续发展中心编：《TRIPS 协定与发展：资料读本》，中华人民共和国商务部法条司译，中国商务出版社 2013 年版，第 108~109 页。

众发行的专有权。然而，发行权穷竭原则规定，复制件的合法所有者可以在不构成侵权的情况下发行该特定复制件，著作权人的发行权已经被“穷竭”，转售受著作权保护的作品不需要获得著作权人的许可。发行权穷竭原则使广泛而丰富的活动具有了免于侵犯著作权的法律依据，二手书店、图书馆、eBay、转售案例书的学生以及许多主体都可以根据发行权穷竭原则对受著作权保护的作品进行销售或赠与。在发行权穷竭原则下，博物馆、美术馆、档案馆、书店等可以在不侵犯著作权的情况下展示其受著作权法保护的作品复制件。[1]《TRIPS 协定》第 6 条处理的是知识产权权利穷竭的问题。权利穷竭的概念在决定知识产权规则以何种方式影响国际贸易中货物和服务的流动方面，起着极其重要的作用。[2]从鼓励创新的角度，为激励更多对社会有用的知识产品产生，知识产权法使具有社会价值的知识产品被权利人控制而排斥他人未经允许获得，这是一种默认的不平等，体现了差异化原则。为保障信息流通的顺畅，差异化原则应当有所限制。因此知识产权法一方面创设了私权，另一方面也确立了保护期限、信息披露等权利限制以平衡信息分配中的不平等。[3]发行权穷竭原则就是对著作权人的这种限制，是为了保障公众获取智力创作物的利益而对发行权进行的限制。

二、发行权穷竭原则的起源

从概念上来说，发行权穷竭原则[4]起源于司法创制[5]，在《美国版权法》中，首次销售原则是 20 世纪初司法解释的结果。第一个明确提及对版权人销售权限制的法院判决是斯托诉托马斯（Stowe v. Thomas）[6]案。在此案中，宾夕法尼亚州巡回法院指出，“当版权人售出他的书时，他为自己保留的

〔1〕 Lorie M. Graham、Stephen M. McJohn，“Intellectual Property's First Sale Doctrine and the Policy against Restraints on Alienation”，*Texas A&M Law Review* 7，no. 3（Spring 2020）：497～498.

〔2〕 联合国贸易与发展会议、国际贸易和可持续发展中心编：《TRIPS 协定与发展：资料读本》，中华人民共和国商务部法条司译，中国商务出版社 2013 年版，第 108 页。

〔3〕 高莉：《基于利益平衡的数据隐私与商业创新协同保护研究》，载《江苏社会科学》2020 年第 6 期，第 153 页。

〔4〕 美国称“发行权穷竭原则”为“首次销售原则”。为统一用语，本书全部采用“发行权穷竭原则”的表述。

〔5〕 梁志文：《数字著作权论——以〈信息网络传播权保护条例〉为中心》，知识产权出版社 2007 年版，第 104 页。

〔6〕 Stowe v. Thomas，23 F. Cas. 201（1853）.

或法律赋予他的唯一财产，就是复制那些向他人展示其意图传达的思想的特定文字组合的专有权”。在后来的亨利·比尔出版公司诉斯迈思（Henry Bill Publishing Co. v. Smythe）[1]案中，原告詹姆斯·G. 布莱恩（James G. Blaine）通过自己的代理人独家发行了名为《国会二十年》（20 Years of Congress）的书籍。作为书商的被告从原告代理人处购买了六本该书，并转售了其中五本，获利 5.86 美元。原告起诉斯迈思（Smythe）侵犯其版权。地区法院判决原告胜诉。不过，地区法院在判决中提出了一些注意事项，这些注意事项与发行权穷竭原则直接相关。哈蒙德（Ham-mond）法官强调，如果布莱恩先生将书籍卖给零售商或批发商，而被告合法购买这些书籍而没有错误地获得合法所有权，那么布莱恩先生就可能没有机会行使其垄断权。[2]因此，“在原告同意使用和销售的情况下，唯一可以成为普遍流通的书籍只能是客户收到的二手书。这些销售是由特定客户对特定作品复制件的所有权确定的”。[3]同时，“有争议的复制品是以供应为目的提交给代理商的，他们从未获得过这些复制件的所有权，但这些复制件仍归原告所有”。[4]斯迈思败诉的原因是，原告从未合法地将原件投入流通，因此斯迈思无法获得这些复制件的所有权。在克莱门斯诉埃斯蒂斯（Clemens v. Estes）[5]案中，法院明确表示支持这一逻辑，认为被告转售马克·吐温的《哈克贝利-费恩历险记》并不构成侵权，尽管吐温打算通过订阅服务发行受版权保护的书籍。

美国第二巡回法院 1894 年所作的哈里森诉梅纳德（Harrison v. Maynard Merrill&Co.）[6]案的判决中，法院重申了发行权穷竭原则的基本原理。本案原审原告梅纳德系图书（Introductory Language Work）的著作权人，在完成该书的印刷之后，梅纳德委托一装订商将其图书装订成册，但不幸的是，装订商在装订过程中遭遇了一场大火，因此装订商将所有遭到烟熏火燎损坏的库存图书以废纸的形式出卖，后来其中一部分原属原告的图书辗转流落到被告手中，被告则将这些图书当作旧书在市面销售。于是，原告以被告侵犯其著

[1] Henry Bill Publishing Co. v. Smythe, 27 Fed. Rep. 914 (1886).

[2] Henry Bill Publishing Co. v. Smythe, 27 Fed. Rep. 914 (1886) 918.

[3] Henry Bill Publishing Co. v. Smythe, 27 Fed. Rep. 914 (1886) 919.

[4] Henry Bill Publishing Co. v. Smythe, 27 Fed. Rep. 914 (1886) 924.

[5] Clemens v. Estes, 22 Fed. Rep. 899 (1885) 900.

[6] Harrison v. Maynard, Merrill&Co., 61F. 689 (2ndCir. 1894).

作权为由诉至法院。法官在判决中认定，尽管著作权人梅纳德对其图书享有排他的销售权，但是该销售权在图书首次售出之后便不再专属于原著作权人；被告作为图书的买受人经由交易取得图书的所有权，同时也就获得作为所有权的处分权能，从而有权再次转让该图书；当然，被告作为图书的买受人并无权重印或再版该图书，否则仍将侵害该图书的著作权。显然，在本案的判决中，法官区分了存在于图书上的著作权和所有权两种权利，并对著作权人的专有销售权予以一定限制从而保障买受人对图书享有完整的所有权。这种对著作权人销售权的限制在 1908 年最高法院对博思梅诉斯特劳斯（Bobbs-Merrill Co. v. Straus〔1〕）案的判决中得到进一步阐述，从而使得发行权穷竭原则在版权法中正式确立。本案原告作为小说《海上遇难者》（The Castaway）的著作权人，在该书的版权页上明确声明了该图书的零售单价不得低于 1 美元。但被告无视这一声明，以 89 美分的价格销售和许诺销售该书。于是引发了原告对被告的诉讼并一直将案件诉至美国最高法院。在该案的终审判决中，美国最高法院认为，版权法在保护版权人复制和销售其作品的权利的同时，并没有创造通过声明（如本案中披露的声明）对未来购买者零售图书的价格进行限制的权利，因为版权人与这些购买者之间并不存在合同关系。如果在独家销售权的基础上增加一项权力，即通过通知控制所有未来的零售销售，规定这种销售必须以固定的价格进行，这将赋予一项法律条款中未包含的权利。〔2〕最高法院的判决提出了两项重要原则。首先，发行权并不能使版权人控制复制品合法拥有者对复制品的下游商业活动，但前提是版权人转让复制品的所有权以换取适当的报酬。其次，印在复制品上的警告只能约束那些与版权人有直接合同关系的转售者。基于此，美国最高法院驳回了原告的诉讼请求，认为按照版权法的规定，虽然著作权人对于图书的销售的确享有专有权利，但是此种版权法意义上的专有销售权仅及于图书的首次销售，在图书首次销售之后，著作权人则无权控制未来该图书的再次销售。基于这种解释，最高法院认为本案原告在其图书版权页设定声明以限制图书零售价格的做法并无法律拘束力，从而判决原告败诉。通过此案，美国最高法院表明了其最终立场并澄清了围绕著作权和所有权的争论，从而使发行权穷竭原则在普通

〔1〕 Bobbs-Merrill Co. v. Straus，210U. S. 339，28S. Ct. 722（1908）.

〔2〕 Bobbs-Merrill v. Straus（1908）350~351.

法上正式确立下来。此后，美国各级法院多以此为圭臬。[1]

在最高法院判决博思梅诉斯特劳斯（Bobbs-Merrill Co. v. Straus）案一年后，国会在1909年的《美国版权法》中编纂了发行权穷竭原则。在1947年，发行权穷竭原则被重新编撰，使用了与1909年《美国版权法》几乎相同的语言。1976年《美国版权法》在第109条中确立了发行权穷竭原则的现代形式，至今仍在遵循。《美国版权法》第109条（a）款规定："尽管有第106条第（3）款之规定，根据本法合法制作的复制件或唱片之所有权人或经该所有权人授权的任何主体，销售或以其他方式处分其对复制件或唱片之占有无须经过版权人许可。"发行权穷竭原则为版权市场中存在的多种行为提供了庇护场所，例如某人在旧货市场买卖二手书籍、图书馆为用户提供借阅图书或其他版权作品的服务等。[2]一个多世纪以来，它在《美国版权法》中发挥了重要作用。当今，发行权穷竭原则已在大多数国家被普遍承认和接受。立法层面，我国现行《著作权法》中虽然没有明确规定该原则，但司法实践中已有法院将该原则作为裁判说理的理由。[3]

第二节　发行权穷竭原则的价值

发行权穷竭原则是著作权法调解知识产权和个人财产权之间矛盾的主要工具。一个多世纪以来，一系列以权利用尽为基础的法律规则达成了一种平衡，使购买者和其他所有者拥有相当大但并非无限的权利去使用和享受作品复制件。[4]作为著作权权利限制制度的重要内容，发行权穷竭原则的主要意义在于澄清发行权与所有权之间的界限，保障作品原件或复制件所有人自由处分个人财产权，降低社会公众接触和获取信息的成本，从而提高作品的利

[1] 有关发行权穷竭原则的判决，See Burke & Van Heusen, Inc. v. Arrow Drug, Inc., 233F. Supp. 881 (E. D. Pa. 1964); American Intl Pictures, Inc. v. Foreman, 576F. 2d661, 663-64 (5th Cir. 1978); Columbia Pictures Indus., Inc. v. Redd Horne, Inc., 749F. 2d 154, 159-60 (3d Cir. 1984); Paramount Pictures Corp. v. Video Broadcasting Sys., 724F. Supp. 808 (D. Kan. 1989).

[2] [美] 朱莉·E. 科恩等：《全球信息经济下的美国版权法》，王迁、侍孝祥、贺炯译，商务印书馆2016年版，第530页。

[3] 上海山钧实业有限公司、郑锋与上海吉量软件科技有限公司著作权侵权纠纷案，参见上海市高级人民法院［2008］沪高民三（知）终字第26号民事判决书。

[4] [美] 亚伦·普赞诺斯基、杰森·舒尔茨：《所有权的终结 数字时代的财产保护》，赵精武译，北京大学出版社2022年版，第37页。

用效率，促进社会文化繁荣。事实证明，这是一项良好的公共政策。个人和社会更广泛地受益于允许所有者购买版权作品时行使财产权的法律规则。[1]应该说发行权穷竭原则的确立无论对著作权人、消费者还是整个社会而言都具有深远的积极意义。具体而言，发行权穷竭原则具有如下价值：

一、有利于实现对作品的接触和收藏

某种意义上说，知识产权是以私权作为手段换取信息的披露与公开从而促进社会知识积累，满足不特定公众接近新知识的需求，最终达到公共利益保护的宗旨。私权秉性作为知识产权法的起点在《TRIPS 协定》序言中已被明确，然而其最终归宿应落脚于维护知识产权制度最终惠及公众的制度价值。[2]大多数知识产权学者都承认，在几乎每一件创造性成果中，除个人创造者之外，还注入了其他的力量，因此，知识产权就应当具有足够的渗透性，以允许第三人广泛地加以接触使用，同时构成对创造者专有权的一种限制。[3]版权法旨在确保为新产品的生产提供足够的激励，但它不应成为印钞许可证。正如美国最高法院所解释的那样，“应当鼓励和奖励创造性工作，但私人动机最终必须服务于促进文学、音乐和艺术等公共事业的大局”。[4]著作权制度本质上是以保护作品独占权换取更多的接触和利用作品的机会。[5]著作权的标准经济模型强调的是激励与接触的交换（Incentive- Access Tradeoff）[6]，经济学上将著作权法的核心问题概括为实现激励（Incentives）与接触（Access）之间的最优平衡。著作权保护意味着法律上赋予作者一定期限的排他权以鼓励创作更多的作品，而要实现该宗旨，保障已有作品被广泛传播从而使得作者能够从中获取相应的收益是前提。显然，著作权法事实上勾勒了“作品—传

〔1〕［美］亚伦·普赞诺斯基、杰森·舒尔茨：《所有权的终结 数字时代的财产保护》，赵精武译，北京大学出版社 2022 年版，第 39 页。

〔2〕冯晓青、周贺微：《知识产权的公共利益价值取向研究》，载《学海》2019 年第 1 期，第 189 页。

〔3〕［美］罗伯特·P. 莫杰思：《知识产权正当性解释》，金海军、史兆欢、寇海侠译，商务印书馆 2019 年版，第 245 页。

〔4〕［美］亚伦·普赞诺斯基、杰森·舒尔茨：《所有权的终结 数字时代的财产保护》，赵精武译，北京大学出版社 2022 年版，第 43 页。

〔5〕崔国斌：《著作权法原理与案例》，北京大学出版社 2014 年版，第 1 页。

〔6〕［美］威廉·M. 兰德斯、理查德·A. 波斯纳：《知识产权法的经济结构》，金海军译，北京大学出版社 2016 年版，第 71 页。

播—交易—市场”这样一条逻辑清晰的脉络。[1]正如有学者所指出的，某种意义上，以不同方式和价格向读者提供接触作品的机会是著作权法的宗旨之一。[2]著作权法应当保障读者、观众、听众以及其他使用者从作品中获得接触、享受与认知。[3]现代新媒介时代，阅读以其丰富的文化意蕴与人的生活方式之间存在内在契合，两者实现了彼此塑造。阅读既是获取知识的必要手段，是维持人的生命体之必需，更是观察社会的重要工具，是维持人的社会体之必需。公民阅读权利意识的觉醒是时代发展的必然结果，联合国《图书宪章》确认了每个自然人都享有阅读权，保障自然人阅读权的实现是政府责无旁贷的职责。阅读权利在世界范围内也日益受到重视，国际人权公约及各国法律都在逐步加强对公民阅读权利的保障和对阅读活动的推广。[4]对作品的接触和收藏是公民行使阅读权的重要前提，而发行权穷竭原则为实现作品的接触和收藏提供了前提保障。

（一）发行权穷竭原则为实现作品的接触提供了前提保障

实现对作品的接触是发行权穷竭原则的首要价值，是其他价值发挥作用的基础。如果不提供接触权限，发行权穷竭原则的其他价值将难以发挥作用。发行权穷竭原则从可负担性和可用性两个角度提供了作品的接触途径。第一个角度，可负担性。首次销售后对著作权人权利的限制使零售竞争、二手市场、租赁市场和公共借阅成为可能，这使得消费者能够更加负担得起受著作权保护的作品。

(1) 发行权穷竭原则产生了零售竞争，由于著作权人将其作品的复制件出售给零售商，零售商可以按其选择的任何价格合法地将复制件出售给公众。[5]发行权穷竭原则带来的价格竞争降低了公众购买受著作权保护作品的成本，

---

〔1〕 杨明：《私人复制的著作权法制度应对：从机械复制到云服务》，载《中国法学》2021 年第 1 期，第 193~194 页。

〔2〕［美］杰西卡·李特曼：《视版权为财产时我们会忽视什么》，倪朱亮译，载《知识产权》2019 年第 9 期，第 85 页。

〔3〕 Jessica Litman, “Real Copyright Reform”, *Iowa Law Review 96*, no. 1 (November 2010): 1.

〔4〕 陈晓萍：《阅读权利：我国全民阅读立法的本源》，载《图书馆理论与实践》2018 年第 11 期，第 15 页。

〔5〕 See Bobbs-Merrill Co. v. Straus, 210 U. S. 339, 350 (1908) (“In our view thecopyright statutes ... do not create the right to impose, by notice ... a limitation at whichthe book shall be sold at retail by future purchasers ...”).

因此，公众从零售商之间的竞争中受益。[1]

（2）发行权穷竭原则使得作品的二手市场得以产生和发展。发行权穷竭原则允许将私人拥有的复制件转售到二手市场。二手市场增加了可负担性，因为这些复制件是二手的，并且与新复制件相比通常以较低的价格出售。[2]在二手书市场，发行权穷竭原则一方面使无力购买新书的读者可通过购买二手书获得接触作品的机会。二手市场对消费者是有利的，因为它们以更便宜的价格提供同样内容的作品。当一本全新的精装书在发售日第一次上架时，有些顾客可能买不起，但是经过一段时间后，当他们在二手书店里以折扣价发现同样的书时，他们很有可能就买得起了。如果没有发行权穷竭原则，以二手书店为代表的二手市场就不可能存在，价格就没有下行压力。发行权穷竭原则另一方面使有能力购买新书的读者愿意购买更多的新书，因为发行权穷竭原则允许他们在阅读完毕之后转售图书。著作权存在的目的是“促进科学和实用艺术的进步”。法院必须牢记著作权法的功利目的，将获取教育和书面材料的公共利益置于著作权权利人在作品首次销售后对其进行控制的愿望之上。随着社会继续向数字时代迈进，应采取预防措施，以确保人们有足够的机会接触受版权保护的作品，以达到教育之目的。[3]

（3）发行权穷竭原则通过建立租赁市场来使受著作权保护的作品更便宜。复制件的租赁为那些负担不起或不愿为获得所有权付出代价的个人提供了接触的机会。[4]从世界范围考察，很多国家和地区，尤其是日本、美国和欧洲的作品（主要是影视作品）出租行业曾盛极一时，这在很大程度上减轻了无

---

〔1〕 R. Anthony Reese, “First Sale Doctrine in the Era of Digital Networks”, BostonCollege Law Review 44, no. 2 (March 2003): 585. (“More efficient retailers, with lower overhead costs, may be able to sell copies at a lower mark-up than less efficient retailers or retailers who wish to maintain a higher price-point for marketing reasons.”)

〔2〕 See, e. g., Ed Christman, As Used-CD Biz Grows, Chains Get in on Act, BILLBOARD, July 10, 1999, at 1, 92 (noting that used CDs sell at prices between $5.99 and $8.99compared to $17.98 “for a catalog CD”); Erik Gruenwedel, Blockbuster Testing New, Used DVD Sales on Web, HOME MEDIA MAG., May 27-June 2, 2007, at 1 (noting that used DVDs sell at prices between $4.99 and $9.99 compared to new DVDs costing between $16.99 and $21.99).

〔3〕 Sarah Reis, “Towarda Digital Transfer Doctrine-The First Sale Doctrine in theDigital Era”, *Northwestern University Law Review 109*, no. 1 (Fall 2014): 189~190.

〔4〕 Evan Hess, “Code-ifying Copyright: An Architectural Solution to Digitally Expandingthe First Sale Doctrine”, *Fordham Law Review 81*, no. 4 (March 2013): 1972~1973.

力购买或不愿购买新作品的读者的经济负担。发行权穷竭原则为图书租赁等商业模式的存在提供了前提基础。

（4）发行权穷竭原则的存在，使得以公共借阅为主要职能的图书馆能够免费或以十分低廉的收费向公众开放。发行权穷竭原则通过允许在公共借阅图书馆提供复制件来降低公众获取受著作权保护作品的成本。例如，通过会员缴纳押金的方式提供图书借阅的上门服务，大大增加了公众接触作品的机会。[1]作为可负担性的缩影，图书馆的公共借阅服务为无力或不愿购买作品的读者带来了真正的福音。有人可能会质疑，实践中，图书馆并非全部免费，质疑者可能会说，针对收费图书馆，读者直接支付了一定的借阅费用；针对免费图书馆，读者实际上也通过纳税等形式间接支付了一定的借阅费用。质疑者的观点虽不无道理，但读者所支付的费用与其能够从图书馆获得作品的数量和种类相比可谓微乎其微。[2]

总之，发行权穷竭原则在很大程度上保障了公众作为消费者能够以更多可选择的方式获得和使用版权产品。[3]

（二）确保受著作权保护的作品的可用性

除了可负担性之外，发行权穷竭原则还确保了受著作权保护的作品的可用性。受著作权保护的作品可能由于以下几个原因而变得不可用：

（1）由于继续生产复制件在经济上不可行，著作权人可能允许该作品绝版。1927 年至 1946 年在美国出版的 187 280 本书中，今天只有 4267 本仍在出版。[4]这意味着，那个时期出版的超过 97% 的受著作权保护的作品目前在商业上处于休眠状态所以无法获得。同样，特纳经典电影频道，作为美国有线电视电影频道和卫星电视联播网络，在其数据库中列出的 157 068 个电影中，如今只有不到 4% 在家庭录像中可用。[5]

---

〔1〕 梁志文：《变革中的版权制度研究》，法律出版社 2018 年版，第 250 页。

〔2〕 冯可欧：《论首次销售与合同约定之关系——以淘宝电子书市场“集体违约”现象为观察视角》，载《出版发行研究》2017 年第 7 期，第 81~82 页。

〔3〕 黄海峰：《知识产权的话语与现实——版权、专利与商标史论》，华中科技大学出版社 2011 年版，第 85~86 页。

〔4〕 Deirdre K. Mulligan，Jason M. Schultz，“Neglecting the National Memory：How Copyright Term Extensions Compromise the Development of Digital Archives”，*Journal of Appellate Practice and Process 4*，no. 2 (Fall 2002)：451，472.

〔5〕 See Anthony Kaufman，The Vanishing：The Demise of VHS，and the Movies Disappearing Along With It，Museum Moving Image (Feb. 26，2009)，http://www. movingimagesource. us/ articles/the-vanishing-20090226.

（2）版权所有者可能出于观点的变化或者其他更为复杂的原因，希望禁止其作品发行。例如伟大的古罗马诗人维吉尔（Virgil）曾将《埃涅阿斯纪》的创作作为其一生最为重要的事业和使命，然而天不假年，在历经了长达11年的埋首创作后，《埃涅阿斯纪》只完成了初稿，维吉尔却已走到了生命的终点。由于不愿将自己尚未完全满意的作品流传于世，维吉尔在临终前嘱托友人将《埃涅阿斯纪》焚毁。虽然这场焚毁被罗马帝国的元首屋大维（Octavian）用手中的王权阻止，使得我们今天仍有幸能够欣赏到这部被称为《荷马史诗》之后最伟大史诗的作品，但是《埃涅阿斯纪》险些惨遭焚毁的历史告诉我们，特定事实导致的作品的不可用并非我们想象的场景，而是随时有可能发生的。电影导演托尼·凯耶（Tony Kaye）就曾试图将他的电影《美国X档案》从多伦多电影节上撤出。〔1〕著作权人有时会故意将其作品暂时从市场撤出，以产生需求。沃尔特·迪斯尼公司（Walt Disney，Co.）是采用这种营销策略的典型。该公司通常会将其动画电影从市场上撤出很多年，以限制其动画电影在影院上映以及从录像带和DVD上购买，这就人为地减少了电影的可用性，从而增加了对电影的需求。〔2〕

（3）著作权的继承者可能与原始著作权人持有不同的观点，并可能希望将作品从公众视野中移除。〔3〕发行权穷竭原则维持了绝版作品或者由于政治文化因素或其他任何原因而被撤回销售的文化产品的市场供应，即使在图书或其他版权产品绝版之后，公众仍然可以通过租赁或者借阅等方式获得该版权作品。〔4〕在前文列举的每一种情况下，发行权穷竭原则为公众在二手市场上购买二手复制件、在租赁市场上租赁复制件或通过公共图书馆借阅复制件

---

〔1〕 See Benjamin Svetkey, X Marks the Spat, ENT. WKLY., Oct. 23, 1998, at 28, 33~36 (discussing Kaye's attempt to pull the film from the Toronto film festival and running advertisements negatively portraying the film).

〔2〕 See Eric Felten, Disney's Movie Vault: Scarily Creating a Fantasia of Scarcity, WALL ST. J. (May 20, 2011), http://online.wsj.com/article/SB10001424052748704904604576333344180431886.html (describing Disney's "longstanding practice" of taking its films off the market).

〔3〕 R. Anthony Reese, "The First Sale Doctrine in the Era of Digital Networks", *Boston College Law Review 44*, no. 2 (March 2003): 595. (explaining that James Boswell's son believed that Boswell's Life of Johnson portrayed his father in a bad light and would have suppressed the work if he succeeded in copyright ownership).

〔4〕 唐艳：《数字化作品与首次销售原则——以〈著作权法〉修改为背景》，载《知识产权》2012年第1期，第47页；梁志文：《变革中的版权制度研究》，法律出版社2018年版，第250页。

提供了充分的机会，而著作权人则希望压制这样的机会。[1]即使在图书或其他版权产品绝版（包括原著作权人主动或被动使其版权产品暂时或永久绝版的情形）之后，发行权穷竭原则使得公众仍然可以租赁或者借阅等方式获得该作品。[2]仅仅因为对作品的需求不足以使其在经济上可行地制作复制件，并不意味着该需求不存在以及甚至可以忽略不计。[3]通过切断已出售版权作品与著作权人的联系，发行权穷竭原则赋予了公众获得版权作品的多种途径，使得版权作品的二手市场、租赁市场以及图书馆公共借阅场所得以产生并不断发展壮大，在不损害著作权人利益的前提下，发行权穷竭原则使公众有机会以相当低廉的价格甚至免费便捷地获取知识和信息，保障了信息的自由流通。[4]

二、有利于保护消费者隐私权

一方面，发行权穷竭原则通过允许版权产品消费者匿名独自观看与欣赏作品保证了版权产品消费者个人隐私不被著作权人所知。另一方面，发行权穷竭原则允许版权产品消费者将受著作权保护的作品转售给他人，而无需"通知著作权人并就每一份新的转让征求许可，由此允许著作权人跟踪作品的转让和交易中每个参与者的身份"。[5]著作权保护诚然重要，但隐私权作为一项最基本的人权，与著作权相比应当具有优先性。[6]通常而言，隐私权的核心价值在于维护个人的自由和尊严，允许个人得以将具有隐私属性的内容完全归属于自己而不与他人共享。[7]著作权与隐私权在某种程度上均具有人身

---

〔1〕 Evan Hess, "Code-ifying Copyright: An Architectural Solution to Digitally Expanding the First Sale Doctrine", *Fordham Law Review 81*, no. 4 (March 2013): 1974.

〔2〕 R. Anthony Reese, "The First Sale Doctrine in the Era of Digital Networks", *Boston College Law Review 44*, no. 2 (March 2003): 577, 583~610.

〔3〕 Evan Hess, "Code-ifying Copyright: An Architectural Solution to Digitally Expanding the First Sale Doctrine", *Fordham Law Review 81*, no. 4 (March 2013): 1973~1974.

〔4〕 马晶、张小强：《数字作品首次销售原则的适用及版权人利益再平衡》，载《科技与出版》2016年第7期，第56页。

〔5〕 Sarah Reis, "Toward a Digital Transfer Doctrine-The First Sale Doctrine in the Digital Era", *Northwestern University Law Review 109*, no. 1 (Fall 2014): 190~191.

〔6〕 Paul Edward Geller, "Conflicts of Law in Cyberspace: International Copyright in a Digitally Networked World", In: P. Bernt Hugenholtz (ed.): *The Future of Copyright in a Digital Environment*, *Kluwer Law International*, 1996: 35.

〔7〕 王泽鉴：《人格权的具体化及其保护范围·隐私权篇（上）》，载《比较法研究》2008年第6期，第21页。

权属性。著作权通过赋予作者对其创作的作品享有权利以鼓励文学艺术创作进而繁荣社会文化。著作权法奉行的理念是“知识就是财富”，著作权价值实现的前提是作品的传播。作为个人对其私领域的自主性权利，隐私权通过保障个人私生活安宁和个人信息自主以维护人格尊严、人格发展自由和个人的主体性地位。[1]因此，与著作权立法的理念不同，隐私权立法奉行的理念是“信息就是权利”，强调个人对信息的自主性决定地位。[2]

从历史上看，著作权的制度设计体现了对隐私权的尊重和保障。在传统图书营销模式下，消费者只需要支付相应的对价，无需披露个人身份就可以获得作品并进行利用。同时，发行权穷竭原则也限制了著作权人对作品后续使用流转的控制。著作权人无法获知消费者的身份信息，更无权要求消费者披露作品的使用情况。因此，消费者阅读书籍杂志、观看电影电视以及收听音乐广播等行为均无需担心其消费知识产品的信息会被著作权人获取。早期著作权立法尽管没有明确规定消费者隐私保护的内容，但是作为著作权权利限制制度的发行权穷竭原则实际上已经蕴含了著作权保护不得僭越个人隐私的价值取向。发行权穷竭原则允许复制件所有者转让其复制件，无需经著作权人的许可，这种自主性保护了隐私和匿名性。[3]由于受著作权保护的作品可能颇具争议或者受到污名化，因此缺乏匿名性不利于作品的传播。[4]一个人可能基于一些特殊理由，有购买特定作品的需求，但是他并不希望与他所购买作品的作者或作品主题有任何关系。发行权穷竭原则通过无需经过著作权人许可而允许匿名转让，鼓励了传播和表达自由。[5]这种匿名消费文化产品的权利保障了消费者的思想、兴趣、研究工作不被他人窥探，使消费者能够自主决定价值选择和生活方式，从而保障了消费者人格的自由发展。[6]如

---

〔1〕 王泽鉴：《人格权的具体化及其保护范围·隐私权篇（中）》，载《比较法研究》2009年第1期，第9页。

〔2〕 Lee A. Bygrave, “Digital Rights Management and Privacy--Legal Aspects in European Union”, In: Becker et al. (Eds.): *Digital Rights Management*, Springer-Verlag Berlin Heidelberg, 2003: 418.

〔3〕 Aaron Perzanowski, Jason Schultz, “Digital Exhaustion”, *UCLA Law Review 58*, no. 4 (April 2011): 889, 896.

〔4〕 Julie E. Cohen, “A Right to Read Anonymously: A Closer Look at Copyright Management in Cyberspace”, *Connecticut Law Review 28*, no. 4 (Summer 1996): 981, 1010~1011.

〔5〕 Evan Hess, “Code-ifying Copyright: An Architectural Solution to Digitally Expanding the First Sale Doctrine”, *Fordham Law Review 81*, no. 4 (March 2013): 1975~1976.

〔6〕 谢惠加：《技术措施保护的隐私权限制》，载《知识产权》2012年第3期，第51页。

果没有发行权穷竭原则作为保障，我们的精神文化生活将毫无隐私可言，甚至面临着被著作权人时刻“监视”的危险。

三、有利于减少消费者锁定

锁定是指各种原因导致的不同系统之间转换的成本大到转移不经济，从而使系统达到某个状态之后就很难退出并逐渐适应和强化这种状态，因此形成的一种把系统锁定到该均衡状态的“选择优势”。消费者锁定是指商家某些措施的施行造成了消费者转换现有产品或服务的成本增加，进而降低消费者的转换意愿，甚至使消费者无法转换到替代供应商，从而实现对消费者持续保留的状态。发行权穷竭原则有利于减少消费者锁定，从而促进平台竞争和市场效率。由于反垄断的原因，限制著作权人对作品出售后的控制权很重要，因为这将给市场带来竞争，而包括转售自由在内的竞争可以为消费者带来诸多益处。[1]发行权穷竭原则通过减少消费者锁定来促进平台竞争。当转向新的供应商或平台的成本高到足以阻止消费者购买原本更具竞争力的和更可取的产品时就会产生消费者锁定。[2]消费者锁定的受益者是零售商，当消费者因其拥有的设备而与公司捆绑在一起时，零售商就能获得更高的利润。消费者锁定会阻碍开发性能更好的产品的新市场参与者。因此，会引起竞争问题并损害增量创新。但是，一个人想要从 Microsoft 的 Xbox 视频游戏系统转换到索尼的 PlayStation 系统，可以通过在二手市场上出售 Xbox 收回其相当数量的投资去实现，基于此，发行权穷竭原则降低了消费者锁定转换的障碍。[3]

普遍重视内容资源建设是国外电子书出版商的一大特色。例如，Nook 的内容平台 Barnes&Noble 提供超过 70 万本书籍；Kindle 的内容平台亚马逊提供超过 30 万本电子书；Sony Reader 与谷歌进行了合作，内容平台提供超过 100

---

〔1〕 Sarah Reis, “Toward a Digital Transfer Doctrine-The First Sale Doctrine in the Digital Era”, *Northwestern University Law Review 109*, no. 1 (Fall 2014): 189.

〔2〕 See, e. g., CarlShapiro &HalR. Varian, Information Rules95 (1999): 11 (describing the ability of CDs to overcome lock-in, while “quadrophonic sound, stereo AM radio, Picture Phones, and digital audio tape did not fare as well”).

〔3〕 Evan Hess, “Code-ifying Copyright: An Architectural Solution to Digitally Expanding the First Sale Doctrine”, *Fordham Law Review 81*, no. 4 (March 2013): 1978.

万本书籍。[1]消费者锁定的问题可以通过亚马逊 Kindle 电子书的例子进行清楚地说明。Kindle 电子书有一种专有格式（.azw），只能在亚马逊销售的 Kindle 设备上使用。这意味着消费者不能购买 Kindle 电子书然后在其他厂商销售的电子阅读器（比如 Barnes & Noble 的 Nook、Kobo 或索尼的电子阅读器）上阅读。如果客户的 Kindle 设备损坏，消费者决定改用 Barnes & Noble 的 Nook 设备，该消费者就不能在他的新 Nook 设备上阅读之前从亚马逊 Kindle 商店购买的 Kindle 电子书。假设某消费者在其 Kindle 设备的使用期限内购买了几本 Kindle 电子书，那么对他而言，切换到竞争对手的电子阅读器设备可能会过于昂贵。该消费者可能不希望放弃在电子阅读器上阅读购买的 Kindle 电子书的能力，所以他因此被“锁定”在亚马逊的 Kindle 设备上。Barnes & Noble 和 Kobo 在其销售的电子书中使用“ePub”格式。消费者可以从 Kobo 商店购买电子书，然后在 Barnes & Noble 的 Nook 设备上阅读，但锁定仍然存在，因为从这些电子阅读器上购买的电子书不能在亚马逊的 Kindle 设备上使用。[2]发行权穷竭原则的存在，限制了生产商在首次销售和合法投放市场之后继续控制作品流通的法律能力，在生产商之间培育了竞争，减少了实行包括限制竞争在内的贸易限制行为的潜在可能。作为一项“首要原则”，发行权穷竭原则之所以获得承认，是为了消费者的利益。[3]发行权穷竭原则通过明确作品购买者的转售权带来了价格竞争，通过防止著作权人垄断式的销售激发了市场活力并促进了市场效率。版权作品可以多次交易流转，很大程度上提升了其作为财富的流通率和利用率，是对市场需求的合理满足。发行权穷竭原则的创设是为了平衡著作权人与社会公众的利益，即在给予著作权人合理回报与便利知识和信息传播之间寻求平衡。如果没有发行权穷竭原则，著作权人利用其发行权可能会随意设定限制性条件，例如，著作权人可以控制版权产品未来的销售方式，包括设定转售价格、搭售其他产品、向特定类型的消费者销售、向特定的地理位置销售、甚至禁止转售等阻碍版权作品的自由流通，

---

〔1〕 张长琳：《法律制度创新与电子书使用版权的授权问题》，载《图书馆理论与实践》2018 年第 7 期，第 33 页。

〔2〕 Sarah Reis, “Toward a Digital Transfer Doctrine-The First Sale Doctrine in the Digital Era”, *Northwestern University Law Review 109*, no. 1 (Fall 2014): 192~193.

〔3〕 联合国贸易与发展会议、国际贸易和可持续发展中心编：《TRIPS 协定与发展：资料读本》，中华人民共和国商务部法条司译，中国商务出版社 2013 年版，第 137~138 页。

消费者将被迫对二手市场上每笔交易中分散而混乱的一系列限制性条款进行海量筛选。[1]相反，发行权穷竭原则的存在，允许消费者从事明确的、相对简单的交易。

四、有利于促进社会创新

建设创新型国家的战略基点和提高综合国力的关键在于自主创新。著作权是文化创新活动和文化创意产业的基本保障。而著作权创新能力是新形势下自主创新能力的重要组成部分，是著作权强国建设的基础。著作权产业的发展与外部的制度、文化、经济生态以及内部的作品、行业生态和技术密切相关。因此，著作权创新就是要外部生态创新和内部生态创新两手抓，从而实现著作权制度的良性发展和著作权产业的持续繁荣。[2]发行权穷竭原则有利于促进社会创新。[3]发行权穷竭原则使得作品无需著作权人的同意就可以多次交易流通，它起到了限制著作权人滥用发行权以阻碍版权作品自由流通的效果，有利于作品思想与知识的广泛传播，一定程度上促进了社会文化的创新和繁荣。[4]具体而言，发行权穷竭原则引发了以下三个方面的创新：

（1）著作权人的创新。著作权人为了与作品二手市场竞争以获取更大效益，会对原作品进行改版升级，包括补充额外的内容、更新或增加附加功能等。[5]著作权人创新的一个典型例子是，著作权人发行包含额外内容的作品的新版本以便与流通中的二手复制件竞争。教科书作者已经通过在教科书中加入最新的材料并作为新版本发行的方式频繁地参与到这种类型的创新中。著作权人的这种创新对数字作品仍然适用。一方面，由于数字作品付费者获

〔1〕 Thomas W. Merrill, Henry E. Smith, "Optimal Standardization in the Law of Property: The Numerus Clausus Principle", *Yale Law Journal 110*, no. 1 (October 2000): 11.

〔2〕 王金金等：《知识产权强国框架下版权强国建设的相关问题研究》，载《科技与法律》2017年第6期，第50页。

〔3〕 Zbigniew J. Bednarz, "Unreal Property: Vernor v. Autodesk, Inc. and the Rapid Expansion of Copyright Owners' Rights by Granting Broad Deference to Software License Agreements", *De Paul L. Rev 61*, no. 3 (Spring 2012): 939, 962. ("The second important public interest protected by the first-sale doctrine is the promotion of entrepreneurship and innovation."); 赵加兵：《论版权权利穷竭原则在数字环境中的适用及其考量因素》，载《郑州大学学报（哲学社会科学版）》2021年第1期，第37页。

〔4〕 崔波、赵忠楠：《数字环境下作品首次销售原则的改良适用研究》，载《陕西师范大学学报（哲学社会科学版）》2021年第1期，第127页。

〔5〕 Evan Hess, "Code-ifying Copyright: An Architectural Solution to Digitally Expanding the First Sale Doctrine", *Fordham Law Review 81*, no. 4 (March 2013): 1976.

取数字产品的途径不再局限于从著作权人手中购买，也可以通过数字作品转售实现，这使得著作权人会在竞争压力下对作品做出更多改良、补充和完善，反馈作用不断激励著作权人的创作，从而使数字作品更新换代和修复改良更加频繁，不断产生更多优质的数字作品。

（2）二手市场提供商的创新。转售的可能性鼓励了二手市场提供商的创新，这意味着零售商将创造消费者可以利用的新的技术和商业模式，一个强劲的二手市场为企业家创造了更多机会来创建诸如二手书店、旧货店和二手唱片店类似的新业务，从而促进经济发展。[1]此类创新的示例包括 Amazon，eBay，Netflix 和 Redbox。[2]

（3）用户创新。用户创新是指用户开发或修改产品的用途，从而增加产品的价值。[3]发行权穷竭原则允许用户重新设想他们的复制件到全新的对象中。例如，“用经典小说制成的手提包，用旧音乐 CD 制成的时钟或用任天堂公司发行的家用游戏机旧红白机的视频游戏控制器制成的闪烁自行车灯”。[4]

第三节 发行权穷竭原则的规范属性探析

关于发行权穷竭原则的规范属性，学界存在“强行性规范说”和“任意性规范说”两种主张。“强行性规范说”即“发行权穷竭原则当然适用论”，“任意性规范说”即“发行权穷竭原则非当然适用论”。

一、强行性规范说与任意性规范说的论争

（一）强行性规范说

“强行性规范说”主张，发行权穷竭原则是对发行权作出的法定限制，不

---

〔1〕 Zbigniew J. Bednarz，“Unreal Property：Vernor v. Autodesk，Inc. and the Rapid Expansion of Copyright Owners’ Rights by Granting Broad Deference to Software License Agreements”，*De Paul L. Rev 61*，no. 3 (Spring 2012)：939，962.（“A robust secondary market creates opportunities for entrepreneurs to create businesses，such as used-book stores，thrift stores，and used-record stores，thereby expanding the economy”）

〔2〕 Aaron Perzanowski，Jason Schultz，“Digital Exhaustion”，*UCLA Law Review 58*，no. 4 (April 2011)：889，898.

〔3〕 Sarah Reis，“Toward a Digital Transfer Doctrine-The First Sale Doctrine in the Digital Era”，*Northwestern University Law Review 109*，no. 1 (Fall 2014)：191~192.

〔4〕 Aaron Perzanowski，Jason Schultz，“Digital Exhaustion”，*UCLA Law Review 58*，no. 4 (April 2011)：889，899.

允许当事人通过约定方式排除。著作权人或其授权的人在销售版权产品时与买受人签订的售后限制合同，不能产生排除发行权穷竭原则适用的反限制效力。发行权穷竭原则的理论基础是禁止著作权人双重获利的报酬理论，该原则从法律上限制了著作权人就作品的后续流通进行控制的权利。因此，发行权穷竭原则在规范属性上是一种对著作权内在的、本质性的限制。[1]发行权穷竭原则属于以保障基本自由为目的的权利限制条款，不应允许通过合同条款进行规避，因为发行权穷竭原则的存在确保了信息的再生产和多渠道获取，保证了文化的传承和知识的传播，这已经远远超出了私法框架下私法自治与权利限制的范畴，上升到了基本法的高度。正因为如此，对于发行权穷竭原则这种保障基本自由的权利限制条款，我们应该将其归类为强行性规范。[2]发行权穷竭有降低信息成本的重要社会功能。如果没有它，买家将低效地浪费资源，需要询问他们是否能转售受版权保护的作品。由于转售权通常是社会需要的，因此法律应向买方提供这些权利。应限制围绕发行权穷竭原则的合同条款，不应允许著作权人仅仅通过在标准形式协议中添加一些条款来规避该原则。[3]

"强行性规范说"的主要理由是，发行权穷竭原则作为著作权权利限制，是经过多方博弈达成的微妙平衡，不应当允许交易双方以合同约定的形式对其任意加以排除。有学者以软件作品为例，阐明了"发行权穷竭原则当然适用论"的主张。软件销售商长期以来一直规避发行权穷竭原则，他们将软件销售描述为纯粹的许可，而在交付给买方之后，正式地保留了软件的所有权。法院根据当事人的合同执行交易。然而，这种旨在防止软件转售的交易，在实质上应该被定性为销售，应当适用发行权穷竭原则，允许转售软件，超越合同对转让的限制。[4]在 Kirtsaeng v. John Wiley & Sons, Inc. 案中，布雷耶（Breyer）法官指出："发行权穷竭原则是普通法规则，有清晰的历史脉络。普通法有拒绝对动产的转让进行限制的传统，强调财产的购买者在再次出售或

---

〔1〕 韩磊：《权利国际用尽原则与平行进口的法律规制》，载《河北法学》2017 年第 10 期，第 153 页。

〔2〕 熊琦：《网络时代著作权法与合同法的冲突与协调》，载《法商研究》2008 年第 2 期，第 79 页。

〔3〕 Guy A. Rub, "Rebalancing Copyright Exhaustion", *Emory Law Journal 64*, no. 3 (2015): 741~742.

〔4〕 Lorie M. Graham, Stephen M. McJohn, "Intellectual Property's First Sale Doctrine and the Policy against Restraints on Alienation", *TEX. A&M L. REV 7*, no. 3 (May 2020): 500~501.

以其他方式处分财产时应该相互竞争。美国法通常也认为自由竞争，包括再次出售的自由，对消费者有利。许可著作权人限制动产的转售或其他处分行为，同样有违普通法传统。在很难追踪、很容易流动的商品上设置的限制，很难执行。发行权穷竭原则使得法院免于这一管理负担（Administrative Burden），避免了原本难以避免的选择性执法。”〔1〕

（二）任意性规范说

“任意性规范说”主张，著作权人或其授权的人在出售版权产品时可以通过售后限制的方式排除发行权穷竭原则的适用。只有在首次销售时没有为后续使用或出售行为设置售后限制时，才会导致发行权穷竭。当合同约定与发行权穷竭原则相左时，应从合同约定。达菲（Duffy）教授和海因斯（Hynes）教授认为，应限制发行权穷竭原则发挥作用，以使知识产权法律在其自己的范围内并防止其取代其他法律，为合同和财产等法律的其他领域留有规制的空间。他们认为，即使发行权穷竭限制了著作权，其他法律领域，尤其是合同，也可以在构建交易中发挥作用。〔2〕对于获得独家出版授权的专业出版物、政府出版物和教育出版物等，我们有充分理由质疑其通过约定排除发行权穷竭原则适用的合理性。除此之外的情形，应当承认排除发行权穷竭原则适用的合同约定具有有效性。〔3〕

“任意性规范说”的主要理由是，市场中每个交易的具体情形对立法者而言具有无法预见性，而交易当事人最清楚自身状况，当属自身利益的最大维护者，因此应当允许交易双方以合同约定的形式排除发行权穷竭原则的适用。有学者提供了一个基于包括版权、专利权和商标权在内的知识产权穷竭原则的传统理论构建的分析框架，该框架确定了法院和决策者在某些情况下更灵活地应用发行权穷竭原则时可以考虑的因素。在决定是否允许著作权人在售后市场上对受版权保护的商品的分销有更大程度的控制权时，法院和决策者可能会考虑：①商品购买者的个人特征，区分消费者和商业用户；②售后限制是否已充分传达给购买方，并已在合同或许可中得到同意；③货物的复杂

〔1〕 Kirtsaeng v. John Wiley & Sons, Inc., 132 S. Ct. 1905 (2012).

〔2〕 Ariel Katz, Aaron Perzanowski & Guy A. Rub, “The Interactions of Exhaustion and the General Law: A Reply to Duffy and Hynes”, *VA. L. REV. ONLINE 102*, no. 8 (April2016): 8~9.

〔3〕 冯可欧：《论首次销售与合同约定之关系——以淘宝电子书市场“集体违约”现象为观察视角》，载《出版发行研究》2017 年第 7 期，第 82 页。

程度及其生产性使用和互通性的前景；④其他专有权在使权利人间接控制复制品在售后市场上的使用方面的作用；⑤售后限制对防止长期合同中的机会主义的影响以及减少知识产权定价造成的无谓损失；⑥售后限制的时间范围。从事有利于竞争的售后限制的知识产权权利人，如果可以表明这些因素中的大多数在特定分销环境中同时存在，就可以授予其执行限制发行权穷竭原则法律效果的合同协议的可能性。[1]

二、强行性规范说的合理性及其证成

要想解答发行权穷竭原则规范属性这一宏观命题，首先要从微观上回归到强行性规范和任意性规范本身的差异上来。差异的把握能够让我们统辖性地为发行权穷竭原则规范属性的界定提供完整的分析框架。以当事人行为自由的尺度为逻辑起点，法律规范可以做出强行性规范和任意性规范的二元划分，二者存在显著差异。法律规范的作用对象是人的行为，体现为对主体行为边界的划定。强行性规范具有不可违背性，为行为主体划定了不可突破的行为边界，主体围绕强行性规范调整之行为自行缔结的协议效力最终会被否定。禁止性规范和义务性规范乃强行性规范之典型。任意性规范为行为主体划定的行为边界仅仅起到示范引导作用，并非不可违背。主体可以围绕任意性规范调整之行为自行缔结协议，主体未缔结协议的情况下才适用任意性规范。[2]质言之，强行性规范与任意性规范之差异体现在主体是否具有对所涉法律规范的变更排除权。若主体具有对所涉法律规范的变更排除权，则所涉法律规范之属性应被界定为任意性规范，否则，便属强行性规范。[3]德国著名法哲学家、新黑格尔主义法学派的代表学者拉伦茨也鲜明指出了强行性规范和任意性规范在功能方面的差异，强调强行性规范的功能在于直接对相关行为进行调整，拒绝主体缔结协议对该规范予以排除或背离，纵存在排除或背离之情形，强行性规范仍予适用；而与之相对应的任意性规范的功能在于间接对相关行为进行调整，允许主体缔结协议对该规范予以排除或背离，若

---

〔1〕 Antoni Rubi Puig, "Copyright Exhaustion Rationales and Used Software", *J. INTELL. PROP. INFO. TECH. & ELEC. COM. L 4*, no. 3 (2013): 173~174.

〔2〕 孙国华、朱景文主编：《法理学》，中国人民大学出版社 2002 年版，第 298 页；姚建宗编著：《法理学——一般法律科学》，中国政法大学出版社 2006 年版，第 90 页。

〔3〕 黄茂荣：《法学方法与现代民法》，中国政法大学出版社 2001 年版，第 124 页。

存在排除或背离之情形，则适用主体缔结协议之特别约定。[1]

“强行性规范说”与“任意性规范说”基于不同的基本原理。“强行性规范说”是从不动产法中借用的反对限制转让的政策。出售财产的人可能不会对买方的转售能力施加不合理的限制。移植到知识产权法中，一旦当事人自愿转让某一复制件，其就不能够再控制买方对该复制件的处理。因此，其发行权在该特定复制件中“穷竭”。“任意性规范说”是基于合同的填补缺口的方法。如果有人出售绘画，人们会期望达成一项隐含协议，即买方可以展示或转售绘画，因为这两种行为都是艺术品的惯例。为了简化交易，展示和转售的权利自动包含在交易中。如果发行权穷竭原则是基于政策的禁止不合理地限制转让的行为，则发行权穷竭原则是强行性的规范，它不受各方协议的约束，而是对双方协议可执行性的限制。如果发行权穷竭原则是填补空白的，则当事人可以围绕它订立契约，同意出售的财产将不受发行权穷竭原则的约束。[2]本书认为，发行权穷竭原则的规范属性应为强行性规范。笔者从“正面证立-反面证否”的逻辑思路对这一观点进行证成。

（一）强行性规范说的合理性

不能仅仅根据规范本身所使用的语句对强行性规范进行判断，更不能凭借主观预判认为某种规范就应当属于强行性规范。规范属性的判断需要根据规范在法律体系中的位置、规范所体现的价值以及规范设计的宗旨等因素综合进行考量。[3]对发行权穷竭原则的规范属性进行判断，固然首先需要回到该规范所体现的价值和设立的宗旨上来考察。许多学者将美国开国者们“促进科学和实用艺术的进步”的愿望解释为平衡测试，一方面在于公众迅速获取知识和信息的需要，另一方面在于创作者激励的需要。发行权穷竭原则是在支持公众获取和创作者激励之间的这种平衡测试中，偏向于支持公众获取。[4]我国《著作权法》的立法旨趣承载着保护作者著作权和激励创作、鼓励传播的双重意涵。激励创作是著作权制度的主要功能，著作权法通过对创作

---

〔1〕［德］卡尔·拉伦茨：《德国民法通论》，王晓晔等译，法律出版社 2003 年版，第 42 页。

〔2〕 Lorie M. Graham, Stephen M. McJohn, “Intellectual Property's First Sale Doctrine and the Policy against Restraints on Alienation”, *TEX. A&M L. REV 7*, no. 3 (May 2020): 490~500.

〔3〕许中缘、王利明：《民法强行性规范研究》，载《法学家》2009 年第 2 期，第 151 页。

〔4〕 Evan Hess, “Code-ifying Copyright: An Architectural Solution to Digitally Expanding the First Sale Doctrine”, *Fordham Law Review 81*, no. 4 (March 2013): 1973~1974.

或传播行为的激励及其内在利益的调控实现其激励价值。[1]

发行权穷竭原则具有前文所述的有利于实现对作品的接触和收藏、保护消费者隐私权等价值。发行权穷竭原则的合同约定排除会对社会公共利益产生负面影响。著作权人限制作品买受人的转售行为，即限制了作品买受人获得发行权穷竭原则的保护，这必然会侵蚀到社会公众对作品的接触和收藏以及消费者隐私权等公共利益，[2]违反促进文化传承和知识流通的公共政策目标，属于一种著作权滥用行为。[3]正如莫杰思教授所指出的一样，知识产权法的基本范式是知识产权权利人取得其应得份额的同时给其他主体也留下充足和优质的知识财富。[4]这与环境法上惠及子孙的可持续发展理念不谋而合。知识产权权利人通过其知识产权获得的利益不得超越必要限度。如果从效果上看，某项知识产权给予其权利人对一个更大市场的权利或者控制，超出了根据该知识产权所保护成果而实际应得的市场范围，那么该权利就必须以某种方式予以限制或者撤销。[5]通过合同约定的方式排除发行权穷竭原则的适用，使著作权人获得了控制更大市场的杠杆优势和力量，远远超出了著作权人实际应控制的市场范围。民事主体不得僭越保护公共利益的法律底线，通过法律行为僭越公共利益的行为应属无效，因此不应当允许通过合同约定方式排除发行权穷竭原则的适用。

（二）任意性规范说的有待商榷性

“任意性规范说”主要从保障合同自由和著作权人分销控制权的视角对售后限制排除发行权穷竭原则的正当性进行提炼诠释和分析论证。本书对该学说进行了法理反思和逻辑匡正，认为其并非无可辨驳。

（1）允许当事人通过缔结协议的方式排除发行权穷竭原则的适用，在表层上看是高举了合同自由的大旗弘扬了当事人意思自治，在深层上看则忽视

---

〔1〕马治国、赵龙：《价值冲突：公共领域理论的式微与著作权扩张保护的限度》，载《山东社会科学》2020年第10期，第136~137页。

〔2〕Michael S. Richardson, “The Monopoly on Digital Distribution”, *Pacific McGeorge Global Business & Development Law Journal 27*, no. 1 (2014): 169.

〔3〕马驰升：《数字环境下首次销售原则适用的困境与突破》，载《知识产权》2016年第3期，第90页。

〔4〕［美］罗伯特·P. 莫杰思：《知识产权正当性解释》，金海军、史兆欢、寇海侠译，商务印书馆2019年版，第110页。

〔5〕［美］罗伯特·P. 莫杰思：《知识产权正当性解释》，金海军、史兆欢、寇海侠译，商务印书馆2019年版，第293页。

了其背后所衍生的交易成本因素。允许售后限制使版权产品消费者笼罩于交易秩序的非可预期和不安定之下，版权产品消费者需要煞费苦心地确认售后限制的有无、模式、内容等情况，在版权产品备受青睐并多次转让的情境下考量，由版权产品最终端的消费者去核实售后限制相关情况显然是不具有可操作性的纸上谈兵。合同自由并非没有边界的绝对自由。放任的合同自由必然会陷入知识产权滥用的泥潭并滋生损害正当竞争的渊薮。在凯恩斯主义经济学和平均主义社会思潮的助推下，成文法中植入对合同自由的约束成为当代大多数国家普遍坚定的选择。正如有学者总结概况的一样，"现代社会，合同正义通过对合同自由的牵制和约束，敦促民事主体缔约和履约以平等自愿为根基和范导，继而保证了合同条款体现诚实信用和公平之要求"。〔1〕实际上，在合同法内部广泛存在着限制合同自由的制度。合同自由不仅在合同法内部受到实质公正乃至分配正义的制约，将视野转移至合同法之外，合同自由的限制昭然若揭，既受到侵权制度、物权制度、知识产权制度的限制，同时还受制于私法以外的相关管制性规范。在此意义上，作为"市场"在法律领域中的"投影"，合同自由也像市场本身一样受到各种规则的限制。〔2〕此外，合同自由还包含通过"市场的自由"（Freedom of Market）修正或限制"个体的自由"（Freedom of Individual），让个体之间的具体交易受市场上一般交易框架调控的深层次意涵。〔3〕美国最高法院在 Lear，Inc. v. Adkins 案〔4〕的判决中明确了"公共利益的价值位阶优于合同自由"的司法准则。当事人意思表示一致并不构成法院确认全部合同内容合法有效的唯一条件。比合同偏好更优先的是公共利益以及依法公平竞争。〔5〕知识产权法律制度承载着保障公共利益的精神意向并依托于立法和司法实践已被坚定塑造和完美诠释。这从《美国宪法》知识产权条款对公共利益的宣示中也可以得到明证。〔6〕有利于实现对作品的接触和收藏、保护消费者隐私、减少消费者锁定、促进社会创新的"发行权穷竭原则"就是公共利益之重要载体，固然构成对合同自由

---

〔1〕王利明：《合同法研究》（第1卷），中国人民大学出版社2015年版，第103~109页。

〔2〕许德风：《合同自由与分配正义》，载《中外法学》2020年第4期，第999页。

〔3〕Atiyah, *The Rise and Fall of Freedom of Conteact*, Oxford University Press, 1985: 403.

〔4〕Lear, Inc. v. Adkins, 395 U. S. 670, 671 (1969).

〔5〕Cassandra E. Havens, "Saving Patent Law from Competition Policy and Economic Theories: Kimble v. Marvel Entertainment, LLC", *Berkeley Technology Law Journal 31*, no. 2 (2016): 389.

〔6〕冯晓青：《知识产权法与公共利益探微》，载《行政法学研究》2005年第1期，第50页。

的合理牵制和约束。合同法以“契约自由”为基本原则，著作权人可以自由地通过合同设定使用作品的范围和方式，这固然可以保证著作权人在信息时代的权利得以实现，但倘若著作权人能够直接通过合同约定把任何限制性规定都施加在其许可的作品上而不受限制地创设权利，那么，著作权法的存在还有何意义？显然，允许当事人通过合同约定规避发行权穷竭原则的适用，属于通过合同条款的方式虚化和架空著作权的法定限制，是合同法对著作权法的不当侵蚀。

（2）持“任意性规范说”观点的学者还从著作权人分销控制权的视角对售后限制排除发行权穷竭原则的正当性进行了分析论证，认为保障著作权人分销控制权进而加强著作权保护的客观需要要求允许著作权人通过售后限制排除发行权穷竭原则适用。任何权利的保护都是存在边界的，著作权也不例外，加强著作权保护应将严厉惩戒和打击著作权侵权行为等方式作为导管和手段，而不是任由著作权人恣意排除权利之法定限制。作为法定垄断权在知识产权层面的折射，发行权为实现“著作权保护-鼓励作品创作”的目标所设定，但统辖我国《著作权法》全局的最终立法旨趣并不单单在于此，《著作权法》开篇第1条就明确了其立法旨趣还蕴含着“鼓励有益于社会主义精神文明、物质文明建设的作品的创作和传播，促进社会主义文化和科学事业的发展与繁荣”的宏大目标，[1]因而健全的著作权法律制度必须构建著作权人、作品传播者和版权产品消费者多元主体有机协同的生态系统，保障版权产品消费者的作品可及性需求，通过权利法定限制谨防著作权滥用，使智力成果的价值财富在社会充分涌动。“发行权穷竭原则当然适用”既保障了著作权人通过发行权的行使获得了其应得的对价报酬，又保障了版权产品消费者通过发行权的穷竭获得了其应被维护的转售自由，使著作权人和版权产品消费者各得其所，回应了著作权法律制度多元主体有机协同的生态系统要求，彰显了《著作权法》的立法旨趣，是一种体系自洽、逻辑自足的成功运作方式。需要强调的是，这一点对于数字作品依然适用。数字环境下，将版权产品消费者不得转售其合法购买的、事实上享有所有权的数字作品遮蔽于“保障著作权人利益”的幌子之下，无疑使著作权在数字环境下脱离了平衡的轨道，会引起著作权不当扩张的法律后果。承认著作权人对转售的控制权超出了维

〔1〕 参见《著作权法》第1条。

护其权利的正当需求，使著作权人获得了不成比例的回报（Disproportionate Reward）。不成比例回报的思想是指，知识产权权利人通过其知识产权获得的利益和回报与其就智力成果的产生应得的控制力显著比例失当。如果从效果上看，某项知识产权给予其持有人对一个更大市场的控制力，超出了根据该知识产权所保护成果而实际应得的市场范围，那么，就必须以某种方式限制该权利。〔1〕知识产权法律规范如果从制度设计上就秉持鼓励创作者在远超其通过自身努力所实际生产出来的成果之外而圈地的思想，必将因背离平衡的机制而产生大量真正洛克意义上的糟蹋和浪费。〔2〕因此，著作权人别具肺肠地通过在合同中隐晦嵌入禁止转售条款以不当限制版权产品消费者的物权财产权，属于以债权为手段不当限制具有绝对性的物权，这并不能抹杀和否认版权产品消费者获得数字作品所有权之事实。

（3）持“任意性规范说”的学者基于市场中每个交易的具体情形对立法者而言具有无法预见性，而交易双方当事人是自身利益最佳维护者的理由，认为应当允许交易双方当事人以合同约定的形式排除发行权穷竭原则的适用。法律应当是完备的，建立更为完善的法律体系是法学家们毕生追求的职业理想。虽然国内外学者对法律漏洞的边界存在不同的解释，但学界已取得一致共识的是：一方面，滞后性是法律的重要特征之一；另一方面，既定的法律规范不可能约束与调整人们的全部行为。从认知理论讲，作为思维的产物，法律具有工具属性。当立法者意欲通过立法调整某一社会关系时，社会关系的复杂性和立法者认知能力的有限性共同决定了立法者很难周全地预见到该社会关系可能发生的所有情形，因此立法难免出现漏洞。〔3〕从法学发展史考察，构建一个足以调整全部社会生活的完备法律规则体系只是一种起因于对社会生活误判的美好幻影和愿景，〔4〕由于法律漏洞是客观存在且难以避免的，“任意性规范说”主张的“市场中每个交易的具体情形对立法者而言具有无法

---

〔1〕［美］罗伯特·P. 莫杰思：《知识产权正当性解释》，金海军、史兆欢、寇海侠译，商务印书馆2019年版，第313页。

〔2〕［美］罗伯特·P. 莫杰思：《知识产权正当性解释》，金海军、史兆欢、寇海侠译，商务印书馆2019年版，第116页。

〔3〕李秀芬：《法律漏洞的特征与填补路径》，载《华东政法大学学报》2019年第6期，第117~118页。

〔4〕王磊：《动态体系论：迈向规范形态的“中间道路”》，载《法制与社会发展》2021年第4期，第162页。

预见性”“交易当事人最清楚自身状况当属自身利益的最大维护者”这些命题单独来看固然是没有问题的，但是能否基于此就自然演绎推论出“应当承认交易双方达成的合同约定”这一结论性命题呢？答案显然不是。本书认为，“任意性规范说”的这一推导，陷入了古典契约理论“主观公平观”的错误。古典契约理论“主观公平观”认为，判断合同是否符合公平原则的唯一标准是该合同是否由当事人自主自愿缔结。“主观公平观”以合意正当证明合同公平，对基于合同而实施的给付是否公平，其评价标准不看给付结果本身，而看当事人达成给付合意的过程。基于对当事人理性判断的充分信赖，只要当事人之间达成给付合意的过程无瑕疵，基于该合意而为给付的结果即被判定为公平。古典契约理论“主观公平观”之所以在当时成为判断合同是否符合公平原则的标准，有其特定的时代背景。在早期生产力落后、市场交易不发达的时代，手工业者、小作坊主和农民是民事法律关系的主要主体。这些主体主要以家庭为单位从事商品生产和参加商品交换。这些主体虽然经济实力存在细微差别，但从全社会范围进行观察，该细微差别并未显现出哪一方比另一方更具有显著优势。此外，这些主体在市场交易中不可能永远居于一种角色，为满足生活需求，他们根据特定情势在出卖人和买受人的角色之间不断切换。主体之间存在的经济实力上的细微差别，被不断互换的民事法律关系中的角色所抵销。民事法律关系角色互换性的存在弥补了平等性的不足。[1]只有当古典契约理论所构想的民事主体地位平等能够反映客观真实时，古典契约理论的“主观公平观”才能在实践中有效运行。但是，19 世纪末伊始，生产者与消费者、企业主与劳动者的对立使民事生活中主体地位大致平等的状况发生了变化，消费者、劳动者与生产者、企业主相比显然居于弱势地位。一方面，居于弱势地位的消费者和劳动者很难再争取现实的平等地位，另一方面，社会生产分工的固化使原来“民事法律关系角色互换性弥补平等性不足”的机制不再奏效。于是，现实的不公平难以掩饰地凸显出来，当现实经济活动中主体地位的不平等不断显现并加剧时，古典契约理论的构想无法反映经济生活的客观实际，此时古典契约理论“以合意正当证明合同公平”的判断标准显然失灵了。“任意性规范说”继续沿用这一理论允许交易双方以合

〔1〕 梁慧星：《从近代民法到现代民法——二十世纪民法回顾》，载《中外法学》1997 年第 2 期，第 20~21 页。

同约定的形式排除发行权穷竭原则的适用，只会越来越导致合同公平的崩塌。

（4）持“任意性规范说”的学者提出了法院和决策者在某些情况下更灵活地应用发行权穷竭原则时可以考虑的分析框架，这些分析框架涵盖商品购买者的个人特征、售后限制是否已充分传达给购买方等各种考察因素。从表面上看，其所提出的考察范围足够细致且灵活，但该分析框架的具体应用很难实施。以“售后限制是否已充分传达给购买方”为例，售后限制已充分传达给购买方，且购买方点击“同意”的情况下，是否意味着购买方有明确的同意售后限制的真实意思表示，是值得我们思考的。点击合同是广泛存在于互联网数字环境中的一种重要格式合同类型，这种格式合同将用户对“同意”选项的选择点击视为对格式合同蕴含的全部内容之同意。[1]“同意”选项的选择点击，产生确定当事人之间权利义务关系的法律效果。无需买卖双方当面协商或传递纸质合同，由此节省了缔约时间和其他成本是点击合同的效率优势。[2]虽然著作权人或其授权的主体提供点击合同时就将所有条款的内容进行了完整呈现，甚至将涉及核心问题的重要条款进行了提示和释明，但点击合同的繁冗、晦涩之苦使用户不堪重负，实践中用户根本不可能从头至尾逐一阅读，直接越过条款内容而径直点击“同意”是极其普遍的做法。

当今，1/4 的美国成年人拥有 Kindle 或 Nook 这样的电子阅读器，超过 1/3 的人拥有 iPad 或 Kindle Fire 这样的平板电脑。购买的数字内容的数量也随之快速增长。然而，许多人在购买电子书之前都没有花时间阅读 Kindle 商店的使用条款，所以当后来发现他们并未拥有电子书的所有权时，会感到非常惊讶。Kindle 商店的使用条款规定：“在您下载 Kindle 内容并支付任何相关费用（包括相关税费）后，内容提供商授予您查看、使用和显示此类 Kindle 内容的非独家权利……”此外，Kindle 商店的使用条款明确限制了消费者如何使用已购买的 Kindle 内容：“除非有特别说明，您不得将 Kindle 内容或其任何部分的任何权利出售、租赁、发行、广播、再许可或以其他方式转让给任何第三方，您也不得删除或修改 Kindle 内容上的专有通知或标签。此外，您不能绕过、修改或规避保护 Kindle 内容的安全功能。”一旦有人购买了数字内容，购

〔1〕 Mark A. Lemley, “Terms of Use”, *Minnesota Law Review 91*, no. 2 (December 2006): 459~460.

〔2〕 夏庆锋：《网络合同中不正当格式条款的纠正规则》，载《江淮论坛》2020 年第 2 期，第 135 页。

买者通常会受到各种使用限制。主要的图书出版商都依赖数字权利管理（Digital Rights Management，DRM），作为一种限制用户向他人传输电子书的方法。DRM 技术是在数字作品发行给消费者之前嵌入作品中的技术，它帮助版权所有者控制对数字作品的访问，以及跟踪和限制数字作品的使用。当音乐行业开始通过 iTunes 在线销售歌曲时，音乐公司依赖 DRM 来防止音乐盗版，但顶级音乐公司在 2007 年和 2008 年放弃了 DRM 的使用。然而，其他数字媒体行业，包括大多数主要的电影制片厂和图书出版商，仍然坚持在他们的数字版权作品中使用 DRM。[1]

事实上，著作权人的声明不宜作为确认权利状态的基石，研究表明标准化的格式合同在通知效果上通常是失败的，很少有消费者会认真阅读。[2]主体信息处理能力的有限性是已经得到认知学基本原理确认的客观事实，在这一客观事实的影响下，主体面临万绪千端的决策时必定无暇顾及所有信息，因此适当取舍并对信息进行简化处理是最为普遍的做法，这就是“认知惰性”。受“认知惰性”的支配，主体对点击合同繁冗、晦涩的条款往往选择逃避，而将主要精力集中在那些清晰的、直接的、眼前的信息，而非模糊的、间接的、长远的信息。有趣的是，主体对点击合同繁冗、晦涩的条款选择逃避并非杂乱无章和毫无规律可循，受以易得性直观推断和短视心态为典型代表的诸多认知心理支配，主体选择逃避的繁冗、晦涩的条款往往与将来可能面临的未知风险相关。挖掘主体选择逃避的深层次原因能够发现，消费者对交易相关问题判断的非专业性是决定性因素。信息的充分性无法弥补消费者不具备将来可能面临未知风险的预判能力之缺陷。[3]一言以蔽之，消费者与格式条款拟定者之间的信息占有是不对等、不均衡的，同时消费者很难逃离“认知惰性”的支配，繁冗、晦涩的条款将消费者裹挟到令其望而却步的逼仄空间，以至于其被迫盲目全盘接受格式条款。因此我们不难得出结论，“同意”选项的选择点击很多时候并不意味着消费者真正的同意。我国《民法典》

---

〔1〕 Sarah Reis, “Toward a Digital Transfer Doctrine–The First Sale Doctrine in the Digital Era”, *Northwestern University Law Review 109*, no. 1 (Fall 2014): 173~208.

〔2〕 Omri Ben–Shahar, Carl E. Schneider, “The Failure of Mandated Discourse”, *University of Pennsylvania Law Review 159*, no. 3 (February 2011): 671~672.

〔3〕 马辉：《格式条款规制标准研究》，载《华东政法大学学报》2016 年第 2 期，第 84 页。

第496条第2款规定了格式条款拟定者就特定重要事项的提醒义务。[1]然而，实际情况是消费者受“认知惰性”的支配，并不会在令人迷惑的晦涩冗长点击合同中大海捞针似的甄别每一个条款的具体含义。[2]有鉴于此，著作权人或其授权的主体对特定重要事项的提醒义务在实践中往往并未发挥出使消费者充分知情的效果，即使消费者对“同意”选项进行选择点击，其与著作权人之间也难以产生真正的合意。在互联网数字环境中，购买方不可能对著作权人或其授权主体提供的所有格式条款都清晰了解，特别是在著作权人未以充分合作的可接受方式向用户传达条款内容时，即使用户最后点击了“同意”，也应当排除不具有真实合意的格式条款。虽然购买方通过点击或其他行为表示对著作权人提供格式条款的同意，但这里的“同意”并不能代表真正同意，大多数情况下是在网络特殊的数字环境下不得已而为之，如果购买方不点击“同意”则无法获得数字作品，在别无选择的情况下，购买方点击售后限制的“同意”选项，显然并不是其真实意思表示。承认售后限制具有法律效力反而造成了著作权人与购买方之间的不平衡。正如学者阿蒂亚（Atiyah）主张的那样，交易的实质公正仍然应该是当今合同法应当关注的重要事项。[3]那些确保当事人意思表示真实自由的制度既应当被作为缔约前提，又应当被理解为对认知能力较差者的特别关照。

如果合同约定可以排除发行权穷竭原则的适用，可谓是为熟练掌握合同草拟技术和交易设计技巧的著作权人提供了相当广阔的规避空间。毋庸置疑，著作权人必将能够设计出与客户的周密许可协议，通过将财产的转让偷梁换柱成为许可的形式规避发行权穷竭原则的适用。通过以著作权格式许可合同私立规则的方式，使著作权许可合同具有了“准著作权法”的性质，扩大了著作权人著作权的保护范围，缩小了社会公众接触和使用作品的权利范围，

---

〔1〕 参见《民法典》第496条第2款规定：“采用格式条款订立合同的，提供格式条款的一方应当遵循公平原则确定当事人之间的权利和义务，并采取合理的方式提示对方注意免除或者减轻其责任等与对方有重大利害关系的条款，按照对方的要求，对该条款予以说明。提供格式条款的一方未履行提示或者说明义务，致使对方没有注意或者理解与其有重大利害关系的条款的，对方可以主张该条款不成为合同的内容。”

〔2〕 Cass R. Sunstein, “Boundedly Rational Borrowing”, *University of Chicago Law Review 73*, no. 1 (Winter 2006): 249~252.

〔3〕 P. S. Atiyah, “Contract and Fair Exchange”, *The University of Toronto Law Journal 35*, no. 1 (Winter 1985): 3.

额外限制使用者权利的行为剥夺了消费者享有的财产权。[1]有学者已经指出了实践中这种格式化的许可合同不断突破著作权法的限制所引起的不利后果，即不当阻碍了著作权法与合同法之间的协调，甚至有取代著作权法之嫌。[2]格式化的许可合同打破了版权法精心设计的微妙平衡，选择退出机制让用户几乎没有讨价还价的余地，利益过度偏袒著作权人。[3]我们可以想象一下这样的例子：一个房地产开发商将新房子的销售描述为一项许可协议，并阻止购房者转售这些房子，剥夺购房者实现任何投资的权利。任何想要以开发商创造的风格购买房屋的个人都需要直接向开发商购买，而不是在二手市场上购买二手房。这样的结果在房地产市场将是荒谬的和不可容忍的，在作品销售环境中应该是同样的情况。法院应该保障消费者和著作权人之间公平的竞争环境，将转售权置于发行权穷竭原则的保护之下以维护公平合理的公共政策。消费者应该能够审核交易，并且知晓自己在作品交易中所获得的权利与其他任何交易并无不同，转售权应该在保护消费者权利的过程中被坚定地维护。

第四节　发行权穷竭原则地域效力的不同学说及国际协调

一、发行权穷竭原则地域效力的不同学说

（一）国内穷竭说

如果一国认可国内穷竭说，则知识产权人对于货物或服务的流动控制权，只能因为货物或服务在该国境内进行首次销售或投放市场才会消失。国内穷竭是权利穷竭原则的最初涵义。持国内穷竭说的学者反对平行进口，认为知识产权在一国的用尽并不导致其在国际市场的用尽，在其他国家仍处于“未曾使用”的状态，因此权利人仍有权制止平行进口。知识产权人针对同一客体在不同国家取得的知识产权是相互独立的，均只在授权国的地域范围内发生效力，而平行进口商购得的商品在国外虽属合法取得，但并未取得商品输

〔1〕王翼泽：《版权许可格式合同扩大版权人权利范围的应对》，载《中国版权》2020年第8期，第61~62页。

〔2〕P. Bernt Hugenholtz, “Commentary: Copyright, contract and code: what will remain of the public domain”, *Brooklyn Journal of International Law 26*, no. 1 (2006): 77~90.

〔3〕Mark A. Lemley, “Shrinkwraps in Cyberspace”, *Jurimetrics Journal 35*, no. 3 (Spring 1995): 318.

入国知识产权人的许可，因而侵犯了该知识产权人的权利。[1]权利国内穷竭原则是以知识产权的地域性特征为基础，进而主张平行进口非法化的理由。只要承认知识产权系依一国法律成立且仅在该国内有效，则权利人销售知识产品的行为只能穷竭其对该产品在本国范围内继续流通的控制力，对该批知识产品而言，权利穷竭的效力并不及于国外市场。[2]采用国内穷竭原则会扩大版权人的销售权范围，使其享有“垂直限制”的权利以控制产品的国际销售。[3]在国际环境中，国内穷竭说提出了两项主要的主张：第一，允许知识产权人分割市场以及实行不同的定价，生产商就可借此而在知识产权投资上获得更高的回报率。这也使得生产商可以在创造更新和更好的产品和服务上作出更大的投资，而这将使消费者受益。为了总的提高知识产权的保护水平，也常常有人提出类似的主张。第二，主张平行进口损害了发展中国家的利益，因为如果投放在发展中国家市场上的产品可以自由流通至发达国家，那么生产商就会避免在发展中国家给出较低的定价。[4]

（二）区域穷竭说

区域穷竭说认为，权利穷竭原则的空间效力超出一国之外，又不及于全球。区域穷竭说实际上是权利穷竭地域效力的一个折中方案，使权利穷竭理论的适用虽能够跨越国界，但仍限于特定的区域之内。[5]目前，知识产权区域穷竭主要在欧盟、北美自由贸易区及法语非洲国家得到普遍承认。欧盟之所以承认权利区域穷竭有自身的特殊原因：一是各成员国经济发展水平较为均衡，并长期保持着商业贸易往来；二是各成员国都是资本主义国家，且有着相同的文化传统，对规则的普适性保持相同认识。[6]欧盟采纳区域穷竭说

---

〔1〕 孟祥娟：《论专利权保护与平行进口问题》，载《北方论丛》2006 年第 5 期，第 141~143 页。

〔2〕 张耕、孙正樑：《自贸区知识产权产品平行进口的法理分析》，载《兰州学刊》2019 年第 6 期，第 37 页。

〔3〕 Theo Papadopoulos，“Copyright Law and Competition Policy：International Aspects”，*The AustralianNational University Agenda 9*，no. 2（2002）：113~120.

〔4〕 联合国贸易与发展会议、国际贸易和可持续发展中心编：《TRIPS 协定与发展：资料读本》，中华人民共和国商务部法条司译，中国商务出版社 2013 年版，第 137~138 页。

〔5〕 朱喆琳：《“发行权穷竭”理论对我国版权产业影响研究》，载《科技与出版》2018 年第 1 期，第 64 页。

〔6〕 张耕、孙正樑：《自贸区知识产权产品平行进口的法理分析》，载《兰州学刊》2019 年第 6 期，第 39 页。

的目的是“促进内部市场的整合”。[1]如果一国承认区域穷竭说，知识产权人在该地区任何一个国家将货物或服务进行首次销售或投放市场时，控制该货物或服务流动的权利即被穷竭。就权利穷竭问题对货物跨境流动所产生的影响而言，欧洲法院是处理这方面案件的先行者。1964 年，在欧洲共同体形成之后不久，欧洲法院在 Consten and Grundig v. Commission 案[2]中就遇到了这样的问题，一家音响设备制造商企图援引平行进口的商标权，来阻止其产品在欧共体各成员之间所进行的贸易活动。欧洲法院直接承认，如果商标权人可以阻止货物的自由流动，那么欧洲市场一体化的目标将会受阻，而在早期阶段，欧洲法院是援用竞争法原则来禁止此类行为的。随后，欧洲法院就此问题形成了它自己的法理，它以《欧洲共同体条约》有关反对数量限制和具有等同效果之手段的规定（《欧洲共同体条约》1999 年编号第 28 条）为基础，确定了“共同体内部权利穷竭原则”（intra-Community exhaustion doctrine）。[3]在欧盟范围内认可区域穷竭说似乎是一种逻辑的必然。[4]正如国际知识产权保护协会的报告所显示的，在此种安排下，商品在单一市场内自由流通的基本原则要求各成员认可平行进口的合法性，从而在通过限制知识产权来实现单一市场的必要性问题上达成一致。[5]因此，对整个欧盟来说，区域穷竭说将消费者利益置于首位进行保护。商品或服务一旦被销往欧盟地区，权利所有人将无法控制商品或服务在欧盟境内的平行贸易。

（三）国际穷竭说

如果一国承认的是国际穷竭说，当货物或服务在世界上任何一个地方被首次销售或投放市场时，知识产权人对该货物或服务流动的控制权就穷竭了。[6]

---

〔1〕 Parallel Imports and Prices, Seminar of Internal Market and Consumer Affairs Ministers, Lund 27~28 April, MEMO/01/157, Brussels. http://ec. europa. eu/internal_ market/ indprop/tm/index_ en. htm.

〔2〕 Consten and Grundig v. Commission，第 56、58/64 号案件，[1966] ECR299.

〔3〕 联合国贸易与发展会议、国际贸易和可持续发展中心编：《TRIPS 协定与发展：资料读本》，中华人民共和国商务部法条司译，中国商务出版社 2013 年版，第 112 页。[欧洲法院关于权利穷竭的法律，其早期历史形成于《欧洲共同体条约》第 30 条（禁止数量限制和具有等同效力的措施）与《欧洲共同体条约》第 36 条（允许保护知识产权的措施）之间的对立中。1999 年《欧洲共同体条约》重新编号，之前的第 30 条成为现在的第 28 条，而之前的第 36 条成为现在的第 30 条]。

〔4〕 Catherine Barnard, *The Substantive Law of the EU: The Fourth Freedoms*, Oxford University Press, 2004: 174.

〔5〕 International Exhaustion of Industrial Property Rights, Q156, AIPPI Report, 2001.

〔6〕 联合国贸易与发展会议、国际贸易和可持续发展中心编：《TRIPS 协定与发展：资料读本》，中华人民共和国商务部法条司译，中国商务出版社 2013 年版，第 110 页。

国际穷竭说认为，权利人或经其同意之人将知识产权产品投放市场后，即在世界范围内丧失了对该知识产权的控制权，无论何人在何地使用或转售该产品，都无须征得权利人的许可，也不侵犯其知识产权。[1]随着知识产品在国际贸易中的范围不断扩大，支持平行进口的国家认为权利穷竭的效力应扩大到全球市场，发展为“国际穷竭”原则。有些学者认为，版权和商标权货物的灰色市场是有效的，因为这些市场使得这些货物可以被更多的消费者以更低的价格获取[2]。其他评论者回应称，版权和商标保护在制度设计上都有地域性，并且这一安排是恰当的，因为地域性效力使得价格歧视成为可能。也就是说，要求美国和其他工业化国家的消费者支付更高的价格，因为他们相对比较富裕；但这同时也使得生产者和销售者可以为这些国家的消费者提供一些例如保障服务之类的“额外”服务，从而激励他们生产、销售和推销更多的产品。版权人则辩称，灰色市场货物不公平地限制了他们的利润边界，强迫他们不得不与自己的产品竞争。[3]

美国通过司法判例确认了发行权国际穷竭说。如前文所述，《美国版权法》第109条（a）规定了发行权穷竭原则条款：“尽管有第106条第（3）款之规定，依据本法合法制造（lawfully made under this title）的特定复制件或录音制品的所有人，或者经该所有人授权的其他任何人，无须经过版权人的授权，有权出售或以其他方式处理它对该复制件或录音制品的占有权。”从字面上看，要适用第109条（a）款规定的发行权穷竭原则的前提是该复制件必须是依据《美国版权法》合法制造。所谓依据美国法制造，过去通常被理解为在美国境内制造。[4]在Kirtsaeng v. John Wiley & Sons，Inc.案中，美国最高

〔1〕 孙颖：《平行进口与知识产权保护之冲突及其法律调控》，载《政法论坛》1999年第3期，第44页。

〔2〕 Nancy T. Gallini，Aidan Hollis，“A Contractual Approach ti the Gray Market”，*Int' l Rev. L. & Econ 19*，no. 1（March 1999）：1~21；Shubha Ghost，“An Economic Analysis of the Common Control Exception to Gray Market Exclusion”，*U. Pa. J. Int' l Bus. L. 15*，no. 3（Fall 1994）：373.

〔3〕 William M. Landers，Richard A. Posner，“Trademark Law：An Economic Perspective”，*J. L. & Econ 30*，no. 2（1987）：265；Elin Dugan，“United States of America，Home of the Cheap and the Gray：A Comparison of Recent Court Decisions Affecting the U. S. and European Gray Markets”，*Geo. Wash. Int' l L. Rev 33*，（2011）：397，409~411.

〔4〕 美国最高法院的GINSBURG法官在Quality King Distributors，Inc. v. L'Anza Research International，Inc. 523 U. S. 135（1961）案中引用Party的观点［W. Patry，Copyright Law and Practice 166~170（1997 Supp.）］，认为：“The words ‘Iawfully made under this title’ in the ‘first sale’ provision，17 U. S. C. §109（a），must mean ‘lawfully made in the United States’.”在Omega S. A. v. Costco Wholesale Corp. 541 F. 3d 982（2008）案中，法院也强调这一点。类似观点参见Nimmer on Copyright，§8. 11［B］［6］，（2009）：8~161.

法院移除了这一限制，而采取了国际穷竭规则。布雷耶（Breyer）法官在向法院发表意见时表示，第 109 条（a）款的语言偏向非地域限制解释，即“lawfully made under this title”意味着 made“in accordance with”或“in compliance with”the Copyright Act。该条没有提到任何关于地域的文字。“under”一词意味着“in accordance with”。非地域的解释使得这五个英文单词有不同目的。前两个单词“lawfully made”是为了区分那些合法制造的复制件和非法制造的复制件。后三个单词“under this title”设定了“合法”的标准。因此，非地域性的解读很简单，促进了版权法打击盗版的传统目标，也使得每个词语有语义上的合理性。图书馆协会、旧书商、技术公司、消费产品零售商、博物馆等从多个方面指出，地域限制不利于实现宪法所设定的“促进科学和有用艺术”的版权立法目的。因此，结论是，版权的实际后果、法律条款的语言、背景和法律解释规则等都偏向于反对第 109 条（a）款的地域限制解释。

与专利权国际穷竭引发的争议相比，版权的国际穷竭在我国并没有引发什么争论。中国长期存在的外版图书进口的实践并未受到立法干预。这一事实表明，决策者支持版权国际穷竭的规则。很多人认为，中国之所以接受发行权的国际穷竭，是因为版权法上没有类似专利法上的“进口权”，从而公众相信，版权人并没有权利阻止外版图书的进口。上述解释虽然为很多学者接受，但并不可靠。因为发行权很容易被解释为涵盖销售或进口的内容。〔1〕这在美国最高法院对 Quality King Distributors，Inc. v. L’Anza Re-search International，Inc. 案〔2〕的判决中有所体现，法院认为，“进口行为并非版权法第 106 条所述的销售或转移占有行为的说法没有说服力”。版权与专利权在权利穷竭问题上所面对的法律框架并没有实质性的差别。我们并不能简单地因为版权法上没有“进口权”的概念，就认为版权法本质上并不能在进口环节阻止作品复制件进入中国。如果进口的作品复制件为侵权复制件，版权人应该可以基于发行权阻止其进口。我们能够进口正版图书，与其说版权人没有进口权，还不如说是决策者有意选择版权的国际穷竭。持国际穷竭说的学者主

---

〔1〕比如，《美国版权法》第 602（a）条就规定，未经授权进口作品的复制件侵害发行权（the distribution right）。尽管美国法上的发行权与中国法上的范围并不完全一致，这还是说明发行权的解释有相当的空间。

〔2〕523 U. S. 135（1998）.

张，无论是从法学的角度还是经济学的角度，承认版权作品的平行进口都将有助于整个社会利益。因此，有必要在我国著作权法中明确版权的国际穷竭原则，从而推动我国版权产业的发展。[1]

二、发行权穷竭原则地域效力的国际协调

在《TRIPS 协定》谈判之前，几乎没有以系统调查的方式，研究过由于各种不同的权利穷竭制度给国际贸易以及经济发展造成的潜在影响。就知识产权权利穷竭问题上的政策和规则对国际贸易的影响而言，各成员的政府之间维持着各不相同的政策和规则。这种情况在欧洲和美国都相当复杂，因为这些国家之间不仅对知识产权的国内、区域和国际权利穷竭问题遵循着各自不同的解决办法，而且，它们常常根据不同的知识产权类别而采取不同的政策和规则。在乌拉圭回合期间，有关权利穷竭和平行进口的问题在 TRIPS 谈判组进行了很多次讨论。从这些讨论中明显可见，代表们意识到了问题的重要性，并且对于谈判的结果，各持不同的看法。需要重点指出的是，在 TRIPS 谈判的大部分时间中，同期对这一问题的讨论还发生在世界知识产权组织就专利法统一所进行的谈判中。在两个组织的谈判中，参加方的政府没有在权利穷竭问题的统一处理上达成一致意见。[2]在 GATT 的 TRIPS 谈判期间，各成员在知识产权的权利穷竭问题上展开了非常广泛的讨论，但是各成员的政府之间却未能就是否为新成立的世界贸易组织（WTO）设立一套权利穷竭的规则，达成一致意见。他们转而同意，每一 WTO 成员将有权采用其自己的权利穷竭政策和规则。这种合意体现在第 6 条中，它规定在遵守《TRIPS 协定》的国民待遇规定和最惠国待遇规定的前提下，排除本协定中的任何条款用以在争端解决中处理权利穷竭的问题。在 1998 年举行的一次关于权利穷竭和平行进口问题的会议上，曾经在乌拉圭回合谈判中担任贸易谈判组秘书，WTO 知识产权司时任主任的阿德里安·奥特（Adrian Otten）先生发表演讲指出，《TRIPS 协定》对于权利穷竭问题的处理是乌拉圭回合中的一个难点，并为此进行了密集谈判。当前《TRIPS 协定》第 6 条的规定方式，反映了以下

〔1〕 鲁甜：《版权平行进口的理论分析与立法选择——以约翰威利出版社案为视角》，载《中国版权》2015 年第 2 期，第 88 页。

〔2〕 联合国贸易与发展会议、国际贸易和可持续发展中心编：《TRIPS 协定与发展：资料读本》，中华人民共和国商务部法条司译，中国商务出版社 2013 年版，第 115 页。

两派政府之间的一个妥协：一派政府倾向于明确承认有关权利穷竭的做法，包括选择采用国内权利穷竭还是国际权利穷竭，应由各国自由决定，而另一派政府尽管并不寻求对此类做法作出具体规制，但也不希望规定上述这种承认。最后的方案显示，就《TRIPS 协定》项下的争端解决而言，协定的任何规定在遵守第 3 条和第 4 条的前提下不得用于处理权利穷竭问题。谈判的双方都倾向于支持最后的方案。"〔1〕从《TRIPS 协定》第 6 条来看，协定对知识产权权利穷竭原则的规定模糊不清，从而导致了国际上对这些争议问题的讨论含有诸多含蓄与暧昧的成分。〔2〕

在整个乌拉圭回合中，就权利穷竭条款的范围存在相当大的争议。许多发展中国家不希望将权利穷竭原则的适用限定在知识产权人同意将货物投放市场的情况下，因为还有其他的情况也可能考虑适用权利穷竭，例如在强制许可（compulsory licensing）情况下的销售。〔3〕《TRIPS 协定》承认政府可以授予强制许可，并且对授予强制许可的条件和程序加以控制。一些 TRIPS 专家认为，以这种方式将受知识产权保护的产品首次销售或投放市场以后，就发生权利穷竭，其方式就如同权利人同意而首次销售或投放市场所发生的知识产权穷竭，因此，WTO 成员可以采取以强制许可作为权利穷竭的基础的国际穷竭规则。另外的 TRIPS 专家则认为，知识产权人同意才是知识产权国际穷竭政策的唯一可接受的基础。〔4〕本书认为，"同意"作为发行权穷竭原则的决定性因素，意味着该原则不适用于通过非自愿许可如强制许可而投放市场的产品。强制许可而产生的知识产品上，不适用发行权穷竭原则，因为强制许可制度被认为是典型的知识产权内部限制制度，而不关外部之事，所以发行权不穷竭。〔5〕2020 年 11 月 15 日我国签订的《区域全面经济伙伴关系协

---

〔1〕 联合国贸易与发展会议、国际贸易和可持续发展中心编：《TRIPS 协定与发展：资料读本》，中华人民共和国商务部法条司译，中国商务出版社 2013 年版，第 121~122 页。

〔2〕 Peng Jiang, "Fighting the AIDS Epidemic: China's Options under the WTO TRIPs Agreement", *Albany Law Journal of Science and Technology 13*, no. 1 (2002): 233; Cosovanu, Catalin, "Piracy, Price Discrimination, and Development: The Software Sector in Eastern Europe and Other Emerging Markets", *The Columbia Science and Technology Law Review* 5, (February 2003): 31.

〔3〕 联合国贸易与发展会议、国际贸易和可持续发展中心编：《TRIPS 协定与发展：资料读本》，中华人民共和国商务部法条司译，中国商务出版社 2013 年版，第 120 页。

〔4〕 联合国贸易与发展会议、国际贸易和可持续发展中心编：《TRIPS 协定与发展：资料读本》，中华人民共和国商务部法条司译，中国商务出版社 2013 年版，第 125 页。

〔5〕 李明德等：《欧盟知识产权法》，法律出版社 2010 年版，第 95 页。

定》（RCEP）知识产权章第 6 条规定，每一缔约方应当有权建立其各自的知识产权权利穷竭制度。[1]《世界知识产权组织版权条约》（WIPO Copyright Treaty，WCT）也授予成员国类似的自由。该条约第 6 条第 2 款指出，条约第 6 条第 1 款设置的发行权的权利穷竭发生在经作者许可的作品原件或复制件所有权转让之后，并授权成员国自主决定穷竭原则条件。[2]总体上，分别作为知识产权输出国与输入国的发达国家与发展中国家，对平行进口的立场和态度迥异，摩擦不断，这不仅不利于知识产权的保护，对国际贸易的健康发展也产生了一定程度的消极影响。因此，对于权利穷竭问题如能协调利益、达成共识，发达国家与发展中国家之间的紧张关系将得到缓解，由此引发的大量的贸易纠纷也将得以避免。[3]

三、国际穷竭说的合理性及其证成

WTO 成员选择采取何种权利穷竭说，会对货物和服务的跨境流通产生重大影响。本书认为，美国及我国实务中采取的国际穷竭说更具合理性。

（1）不同于传统的国际法，国际经济法的规则大多源自经济学原理。规制现代国际贸易关系的 WTO 多边贸易法律体制的理论基础是经济学上的自由贸易理论。在经历了第二次世界大战前“以邻为壑”保护主义政策造成的巨大灾难后，各国最终接受了贸易自由化理论，建立了以贸易自由化为宗旨的 GATT /WTO 现代国际贸易法体制。[4]根据国际穷竭说，货物和服务在世界任何地方按某种条件而被首次销售或投放市场之后，即可以跨境自由流通，这符合自由贸易理论的要求。正如有学者判断的一样，从世界贸易发展的趋势看，知识产权的国际穷竭应当是大势所趋。[5]既然贸易自由化的基础是已被实践证明了的科学的经济学理论，惠及世界各国，使每一个国家都获得了实实在在的经济利益，就应该在实践中坚持该理论，尤其是当今保护主义的幽

〔1〕丁婧文：《论数字作品转售不适用首次销售原则》，载《学术研究》2021 年第 4 期，第 73 页。

〔2〕卢纯昕：《论网络环境中首次销售原则的扩大适用》，载《电子知识产权》2015 年第 3 期，第 52 页。

〔3〕石巍：《平行进口与灰色市场：知识产权国际穷竭原则新探》，载南开大学法学院编：《南开国际法、经济法和民商法论集——祝贺高尔森教授九十寿辰专辑》，南开大学出版社 2019 年版，第 62 页。

〔4〕刘敬东：《国际贸易法治的危机及克服路径》，载《法学杂志》2020 年第 1 期，第 19~20 页。

〔5〕李建华：《我国知识产权权利穷竭制度的立法设计——基于知识产权法典化的思考》，载《法学论坛》2011 年第 2 期，第 117 页。

灵不断作祟引发国际贸易法治危机的背景下更该如此。而根据国内穷竭说，货物和服务的流动可能被知识产权人阻止。

（2）国内穷竭说的论据是值得商榷的，本书从两个方面论证国内穷竭说论据的有待商榷性。第一个方面，国内穷竭说认为，知识产权人有权进行市场分割和价格歧视，因此应采取国内穷竭说。从经济、社会、政治和文化等各种不同的视角来看，关于授予知识产权人以市场分割的权利究竟是好还是坏，存在相当的争议。从那些偏好开放市场和竞争的立场上，让知识产权成为一种限制贸易的机制，显然是根本不协调的。但是部分知识产权人主张，进行市场分割以及因此必然导致的价格歧视（price discrimination）还是具有积极意义的。〔1〕价格歧视可能对权利人和社会都有利，因为国际价格歧视会提高产量，降低单价。它允许权利持有者区分国家（发展中国家与发达国家）和目标群体（个人与以盈利为目的的公司）。这种区别对待对消费者也有好处，因为复制品的购买价格是在市场上确定的。〔2〕但是，保留知识产权人价格歧视的能力不应作为支持国内穷竭说的充分理由。价格歧视是正常的商业行为，其存在是基于各种不同的商业客观环境。〔3〕一般情形下，与统一价格相比较，价格歧视的确能够提高社会产量，给消费者带来福利。然而并不是所有的价格歧视都应被肯定，如果以价格歧视作为手段达到了消灭竞争、垄断市场的效果时，应受到反竞争的对待。在反垄断法中引入经济学分析后，人们发现价格歧视的行为在许多情况下能够产生重大的效率，需要对其积极效果与消极效果进行权衡。对价格歧视行为进行评判时，有必要考察市场的综合情况，而不能仅仅专注于该行为本身。价格歧视产生的排斥效果如果是实现其效率所必需的，排斥性只是其“附随结果”，则是可以允许的；这时行为人的排斥能力来源于效率，而不是市场力量。这需要在个案中对行为的损害与效率进行权衡。〔4〕因此，国内穷竭说所主张的“允许知识产权人分割市场以及实行不同的定价，使生产商可以在创造更新和更好的产品和服务上作

〔1〕联合国贸易与发展会议、国际贸易和可持续发展中心编：《TRIPS 协定与发展：资料读本》，中华人民共和国商务部法条司译，中国商务出版社 2013 年版，第 110 页。

〔2〕Péter Mezei, “Copyright Exhaustion: Law and Policy in the United States and the European Union”, Cambridge University Press, 2018: 22.

〔3〕刘廷涛：《反垄断法下价格歧视之竞争损害分析》，载《东方法学》2016 年第 3 期，第 37 页。

〔4〕许光耀：《价格歧视行为的反垄断法分析》，载《法学杂志》2011 年第 11 期，第 21~24 页。

出更大的投资，进而使消费者受益”的推理是有待商榷的。此外，“采用更高的保护水平和以让公众承担更高的价格而来增加知识产权人的回报”本身的合理性就应是被质疑的。第二个方面，国内穷竭说是以知识产权的地域性特征作为论证其观点的基础，认为知识产权系依一国法律成立且仅在该国内有效，权利人销售知识产品的行为只能穷竭其对该产品在本国范围内继续流通的控制力，对该批知识产品而言，权利穷竭的效力并不及于国外市场。根据知识产权的地域性原则，依一国知识产权法成立的某项知识产权，其效力是应依该国相关法律的解释而决定的问题。在确定某项知识产权的效力范围时是否以及如何考虑相关知识产权产品在域外的合法售出、投放市场这一事实，属于该国相关知识产权法的解释问题。为了平衡把握宏观层面所存在的国际贸易自由化与知识产权保护之间的冲突，与具体层面所存在的物权与知识产权之间的冲突，一国有权根据自身国情而对这一问题采取不同态度并对相应国内法规则进行解释或制定相应规范，既可强调对本国知识产权的侧重保护，从而禁止平行进口，也可对本国知识产权加以适当限制而允许平行进口，亦可针对不同类型的平行进口加以分类规制。概言之，地域性原则并非必然意味着国内穷竭以及对平行进口的禁止，相反，恰恰是地域性原则肯定并赋予了一国基于自身国情而自主应对权利穷竭和平行进口问题的权力。是否以及如何考虑知识产权产品在域外的投放流通这一问题属于各国国内法下的解释问题，各国有权自主决定。也因此，地域性并不构成对国内穷竭的自然肯定。[1]

（3）“区域穷竭说”的结论忽视了区域一体化和全球化的关系，从长远看是存在局限性的。“区域穷竭说”被欧盟、北美自由贸易区等采纳的根本原因是区域经济一体化的过程中促进内部市场整合的结果。“区域穷竭说”主张在欧盟、北美自由贸易区范围内认可区域穷竭说是一种逻辑的必然，这种基于区域经济一体化的推理自然没有错。然而，不容忽视的是，区域经济属于个体，当个体不断积累，达到一定数量的时候，不同尺度的区域一体化不断塑造世界的基本格局，就会引起质变从而形成经济全球化，而经济全球化作为一个整体，是最大尺度的区域经济一体化。[2]既然区域经济一体化的最终

---

〔1〕 韩磊：《权利国际用尽原则与平行进口的法律规制》，载《河北法学》2017年第10期，第155页。

〔2〕 陈东：《区域一体化演变趋势与我国中长期应对策略》，载《中国科学院院刊》2020年第7期，第806页。

结果是经济全球化，那么，基于区域经济一体化而被采纳的“区域穷竭说”就应只是特定阶段存在的产物，其最终归属应为以经济全球化作为基础的“国际穷竭说”。

本章小结

发行权穷竭原则又称“发行权用尽原则”或“首次销售原则”，是指合法取得作品原件或者复制件所有权的人有权不经著作权人同意将其销售、出租或以其他方式处分。发行权穷竭原则的基本理念在于，一旦权利人能够从首次销售或投放市场中获得经济回报，则作品的买受人就获得了使用和处分该作品的权利，而不再受到进一步的限制。发行权穷竭原则起源于1894年美国第二巡回法院所审理的哈里森诉梅纳德（Harrison v. Maynard Merrill&Co.）案。该案提出，为保障公众对图书享有完整的所有权，需要对著作权人的专有销售权予以一定限制。这种对著作权人专有销售权的限制在1908年美国最高法院对博思梅诉斯特劳斯案（Bobbs-Merrill Co. v. Straus）案的判决中得到进一步阐释，从而使得发行权穷竭原则在《美国版权法》中正式确立下来，此后美国各级法院多以此为圭臬。当今，发行权穷竭原则已在世界范围内被众多国家普遍承认。虽然我国《著作权法》中尚未明确规定发行权穷竭原则，但我国司法实践中已将该原则作为判决说理的依据。作为一种重要的著作权权利限制制度，发行权穷竭原则具有利于实现对作品的接触和收藏、利于保护消费者隐私权、利于减少消费者锁定以及利于促进社会创新的重要价值。

法学研究的核心和司法裁判的基础在于法律规范。具体到著作权法领域，对发行权穷竭原则的规范属性进行准确界定，是促进资源流转、界分利益诉求和实现作品价值的首要之义。关于发行权穷竭原则规范属性的论争，学界存在“强行性规范说”（“发行权穷竭原则当然适用论”）和“任意性规范说”（“发行权穷竭原则非当然适用论”）两种观点。“强行性规范说”认为，发行权穷竭原则属于法定限制，不允许当事人通过约定方式排除。著作权人或其授权的人与版权产品买受人之间的售后限制协议无法产生排除发行权穷竭原则适用的法律效果。“任意性规范说”认为，著作权人或其授权的人与版权产品买受人之间的售后限制协议可以产生排除发行权穷竭原则适用的法律效果。只有在版权产品首次销售未进行售后限制协议约定时发行权穷竭才予适用，售后限制协议约定内容与发行权穷竭原则抵触时，应从合同约定。

要想解答发行权穷竭原则规范属性这一宏观命题，首先要从微观上回归到强行性规范和任意性规范本身的差异上来。强行性规范与任意性规范之差异体现在主体是否具有对所涉法律规范的变更排除权。若主体具有对所涉法律规范的变更排除权，则所涉法律规范之属性应被界定为任意性规范，否则，便属强行性规范。对发行权穷竭原则规范属性的判断，首先需要回归到该规范设计的目的和所体现的价值上来考察。规范系统总是逻辑地以价值的认定作为依据。规范不但指引人们的行为，而且蕴含了为何作出这种指引的深刻理由。发行权穷竭原则具有的有利于实现对作品的接触和收藏、保护消费者隐私权等价值目标决定了应将其界定为强行性规范。通过合同约定排除发行权穷竭原则的适用必然会侵蚀到社会公众对作品的接触和收藏、消费者隐私权等公共利益，违反促进文化传承和知识流通的公共政策目标。任意性规范说的逻辑论证并非无可辩驳。允许当事人通过缔结协议的方式排除发行权穷竭原则的适用，在表层上看是高举了合同自由的大旗弘扬了当事人意思自治，在深层上看则忽视了其背后所衍生的交易成本因素。任何权利的保护都是存在边界的，著作权也不例外，加强著作权保护应将严厉惩戒和打击著作权侵权行为等方式作为导管和手段，而不是任由著作权人恣意排除权利之法定限制。允许著作权人继续在版权产品的二次销售中获利的做法超出了维护著作权的必要程度，使著作权人获得了不成比例的回报。古典契约理论“以合意正当证明合同公平”作为判断合同是否符合公平原则的标准早已不适应时代发展需求。“任意性规范说”继续沿用这一理论允许交易双方以合同约定的形式排除发行权穷竭原则的适用，只会越发导致契约公平的崩塌。“任意性规范说”提出的法院和决策者在某些情况下更灵活地应用发行权穷竭原则时可以考虑的分析框架从表面上看考察范围足够细致且灵活，但该分析框架的具体方法很难应用到实践中。

关于发行权穷竭原则的地域效力，存在“国内穷竭说”“区域穷竭说”以及“国际穷竭说”三种学说。“国内穷竭说”主张，知识产权人对于货物或服务的流动控制权，只能因为货物或服务在该国境内进行首次销售或投放市场才会消失。国内穷竭是权利穷竭原则的最初涵义。“区域穷竭说”主张，权利穷竭原则的空间效力超出一国之外，又不及于全球。“区域穷竭说”实际上是权利穷竭地域效力的一个折中方案，使权利穷竭理论的适用虽能够跨越国界，但仍限于特定的区域之内。[1]“国际穷竭说”主张，当货物或服务在世界上任何一个地方被首次销售或投放市场时，知识产权人对该货物或服务流动的控制权就穷竭了。[2]由于成员国之间很难达成一致意见，因此《TRIPS 协定》第 6 条规定，在遵守国民待遇规定和最惠国待遇规定的前提下，排除协定中的任何条款用以在争端解决中处理权利穷竭的问题。《TRIPS 协定》对知识产权权利穷竭原则的规定模糊不清，导致了国际上对这些争议问题的讨论含有诸多含蓄与暧昧的成分。[3]保留知识产权人价格歧视的能力以及知识产权的地域性不应作为支持国内穷竭说的充分理由。对价格歧视行为进行评判时，有必要考察市场的综合情况，需要在个案中对行为的损害与效率进行权衡。[4]地域性原则并非必然意味着国内穷竭以及对平行进口的禁止，相反，恰恰是地域性原则肯定并赋予了一国基于自身国情而自主应对权利穷竭和平行进口问题的权力。是否以及如何考虑知识产权产品在域外的投放流通这一问题属于各国国内法下的解释问题，各国有权自主决定。也因此，地域性并不构成对国内穷竭的自然肯定。[5]“区域穷竭说”的结论忽视了区域一体化和全球化的关系，从长远看是存在局限性的。基于区域经济一体化而被采纳的“区域穷竭说”只是特定阶段存在的产物，其最终归属应为以经济全球化作为基础的“国际穷竭说”，这符合自由贸易理论的要求。既然贸易自由化的基础是已被实践证明了的科学的经济学理论，就应该在实践中坚持该理论，尤其是当今保护主义的幽灵不断作祟引发国际贸易法治危机的背景下更该如此。

---

〔1〕 朱喆琳：《“发行权穷竭”理论对我国版权产业影响研究》，载《科技与出版》2018 年第 1 期，第 64 页。

〔2〕 联合国贸易与发展会议、国际贸易和可持续发展中心编：《TRIPS 协定与发展：资料读本》，中华人民共和国商务部法条司译，中国商务出版社 2013 年版，第 110 页。

〔3〕 Peng Jiang, “Fighting the AIDS Epidemic: China's Options under the WTO TRIPs Agreement”, *Albany Law Journal of Science and Technology* 13, no. 1 (2002): 233; Cosovanu, Catalin, “Piracy, Price Discrimination, and Development: The Software Sector in Eastern Europe and Other Emerging Markets”, *The Columbia Science and Technology Law Review* 5, (February 2003): 31.

〔4〕 许光耀：《价格歧视行为的反垄断法分析》，载《法学杂志》2011 年第 11 期，第 21~24 页。

〔5〕 韩磊：《权利国际用尽原则与平行进口的法律规制》，载《河北法学》2017 年第 10 期，第 155 页。

第二章

数字环境下发行权穷竭原则适用的困境和论争

著作权制度既是一个强调利益分配的经济机制，又是一个追求利益平衡的法律机制，回答赋予著作权人多大强度的控制其作品利用的排他权是著作权制度在每一个历史发展阶段都无法回避的主题。新技术的使用不断带来著作权人可资利用的新市场，著作权立法和司法需要适时调整以实现新技术条件下著作权激励与作品传播之间的有机平衡。著作权制度所要解决的基本矛盾始终是如何在保障权利人排他性权利的同时，又能使承载著作权的知识产品为社会所充分利用。这一基本矛盾伴随每次新技术革命的发生而不断加剧。〔1〕显然，著作权制度的利益平衡机制是动态而非静止的，每一个突飞猛进的技术进步都可能改变创作者与使用者之间关于作品控制的原有平衡从而推动新的法律规范出现。事实上，与其说技术发展对著作权法律制度造成了冲击，不如说技术的发展改变了著作权人与作品传播者、使用者之间原有的市场结构，因而需要从事实和法律层面反思利益平衡的着眼点应该朝着著作权人的方向发力还是朝着作品传播者、使用者的方向调整。〔2〕著作权制度从最初的出版商特权发展到现今赋予著作权人有限的垄断权，基本建构起了著作权人、作品传播者、作品使用者之间的平衡，在促进社会基本福利和增进有益知识进步方面具有不可替代的重要作用。在过去的十多年间，我们获取版权内容的方式已经发生三次转变。直到 21 世纪初，我们仍主要通过书籍、音乐、电影等物理载体获取相应的内容，而这些载体都是可以握在手中的实物。尽管当时，我们也在影院看电影，在收音机上听音乐，但版权所有者主要进行的是销售有形复刻商品的业务，合法的数字下载仍停留在假想阶段。直到 2003

〔1〕 宫士友：《我国著作权法律制度面临的困惑——写在著作权法修订之际》，载《知识产权》2012 年第 2 期，第 72 页。

〔2〕 杨明：《私人复制的著作权法制度应对：从机械复制到云服务》，载《中国法学》2021 年第 1 期，第 203 页。

年苹果公司（Apple）推出 iTunes 音乐商店，市面上才真正涌现出一个可行的数字发行授权系统。这种从有形副本到数字副本的转变给版权法带来了一些至今仍未被解决的重大挑战。[1]在移动互联网和大数据技术的加持下，版权作品的传播范围空前扩大，一方面推动了网络著作权产业的发展；另一方面便利了公众有益知识的获取，带动了著作权实体经济向网络著作权产业的转型升级。当今，网络著作权产业已经成为我国经济增长的新引擎和新动力。[2]网络著作权产业的蓬勃发展，需要我们思考，作为著作权权利限制制度的发行权穷竭原则在数字时代面临着怎样的困境以及应否予以继续适用。

第一节　数字环境下发行权穷竭原则适用的困境

一、发行权与信息网络传播权的交叉

1996 年在日内瓦召开的关于版权与邻接权保护的外交会议上，就通过网络提供数字作品的行为能否纳入发行权调整出现了很大分歧，由于无法在成员国内部达成一致意见，在时任世界知识产权组织助理总干事米哈伊·费彻尔的建议下，WCT 和 WPPT 对著作权人和邻接权人控制智力成果网络传播的权利采取了“伞状方案”（Umbrella Solution）的调整方式。即一方面赋予成员国控制通过网络对智力成果进行交互式传播的权利，另一方面对于具体赋予的权利类型是发行权还是向公众传播权亦或是二者的结合不做限定，由成员国国内法决定采取何种权利进行调整。“伞状”的意思是为成员国提供多种选择，既对数字环境下著作权人的权利保护及时因应，又对成员国不同制度的兼容提供可能。显然，“伞状方案”为各国提供了灵活的立法空间。整体而言，这种灵活的立法空间在世界范围内存在两种立法例。一种是以美国为代表的“覆盖式”立法例；另一种是以欧盟为代表的“分立式”立法例。“覆盖式”立法例下，著作权法只设发行权，不设信息网络传播权（WCT 和 WPPT 的向公众传播权），由发行权对通过网络传播作品的行为进行调整。

---

〔1〕［美］亚伦·普赞诺斯基、杰森·舒尔茨：《所有权的终结 数字时代的财产保护》，赵精武译，北京大学出版社 2022 年版，第 35 页。

〔2〕刘浏、闻凯：《论网络版权产业发展的挑战及其法律应对——基于河北省网络版权产业情况调研》，载《河北法学》2021 年第 8 期，第 187 页。

“分立式”立法例下，著作权法既设发行权，又设向公众传播权或信息网络传播权，通过网络传输作品的行为由向公众传播权或信息网络传播权调整。

我国著作权法律规范对“伞状方案”采取了“分立式”立法例，既设置了发行权，又设置了信息网络传播权。我国发行权和信息网络传播权的国际法渊源是 WCT 第 6 条[1]和第 8 条[2]以及 WPPT 第 10 条[3]和第 14 条[4]。在我国，通过网络提供数字作品能够同时落入发行权和信息网络传播权的调整范围，这是发行权穷竭原则数字环境适用的第一重困境，即如何界定通过网络提供数字作品行为的性质。若将其界定为发行行为，则当然可以适用发行权穷竭原则。若将其界定为信息网络传播行为，则无法适用发行权穷竭原则，并且由于不存在信息网络传播权穷竭制度，就会导致著作权人可以对数字作品的传播行为持续进行控制。根据我国现行《著作权法》第 10 条第 1 款第 6 项规定的“发行权，即以出售或者赠与方式向公众提供作品的原件或者复制件的权利”，对该规定进行文义解释能够看出，要构成我国《著作权法》视域下的发行行为，需要满足的条件有二：一是向公众提供作品的原件或者复制件；二是前述提供作品的方式限于出售或赠与。由于《著作权法》《著作权法实施条例》及相关司法解释并未对向公众提供的原件或复制件是否必须具备有形物质载体进行任何限定，因此向公众提供数字形式的作品原件或复制件满足发行权的第一个要件，而数字作品的提供方式尽管形式多样，但众多的提供方式中当然包括需要支付对价的出售与无需支付对价的赠与，当满足出售或赠与作为提供方式时，向公众提供数字作品的行为满足了发行权的第二个要件，在此情况下，在互联网数字环境中向公众提供数字作品的行为能够落入发行权的调整范围。此外，我国著作权行政法律规范和刑事法律规

---

〔1〕 WCT 第 6 条规定：“（1）文学和艺术作品的作者应享有授权通过销售或其他所有权转让形式向公众提供其作品原件或复制品的专有权。（2）对于在作品的原件或复制品经作者授权被首次销售或所有权转让之后适用本条（1）款中权利的用尽所依据的条件（如有此种条件），本条约的任何内容均不得影响缔约各方确定该条件的自由。”

〔2〕 WCT 第 8 条规定：“……文学和艺术作品的作者应享有专有权，以授权将其作品以有线或无线方式向公众传播，包括将其作品向公众提供，使公众中的成员在其个人选定的地点和时间可获得这些作品。”

〔3〕 WPPT 第 10 条规定：“表演者应享有专有权，以授权通过有线或无线的方式向公众提供其以录音制品录制的表演，使该表演可为公众中的成员在其个人选定的地点和时间获得。”

〔4〕 WPPT 第 14 条规定：“录音制品制作者应享有专有权，以授权通过有线或无线的方式向公众提供录音制品，使该录音制品可为公众中的成员在其个人选定的地点和时间获得。”

范中，也均肯定了通过网络传播提供作品属于“发行行为”。著作权行政法律规范方面，2015 年 8 月国家新闻出版广电总局通过的《网络出版服务管理规定》第 2 条明确指出通过网络提供数字作品构成网络出版行为，这里的出版即是作品的复制和发行。著作权刑事法律规范方面，2004 年最高人民法院和最高人民检察院联合发布的《关于办理侵犯知识产权刑事案件具体应用法律若干问题的解释》第 11 条第 3 款也明确规定了通过网络传播提供作品属于《刑法》第 217 条规定的复制和发行。这在最高人民法院和最高人民检察院于次年发布的《关于办理侵犯著作权刑事案件中涉及录音录像制品的有关问题的批复》中再次得到印证。

为规制未经授权通过网络非法传播作品问题，我国于 2001 年修改《著作权法》时新增了信息网络传播权。《著作权法》第 10 条第 1 款第 12 项规定，“信息网络传播权，即以有线或者无线方式向公众提供，使公众可以在其选定的时间和地点获得作品的权利”。为对作品网络传播中的法律问题进行专门规制，2006 年 5 月 10 日国务院颁布了《信息网络传播权保护条例》，其中第 26 条第 1 款进一步明确了信息网络传播权的涵义：“信息网络传播权，是指以有线或者无线方式向公众提供作品、表演或者录音录像制品，使公众可以在其个人选定的时间和地点获得作品、表演或者录音录像制品的权利。”与《著作权法》第 10 条第 1 款第 12 项规定的区别在于，《信息网络传播权保护条例》第 26 条第 1 款进一步明确了邻接权人对表演、录音录像制品所享有的信息网络传播权。这构成了我国著作权法律规范中信息网络传播权的全部内涵，即以有线或无线方式向公众提供，使公众可以在选定的时间和空间按需获得作品、表演或录音录像制品的权利。信息网络传播权涵义中的“在公众选定的时间和空间按需获得”被称为“交互式”传播，由此观之，具有“交互式”特征的数字作品传播行为还可落入信息网络传播权的调整范围。发行权与信息网络传播权作为各自独立的著作财产权在适用范围上存在的交叉为发行权穷竭原则数字环境适用制造了权利界定的困境。

二、销售与许可的区分

发行权穷竭原则的适用是以数字产品的“销售”为基础的，如果没有数字产品“销售”这一环节，发行权穷竭原则的适用就会成为无源之水，因此有必要判断数字作品在传播方式上是否存在销售的形式。由于数字作品的特殊性，著作权人常常将授权协议与技术措施相结合设定用户接触和使用数字作品的规则，为规避发行权穷竭原则适用，著作权人总是把“销售”贴上“许可”的标签，这加大了数字作品所有权转让与著作权许可之间的区分难度。〔1〕以在美国广受欢迎的电子阅读器和平板电脑为例，用户若想合法地在这些设备上观看电影和阅读电子书，必须从亚马逊公司或苹果公司等在线零售商购买数字内容。然而，电影数字复制件或者电子书的价格可能与 DVD 或平装书的价格相差不大，即使顾客支付价款后没有获取到实物。数字内容的交易就像实体商品的交易一样，需要进行货币支付，但在客户使用数字内容时，还是存在一些限制。许多客户并未意识到，当他们从亚马逊公司或苹果公司等零售商购买数字内容时，只获得了使用数字内容的许可，而不是对数字文件的任何所有权。在《著作权法》中，发行权穷竭原则允许拥有版权作品的顾客将该作品出借、出售或赠与他人。因此，它对著作权人的权利起到了很大的限制作用。当某人从书店购买一本实体书时，她就成为了这本书的所有权人。根据发行权穷竭原则，她可以把这本书卖给二手书店、捐给图书馆或者赠送给朋友。相比之下，当有人从亚马逊购买 Kindle 电子书或从 iTunes 商店购买歌曲或电影时，她不能转售这些数字文件给任何人，因为她只是数字内容的“被许可人”，而不是数字内容的“所有权人”。当顾客仅仅是受版权保护作品复制件的被许可人时，发行权穷竭原则不适用，因为没有最初的“销售”。〔2〕

当有意回避“销售”“购买”等字眼，而将数字作品的交易描述为“许可”，以许可协议取代销售合同成为数字作品版权商向公众提供数字产品时普遍采取的策略时，出现在消费者面前的是数字作品版权商提供的一种“服务”，消费者通过在这种“服务”中支付对价获得在一定期限内使用数字作品的权利。这导致了数字作品版权商与消费者之间的交易性质模糊不清，而发行权穷竭原则适用与否的前提在于界定发生在版权产品之上的交易是否构成“销售”，即是否存在作品原件或合法制作的作品复制件的所有权转移。〔3〕根

〔1〕 马晶、杨天红：《论数字作品所有权转让与著作权许可的区分——基于首次销售原则的考察》，载《大连理工大学学报（社会科学版）》2017 年第 1 期，第 19 页。

〔2〕 Sarah Reis, “Toward a Digital Transfer Doctrine-The First Sale Doctrine in the Digital Era”, *Northwestern University Law Review 109*, no. 1 (Fall 2014): 174~175.

〔3〕 梁志文：《论版权法上使用者利益的保护》，载《法律科学（西北政法大学学报）》2013 年第 6 期，第 119~129 页。

据传统合同法，“销售”是指一方通过支付价款获得另一方所交付标的物之所有权的行为。《布莱克法律词典》将“销售”界定为“将财产或所有权凭证以一定价格转让”。同样，我国《民法典》将“销售”定义为“出卖人转移标的物的所有权于买受人，买受人支付价款。”〔1〕《布莱克法律词典》对“许可”的表述为“允许去从事一些本来是非法的行为，通常是可撤销的”。显然，与销售相比，许可授予的权利相对少，对客户的限制相对多。所有权人可以利用发行权穷竭原则，而被许可人则不能。由于“所有权人”和“被许可人”的混淆，使数字环境充满了混乱和不确定。尽管网络技术一定程度上弱化了著作权人对作品的控制，但网络技术的普及和发展也给著作权人带来了知名度迅速提高和新市场广阔开拓的红利，著作权人必然能够从作品的无障碍合法传播中获得了更多利益。数字技术的发展，扩张了著作权人的权利，但与之相对应的文化消费者的权利却并未随之扩张。在技术的助力下，著作权人将作品的规范空间粉饰为供文化消费者租赁的场所，每一次接近都建立在以按次付酬的软件租赁为代表的不可磋商的格式合同之上。〔2〕由于缺乏有形媒介，出版商可以将纯粹数据的转让定性为一种许可，而不是一种财产的销售。出版商可以轻而易举地使用这些许可剥夺消费者的财产权，例如，发行权穷竭原则下再销售的权利。这种做法使著作权人继续控制转售市场，从而损害了消费者的利益，因为消费者可以从以折扣价购买二手作品中获益。在向一个大量业务都是在纯数据中进行的数字世界的持续过渡中，文化产品消费者的财产利益很容易被剥夺。

三、复制权的保护

复制权被著作权人视为生命攸关的重要著作财产权。虽然随着技术的进步和时代的发展著作财产权的类型不断扩张，但伴随著作权的产生而设立的复制权与新设立的著作财产权相比并未显得黯然失色。侵犯复制权是著作权侵权案件中最为普遍的一种行为类型。〔3〕复制权的配置不论在大陆法系还是英美法系一直是关系出版行业健康发展的关键因素，复制权也因此成为著作

〔1〕 参见《民法典》第595条规定：“买卖合同是出卖人转移标的物的所有权于买受人，买受人支付价款的合同。”

〔2〕 付继存：《著作权绝对主义之反思》，载《河北法学》2017年第7期，第45页。

〔3〕 王迁：《知识产权法教程》，中国人民大学出版社2014年版，第130页。

权人的核心权利。[1]我国《著作权法》第10条第1款第5项[2]对落入复制权调整范围的行为类型的列举不是穷尽式的。数字作品的使用和复制往往是交错在一起的。网络环境下数字作品本质上体现为电脑或硬盘等存储设备中的代码，而数字作品的在线传输也是将经过转换的代码进行网络传输，这显然和实体市场中著作物的买卖在形式上是存在差异的，数字作品在线传输中，作为代码转换和传输的最终结果，接收者并未收到原来"特定的"复制件，而是在其设备中产生了一个"全新的"复制件。因此，数字作品在销售的过程中不可避免地涉及复制行为，在此过程中，必然伴随着新复制件的产生。这种新复制件的产生是否侵犯著作权人的复制权？如果是，如何保护著作权人的复制权并协调复制权与发行权之间的关系呢？美国有学者指出，数字环境下不适用发行权穷竭原则，因为数字作品的转让除了涉及发行行为之外，还需要对数字内容进行复制，而复制权是《美国版权法》第106条授予著作权人的专有权利，在规定发行权穷竭原则的第109条（a）款中并未提及。

第二节　数字环境下发行权穷竭原则适用的论争

知识产权泰斗郑成思先生很早就意识到发行权穷竭原则对数字作品虚拟发行的适用问题，先生指出，将发行权穷竭原则狭隘地理解为仅适用于作品有形复制件会产生诸多弊端。譬如，以有线或无线电视广播的形式提供电影节目播放服务由于不存在电影作品有形复制件的转移，故不适用发行权穷竭原则；而销售刻有该部电影的录像带由于存在电影作品有形复制件的转移，故适用发行权穷竭原则。针对同一部电影以欠缺有形复制件的转移为理由否定发行权穷竭原则的适用会使该原则的存在意义大打折扣。发行权穷竭原则仅适用于作品有形复制件的狭隘理解导致该原则存在意义不能充分发挥的例子不胜枚举。再例如，实体发行环境下，发行权穷竭原则的适用以作品"复制-发行"的时间顺序为进程展开，而在网络数字环境下，数字音乐、电影作品等完全有可能是遵循"传播-复制"的时间顺序为进程展开，这就使得发行权穷竭原则的存在意义进一步黯然失色，禁止平行进口的国家，海关会陷入

[1] 宋智慧：《3D打印技术背景下复制权的扩张》，载《电子知识产权》2017年第4期，第58页。
[2] 参见《著作权法》第10条第1款第5项。

尴尬的执法困境，即只能对未经著作权人许可进口的电影有形录像带予以扣押，无法“扣押”数字环境中电影的网络传输。这是值得学术关注的重要问题。[1]郑成思先生通过将载有电影的有形录像带与互联网中载有电影的数据传输相对比，揭示了明确数字环境下发行权穷竭适用的重要实践意义。对于数字环境下发行权穷竭原则能否适用的问题，目前学界存在“肯定说”“否定说”以及“折中说”三种观点。

一、“肯定说”及其理据

持“肯定说”观点的学者认为，发行权穷竭原则致力于公众获取和保存作品、孕育极具潜力的作品二手市场以及激活和优化作者创新等方面，应将该原则强大的作用力辐射于数字环境，确立数字环境下遵循数字作品发行规律的发行权穷竭原则。《著作权法》第10条第1款第6项是我国的发行权概念条款[2]，从该条采取的表述方式能够看出，立法者没有对发行权进行“仅针对有形物质载体”的狭隘限定，构成我国著作权法视域下的发行只需满足唯一条件，即作品所有权以出售或赠与的方式发生了转移。至于转移方式是在线还是线下并不在考察范围。[3]在数字环境下发行权穷竭原则仍然应当予以适用，采用“转发-删除”技术作为数字作品转售的技术支持手段，实际上能够确保作品自始至终的唯一性，这与传统市场交易环境下作品有形载体的转让所带来的结果并无本质差别。如果顽固保守地对数字环境下发行权穷竭原则的适用持否定态度，必然殃及数字作品的正常市场流通，同时也容易引起价格垄断并大大减少公众获得作品的机会，对整个社会福利存在潜在威胁和不利损害。[4]虽然发行权穷竭原则在著作权制度中长期发挥的作用和功能正在受到威胁，但是该原则应该在数字转型时代生存下来。通过一个灵活的

---

〔1〕 刘家瑞：《郑成思知识产权文集版权与邻接权卷（一）》，知识产权出版社2017年版，第413页。

〔2〕 参见《著作权法》第10条第1款第6项规定：“发行权，即以出售或者赠与方式向公众提供作品的原件或者复制件的权利；”

〔3〕 薛亚君：《数字化图书与发行权穷竭原则》，载《天津科技》2015年第9期，第74页。

〔4〕 See Reply Comments of the library of Congress, The United States Copyright Office and the Department of Commerce, National Telecommunications and Information Administration, Washington. D. C., http://www.mlanet.org/government/dmca/dmca_ reply02.html, 2020-06-22.

基于标准的方法赋予法院相当大的裁量权是更优解决方案。[1]数字作品在互联网上的出售与现实生活中实体作品的发行行为并无本质区别，因此应当将发行权穷竭原则扩展适用于数字作品。[2]虽然在数字发行平台的背景下建立发行权穷竭原则对软件发行者来说代价高昂，但这些成本并不超过通过许可而剥夺财产权利所造成的损害。以合理的成本建立数字发行权穷竭原则的手段已经存在，这些措施应该被推行。法案是迫使出版商通过将“鸭子测试法”应用于数字发行权穷竭原则采取必要的步骤保护消费者权利的理想方式。以软件为例，出售的软件比传输软件的媒介更重要。因此，不应区别对待不同的转让方式。潜在的转售者将通过二手软件的销售获取经济利益而受益，而二手市场上的买家也将能够购买原本无法负担的软件而获得可观的经济利益。法院应该打破专业术语的限制，应用“鸭子测试法”：如果一笔交易看起来像一笔交易，而且听起来也像一笔交易，那么它很可能就是一笔交易，并且应该被视为一笔交易以及所有权完全转移所附带的所有财产权利。[3]实际生活中消费者购买数字版权产品作为礼物或情意表达之手段而赠与亲朋好友的情形是非常普遍的，这是消费者对所购买的数字版权产品行使处分权的结果，对这种处分权进行剥夺和限制是没有法律依据的。[4]

建立和发展作品二手市场是符合经济学基本规律的举措。首先，作品二手市场某种程度上对版权产品消费者在一手市场从事购买行为具有正向激励和助推促进作用。不禁止转售使消费者能够收回原来其在一手市场购买数字作品时的部分成本，成本的部分收回意味着对版权产品消费者购买一手数字作品的意愿起到正向刺激作用。其次，相比于一手市场，二手市场上的数字作品以其较低的价格更易受到消费者的青睐，这无疑提高了该数字作品的知名度和流通度，反过来能对一手市场上该数字作品的需求起到提高和促进作

---

〔1〕 Aaron Perzanowski, Jason Schultz, “Legislating Digital Exhaustion”, *Berkeley Technology Law Journal 29*, no. 3 (2014): 1535~1558.

〔2〕 陶乾：《电子书转售的合法性分析》，载《法学杂志》2015年第7期，第84页。

〔3〕 Matthew J. Turchyn, “It Looks Like a Sale; It Quacks Like a Sale. But It's Not-An Argument for the Application of the Duck Test in a Digital First Sale Doctrine”, *Journal of Business, Entrepreneurship & the Law 5*, no. 1 (2011): 34~56. The term, “Duck Test”, was coined by poet James Whitcomb Riley, Robin S. Davis, Who's Sitting On Your Nest Egg?: Why You Need a Financial Advisor And Ten Easy Tests Forfinding The Best One 7 (2007). It is used as a simplistic analytical tool to determine the identity of something by observing its characteristics.

〔4〕 齐爱民：《数字文化商品确权与交易规则的构建》，载《中国法学》2012年第5期，第82页。

用。最后，二手数字作品的存在具有抑制盗版之功能。我们不难想象这样的情形，理性的消费者更愿意选择购买一本将来能够轻松易手的电子书或者出于价钱考虑选择购买一本正版二手电子书，而不是径直选择购买一本盗版电子书。[1]数字作品的二次交易技术随着科技的发展已经达到让我们惊叹的地步，这种二次交易技术的存在定能有效消解著作权人之担忧，因此著作权人和版权产品消费者协同共赢的场景并非主观臆想。[2]技术的飞速进步使我们可以坚定地得出数字作品二手交易市场必将走向繁荣的结论。[3]从肯定消费者拥有处分数字化财产的权利以及支持新经济形态的角度，适用发行权穷竭原则是实现数字时代利益平衡的必然选择。[4]

二、“否定说”及其理据

持“否定说”观点的学者认为，“发行权穷竭原则”顾名思义是用于限制“发行权”的，如果“发行权”所规制之行为方式并不包括通过网络传输提供作品，则该原则在数字环境下适用的前提无法得到满足。为应对规制通过网络传输向公众提供作品的实践需要，我国于2001年在《著作权法》中增加规定了“信息网络传播权”作为著作财产权之一种。既然我国存在单独的“信息网络传播权”用以规制网络传输行为，则发行权穷竭原则丧失了数字环境适用的空间。[5]还有学者拓宽了研究视角，运用制度经济学的研究方法进行分析论证后认为发行权穷竭原则在数字环境下丧失了存在之意义。随着数字时代的大步迈进，传播权蓬勃发展，作为两种重要的著作财产权，发行权和复制权各自的独特地位也发生了翻天覆地的根本性变化。数字技术加持下越发受到青睐的数字发行方式解放了作品必须具有物质载体的束缚，技术的催化下复制的成本以前所未有的方式极速降低甚至趋近于零。数字发行模式

---

〔1〕 陶乾：《数字出版物二次交易技术评析》，载《现代出版》2017年第1期，第41页。

〔2〕 陶乾：《电子书转售的合法性分析》，载《法学杂志》2015年第7期，第86页。

〔3〕 李晓秋、李家胜：《二手数字音乐作品转卖中的首次销售原则适用例外分析——以美国国会唱片公司诉ReDigi公司为例》，载《重庆理工大学学报（社会科学版）》2014年第4期，第76页。

〔4〕 魏玮：《论首次销售原则在数字版权作品转售中的适用》，载《知识产权》2014年第6期，第25页。

〔5〕 王迁：《论网络环境中的“首次销售原则”》，载《法学杂志》2006年第3期，第118~119页。

下限制购买者转售或出租作品并不会对购买者的物权所有权产生实质影响。购买者想要处分移动硬盘等可移动存储设备，完全可以先将其上存储的数字作品予以删除或转移至其他存储设备后再进行处分。总而言之，数字发行模式消弭了知识产权与物权所有权之间因客体捆绑而产生的冲突，与之相适应，著作权与物权所有权之间通过设置发行权穷竭原则相互妥协的必要性就丧失了。[1]作品复制件的有形性是发行权穷竭原则能够适用的关键要件，而数字作品的网络传输并不会发生有形载体的转让。划定抽象物与有体物的界限进而消解发行权与物权所有权之间的冲突和矛盾是发行权穷竭原则的目的。该原则强调权利人不能将对抽象物的支配权延伸扩展到受普通财产权规制的有体物中。但数字作品的大量出现使抽象物和有体物在现实中已经可以实现分离。发行权穷竭原则保障消费者物权所有权之功能由于数字作品不存在物质载体的原因而失效。[2]发行权穷竭原则是在 19 世纪中后期开始创立并发展的，其理论架构是以物理世界的基本特征展开设计，不可避免地打上了物理世界的“烙印”。因此，该原则天然地与数字世界存在隔阂。经过百年的历史演变，该原则中的一些重要法律概念已经具有了较为稳定的含义，并形成了较为丰富的判例。将这些法律概念扩展适用于数字环境，不仅存在“水土不服”的问题，也会影响已有判决的既判力。[3]发行权穷竭原则的第二个功能是实现作品的可及性。著作权法的宗旨在于实现科学、文化和艺术的繁荣，保证作品的可及性是实现这一宗旨的必然要求。在产量有限的时代，允许初始消费者转让实体复制件能够满足二手市场消费者的接触体验需求，即通过物的自由流通保证市场提供充足复制件以实现作品的可及性。而数字作品不受产量约束的特点使得提供数字作品多次体验的边际成本几乎为零，这弱化了发行权穷竭原则实现作品可及性的功能。

此外，随着网络技术的发展，作品交易地域性的突破使消费者体验全球权利人智力创作成果的想法并非空想。信息网络传播权并未囊括自动接入、

〔1〕 陈琛、夏瑶：《虚拟发行语境下首次销售原则的法律与经济分析》，载《广西社会科学》2017 年第 1 期，第 98~101 页。

〔2〕 丁婧文：《论数字作品转售不适用首次销售原则》，载《学术研究》2021 年第 4 期，第 75~77 页。

〔3〕 万勇：《建构数字版权产品二级市场的法律困境与现实出路》，载《社会科学辑刊》2023 年第 4 期，第 66 页。

自动传输、链接、搜索等网络服务[1]，因此各方运用这些尚未囊括到信息网络传播权的方式仍能保证作品得以充分传播，无必要通过发行权穷竭原则来保证作品的可及性。数字环境下作品利用方式的变化削弱了复制件的价值，二手市场从原来的转卖复制件向现在的转卖权限转移，发行权穷竭原则已无法适应数字环境，未来著作权法律制度保护公共利益的焦点在于数字环境合理使用和合理规避规则的相关完善。[2]在数字环境下，作品的载体具有无形性，作品的“发行”也从实体发行转变成了进行数字化技术处理之后的“网络传输”。此时，发行权穷竭原则很难有适用余地，因为网络传输与作为商品的作品有形载体的流通不同：首先，数字作品网络传输的接收者无需付出过多物力和财力就能轻而易实现对作品的复制和再传播；其次，作品网络传输涉及的权利具有复杂性，同时涉及著作权人的发行权、复制权、传播权等多种权利，一旦“穷竭”，就意味着发行权、复制权、传播权等多种权利一并发生穷竭；最后，互联网传输不受地域边界限制，权利一旦“穷竭”就是世界范围内的。因此，数字环境下适用发行权穷竭原则难以避免对著作权人利益的不当侵害。互联网传输具有无形性，类似于卫星广播、无线电或有线广播，而发行权穷竭原则无法适用于这些“传播权”。

发行权穷竭原则的设立目的在于防止因著作权人长期控制发行权而影响版权产品的自由流通并进而阻碍有益文化的传播。但数字环境下作品的传输不存在障碍，因此需要法律解决的问题已不是如何为作品的流通扫清障碍以保护社会公众利益，而是作品过于自由流通的情况下如何保护著作权人的利益问题。因此，数字环境下发行权穷竭原则无法适用。数字环境下发行权穷竭原则的不适用是著作权法对发行权穷竭原则这一著作权限制制度的反限制。[3]数字作品适用发行权穷竭原则将会破坏数字作品市场。[4]数字版权作品之所以不能

---

〔1〕 参见2012年《最高人民法院关于审理侵害信息网络传播权民事纠纷案件适用法律若干问题的规定》第4条规定：“有证据证明网络服务提供者与他人以分工合作等方式共同提供作品、表演、录音录像制品，构成共同侵权行为的，人民法院应当判令其承担连带责任。网络服务提供者能够证明其仅提供自动接入、自动传输、信息存储空间、搜索、链接、文件分享技术等网络服务，主张其不构成共同侵权行为的，人民法院应予支持。”

〔2〕 丁婧文：《论数字作品转售不适用首次销售原则》，载《学术研究》2021年第4期，第77页。

〔3〕 钟瑞栋：《论著作权法中的平衡精神——以版权穷竭制度为个案》，载《厦门大学法律评论》2001年第1期，第100~114页。

〔4〕 Keith Kupferschmid, “Lost in Cyberspace: The Digital Demise of the First-Sale Doctrine”, *John Marshall Journal of Computer and Information Law 16*, no. 4 (Summer1998): 825, 852~853.

像实体版权作品一样被对待，是因为两种格式之间存在差异，这就是为什么发行权穷竭原则不能仅仅扩展到包括数字内容，因为这忽略了著作权人的合理关切。数字作品的非损耗性对发行权穷竭原则提出了严峻的挑战，应当认识到与庞大而无限的发行系统相连的非损耗的数字格式给著作权人带来的独特风险。[1] 随着时间的推移和使用的增多，作品有形复制件的质量必然会逐渐降低退化，而数字作品则不会发生这种质量的降低和退化，因此，与作品有形载体的转让相比，数字作品的网络传播会在一个更大的程度上对该作品交易的市场产生不利影响。[2]除非存在一种“转发-删除”技术可以自动把发送者电脑里的复制件删除，否则在文件传输完成后，需要发送人采取积极行为主动地删除其电脑中的复制件，而一方面依赖于发送人的自主自愿进行的删除并不可靠，另一方面该删除行为是否实际完成的证明很难实现。数字环境下适用发行权穷竭原则的最大障碍是技术无法确保删除了多余备份。尽管有人基于近些年来苹果、亚马逊等公司陆续获得了数项删除技术相关的专利而对这一障碍的扫清持乐观态度，但一项专利技术从授权到普及运用是一个漫长的过程，并非一朝一夕之事。2016 年美国商务部发布的《数字经济中版权政策、创造与创新：关于聚合使用、首次销售和法定许可的白皮书》也认为二手数字作品的转让会对著作权人的利益造成巨大冲击，技术的进步并未有效降低这一风险。[3]

自 1976 年的《美国版权法》以来，一项重要的版权法案是 1998 年的《数字千年版权法案》(DMCA)，它是美国为实施 WCT 而做出努力的结果，代表了国会对技术和数字进步的认可。DMCA 第 104 条指示版权登记官和通信与信息咨询部助理部长向国会提交一份联合报告，内容涉及在《美国法典》第 17 章第 109 条和第 117 条的操作下电子商务和相关技术的发展、现有技术和新兴技术之间的关系以及第 109 条和第 117 条的运作。其中第 109 条是发行权穷竭原则，第 117 条规定了计算机程序的免责条款，允许计算机程序的所

---

〔1〕 Sarah Reis, “Toward a Digital Transfer Doctrine-The First Sale Doctrine in the Digital Era”, *Northwestern University Law Review 109*, no. 1 (Fall2014): 204～205.

〔2〕 参见《数字千禧年版权法综述——第 104 条报告》（Digital Millennium Copyright Act, Section104 Report.），载 http://www.Loc.gov/copyright/reports，最后访问日期：2021 年 9 月 10 日。

〔3〕 冯可欧:《论首次销售与合同约定之关系——以淘宝电子书市场“集体违约”现象为观察视角》，载《出版发行研究》2017 年第 7 期，第 80 页。

有人出于“利用计算机程序的必要步骤”或“出于存档目的”而复制另一份复制件。考虑到数字副本和实体副本在流通方面的差异及其对版权所有者和用户的影响，版权局讨论了“是否应制定一个与发行权穷竭原则相当的原则，以适用于数字环境”。此举必须以发行权穷竭原则背后的政策为基础，并考虑新的例外情况是否能够在不增加对版权所有者利益损害的情况下推进这些政策。[1]发行权穷竭原则最初是基于“普通法中反对限制有形财产转让的规则”而被采纳的，通过该规则，法院不赞成所有者在转让不动产时做出未来转让的限制。该原则也是出于对竞争的担忧，特别是对出版商控制图书转售市场能力的担忧。尽管版权所有者可以阻止复制件的转让，但当复制件通过销售转让给他人时，这种限制就终止了。

DMCA 第 104 条报告建议反对将《美国法典》第 109 条扩展为包括数字发行权穷竭原则，因为美国版权局没有发现数字传输与实物转移之间的相似之处。作品的物理复制件将会随着时间的推移和使用退化，而数字复制件则不会。将数字内容从一个人转移到另一个人比将受版权保护的作品实物复制件转移到另一个人要容易得多，因为时间、空间、精力和成本不再是复制件移动的障碍。该报告指出，允许人们通过自愿删除或自动删除的机制转移数字内容是不可行的，因为存在作弊的可能性。此外，报告认为“转发-删除”技术也不可行，因为撰写报告时没有足够的技术。“转发-删除”技术指的是数字文件在转让者将其转移给其他人后，会从其电脑或设备中自动删除。美国版权局表示，在线数字传输和实物转移之间存在太多差异，数字文件不会随着时间的流逝而降低质量。[2]针对数字作品，只有其固定于有形载体之上进行处分才会发生有形占有的移转，而其通过网络传输并不会发生有形占有的移转，因为在传输行为结束后，传输者仍然拥有作品的原始复制件，而接收者获得的是原始复制件的复制件，即接收者获得的是一份新的复制件，而不是传输者所拥有的那份复制件。因此，只有固定在有形载体上的数字作品才有适用发行权穷竭原则的可能性，通过网络传输的数字作品不存在适用该

---

〔1〕 US Copyright Office, DMCA Section 104 Report-A Report of the Register of Copyrights pursuant to § 104 of the Digital Millennium Copyright Act (2001), available at http://www.copyright.gov /reports/studies/dmca/sec-104- report-vol-1.pdf, 332ff.

〔2〕 Sarah Reis, “Toward a Digital Transfer Doctrine-The First Sale Doctrine in the Digital Era”, *Northwestern University Law Review 109*, no.1 (Fall 2014): 183~185.

原则的可能性。[1] DMCA 第 104 条报告的结论是，将发行权穷竭原则适用于数字转让会对版权所有者的利益产生更大的负面影响，因此建议不修改《美国法典》第 109 条。由于数字传输的性质及其侵权和盗版的风险，扩大发行权穷竭原则并不能促进其目的的实现，因此其操作应由市场自行决定。[2]

三、“折中说”及其理据

持“折中说”观点的学者认为，在明确发行权穷竭原则适用于数字环境的同时，可以对其适用条件进行“控制复制件的数量”等适当限制以使虚拟物符合有形载体的法律构造，防止对著作权人的利益产生重大损害。[3]数字环境下的发行权最终应当穷竭，因为不能允许著作权人从无限控制发行行为中不断渔利，但是同时也应考虑数字环境与传统实体环境的差异，对数字环境下著作权人的利益予以适当关注。规制数字作品转售行为一方面应当秉承传统发行权穷竭原则的精神实质，另一方面也应当对其附加一定的限制条件，即数字作品转售附条件适用发行权穷竭原则。“折中说”主张通过确立“数字发行权有限穷竭原则”对数字作品转售进行规制。“折中说”所谓的“数字发行权有限穷竭原则”，是指在“转发-删除”技术措施的保障下，数字作品发行后著作权人的控制权并不马上消失，而是在一定限度内对已经售出的数字作品可以继续控制，超越规定限度后著作权人丧失对已经售出数字作品的控制权，数字作品持有人在著作权人丧失对数字作品的控制后获得对该数字作品的完全处分权。[4]至于具体如何赋予著作权人一定限度的控制权，持“折中说”观点的部分学者提出了具体操作方案：著作权人对已经售出数字作品的不同控制权主要取决于所售出作品的类型，辅助参考数字作品传播、转移的方式和交易售价等综合情况确定，触发规定限度的上限后，已售出数字

---

〔1〕 唐艳：《数字化作品与首次销售原则——以〈著作权法〉修改为背景》，载《知识产权》2012 年第 1 期，第 50 页。

〔2〕 US Copyright Office, DMCA Section 104 Report-A Report of the Register of Copyrights pursuant to § 104 of the Digital Millennium Copyright Act (2001), available at http://www.copyright.gov/reports/studies/dmca/sec-104-report-vol-1.pdf, 332ff.

〔3〕 夏扬：《发行权理论在信息技术条件下的变迁》，载《出版发行研究》2012 年第 12 期，第 48~51 页。

〔4〕 何炼红、邓欣欣：《数字作品转售行为的著作权法规制——兼论数字发行权有限用尽原则的确立》，载《法商研究》2014 年第 5 期，第 25~26 页。

作品的合法持有人获得完全的处分权。持“折中说”观点的学者以实践中非常普及的计算机软件作品和数字音乐作品为例对其操作方案的设想进行了说明，认为计算机软件作品的产生耗费了软件公司大量的人力物力财力，因此实践中计算机软件作品的售价均相对较高，此外，计算机软件作品集多种功能于一身，具有很强的专业性，这些综合特征决定了买受人购买计算机软件作品后对其占有使用具有较高的粘性，不太可能购买后即转售或频繁转售。有鉴于此，《著作权法》可以赋予软件著作权人合理限度的控制权，比如，对计算机软件作品在特定次数范围内的转售都要向著作权人支付对价，直至突破特定次数范围，触发发行权最终穷竭。与计算机软件作品具有很大不同的数字音乐作品的产生虽然也需要人力物力财力的付出，但其付出的成本远不及计算机软件作品高，此外，数字音乐作品并不具有计算机软件作品特有的专业性，而娱乐性和使用场景变换性是其主要特征，这些综合因素决定了买受人购买数字音乐作品后对其占有使用具有较低的粘性，比计算机软件作品具有更多的转售需求。有鉴于此，《著作权法》可以规定著作权人对数字音乐作品适用发行权一次穷竭。

有学者对这种“折中说”的方案给予了高度评价，认为：数字发行权有限穷竭原则根据不同数字作品的类型分别确定发行权穷竭原则的条件，是极具创新意义的制度设计。出于维护社会公共利益、避免著作权人对版权产品价格进行绝对垄断、助力数字作品二手市场发展等方面的综合考虑，数字发行权有限穷竭原则的落脚点是发行权最终应当穷竭，但同时为了保证著作权人对基于智力创作的辛苦付出能够获得相应经济回报，该原则又允许著作权人在有限范围内控制作品转售的权利。这一制度设计使发行权穷竭原则在数字时代焕发出新的生命力，对著作权人利益和社会公共利益进行了相对恰当的平衡，是对数字环境下适用发行权穷竭原则的有益尝试。为平衡著作权人与消费者利益，持该观点的学者还提出了“借鉴追续权对著作权人进行补偿”的构想作为数字发行权有限穷竭的辅助补充。为激励智力创作者的创作活动，2014 年国家版权局报请国务院审议的《著作权法（修订草案送审稿）》第 14 条规定了追续权以分享文学、音乐作品手稿和摄影、美术作品原件在后续拍卖转售中实现的价值增值。追续权分享收益的做法同样可借鉴适用于数字作品的转售，赋予数字作品著作权人就权利穷竭后作品的每次转售分享收益的权利，以弥补数字作品的无耗损性可能对著作权人原作品市场份额产生的影响，从而为发行权穷竭原则适用于数字环境扫清障碍。[1]

第三节　“肯定说”的合理性及其证成

一、“肯定说”的合理性

本书认为，“肯定说”的观点具有合理性。“肯定说”旗帜鲜明地指出了数字环境下不允许发行权穷竭原则适用可能带来的不利后果，站在法律不应朝令夕改的角度提出针对数字环境单独设计一套法律制度不存在必要性，发行权穷竭原则应继续予以适用。但“肯定说”的弊端在于，持该观点的学者在分析时始终是从反面来论证其支持数字环境下适用发行权穷竭原则的理由，即不适用发行权穷竭原则会导致哪些不利后果，而未从正面直接指出数字环境下发行权穷竭原则应予适用的根本原因，因此该学说虽然具有进步意义，但说理论证缺乏更直接的足够说服力。本书在赞同“肯定说”的观点及理由的基础上，从以下几个方面对发行权穷竭原则应适用于数字环境的观点进行全面证成。

（一）数字作品也具有财产属性

现代社会可谓是一种无形财产主宰的世界。在这种时代背景下，正如许多学者指出的，再固守只有有体物才可成为所有权或其他物权客体传统的话，将使我们的法律落后于时代、落后于社会需要。[2]财产及财产权利的具体形态必然伴随着人类文明的进步发展而日益丰富，新类型财产权利不断挑战既有理论。财产法作为开放的权利体系，客体范围必然不断容纳新型形式，经历从有形到无形的扩张和变迁。在工业革命以前，有形物与财产等价，而无形物由于技术的限制导致其基本没有可支配利用的价值，如电力、风力等资源由于缺乏相应的工业设备而难以转化为有用的能源，因此，物的有体形态便成为考量其可支配性的前提。[3]由此可知，“有体物才是物”的观念源于传统社会中有形物与可支配性的密切关联，故成为物的关键不在于有形与否，

---

〔1〕 华劼：《数字网络环境下版权权利穷竭原则延伸性研究》，载《江海学刊》2017 年第 1 期，第 214 页。

〔2〕 高富平：《物权法原论》，法律出版社 2014 年版，第 287 页。

〔3〕 孟勤国：《物的定义与〈物权编〉》，载《法学评论》2019 年第 3 期，第 5~6 页。

而在于其能否为人所排他性支配。[1]英美财产权理论甚至已经明确，所有权并非仅针对有形物，而是人与人之间“权利-义务”“自由-无权利”“权力-责任”“豁免-无权力”的“权利束”。[2]近年来，学术界针对数字资产的确权与保护一直有相当多的文献进行了深入讨论，主张承认和保护数据财产权已基本达成学术共识。[3]我国也有诸多学者将“权利束”理论应用于数据财产权的探讨。[4]所有权的范围并非仅仅局限于有形物，随着技术的发展以及人力支配范围的扩张，无形的电力、无线电频谱等陆续被纳入物权客体范畴。根本原因在于以电力、无线电频谱为代表的无形物属于有价值的稀缺资源，并且主体可以借助技术手段对该稀缺资源形成排他性的占有和具有公信力的公示。事实上，财产制度并不关心“物”本身，而是关心个人对资源的权利。[5]以电力、无线电频谱为代表的财产无形化革命的启示是，财产范围是动态发展的，应当基于社会福利的考量，以包容的态度面对财产权的对象。这进一步证明，有形性并非所有权的实质标准，将财产权限定于客体有形性的桎梏中，无疑有违社会发展规律。财产法僵化拘泥于有形性界定权利义务边界导致对数字资产的法律处理支离破碎。[6]有形或无形并非界定财产时应予考量的要素，排他性才是财产权的最主要特征。[7]因此有学者指出，应根据是否形成“稀缺资源的排他性支配”关系对财产权进行最终认定，只要是稀缺资

---

〔1〕 郭鹏：《功能等同原则视域下 NFT 数字藏品交易的法律定性——兼论虚拟财产纳入物权法调整的新路径》，载《现代法学》2023 年第 6 期，第 122 页。

〔2〕 刘丁勤：《论 NFT 作品首次销售原则的可适用性——基于英美财产权理论考察》，载《知识产权》2023 年第 6 期，第 28 页。

〔3〕 龙卫球：《数据新型财产权构建及其体系研究》，载《政法论坛》2017 年第 4 期，第 63~77 页；冯晓青：《数据财产化及其法律规制的理论阐释与构建》，载《政法论丛》2021 年第 4 期，第 96 页；郑佳宁：《数字经济时代数据财产私法规制体系的构塑》，载《学术研究》2021 年第 6 期，第 78 页；程啸：《论大数据时代的个人数据权利》，载《中国社会科学》2018 年第 3 期，第 102~122 页，第 207~208 页。

〔4〕 例如戴昕：《数据界权的关系进路》，载《中外法学》2021 年第 6 期，第 1561~1580 页；王利明：《论数据权益：以“权利束”为视角》，载《政治与法律》2022 年第 7 期，第 99~113 页。

〔5〕 Thomas W. Merrill，“Property and the Right to Exclude”，*Nebraska Law Review 77*，no. 4（1998）：731~732.

〔6〕 Joao Marinotti，“Tangibility as Technology”，*Georgia State University Law Review 37*，no. 3（Spring 2021）：671.

〔7〕 Thomas W. Merrill，“Property and the Right to Exclude”，*Nebraska Law Review 77*，no. 4（1998）：730~733.

源且可排他性支配，无论是否有形均可作为财产权的客体。[1]随着对数字领域的学术研究不断推进和学术认知的不断加深，我国已承认虚拟财产的存在。数字作品通过消费者支付对价得来并为消费者个人所占有和使用，不存在实物载体不影响其财产属性，应当承认消费者对数字作品拥有财产性权利。从物权理论的角度考察不难发现：第一，数字作品存在于人身之外，可以基于不同的原理和方式存储于服务器或电子存储设备等介质上，占据一定的空间。第二，数字作品能为人力所控制。例如通过技术处理可以将移动硬盘等存储设备中存储的数字音乐、数字图书等进行截取片段、修改文件名称或者删除的操作。第三，数字作品能够满足人们生产或生活的某种需要，具有价值和使用价值。数字作品的创作和传播意味着一定社会必要劳动时间的消耗，因而数字作品可与货币价值挂钩。[2]发行权穷竭原则在限制著作权人发行权的同时，保障了版权产品消费者对其所拥有的作品复制件的财产处分权。数字形式的作品复制件本质上也是财产，不将发行权穷竭原则延伸适用至数字作品，不但限制了消费者对其个人财产的合法处分，更导致了著作权人与版权产品消费者之间利益的不平衡。[3]

2014 年欧盟委员会就著作权改革的必要性进行了一次全欧盟范围的公众咨询，公众咨询的结果是，许多消费者抱怨，实体产品和数字媒体在贸易中受到差异对待是不合理的。因为尽管与实体产品相比，数字版本的互操作性和可携带性降低了，但是它们的售价大多相似。[4]法院必须承认数字形式的复制件也是财产，以便在这一过渡期间保护消费者的权利。发行权穷竭原则不能仅仅局限于那些通过物理介质如光盘和 DVD 来进行的交易，数字形式的交易也应受到平等对待，出版商不应该仅仅通过一个流行的完全是数字化的新

---

〔1〕 刘丁勤：《论 NFT 作品首次销售原则的可适用性——基于英美财产权理论考察》，载《知识产权》2023 年第 6 期，第 31 页。

〔2〕 郭雅菲：《基于区块链的数字作品发行权用尽研究》，载《上海法学研究》2020 年第 1 期，第 79~80 页。

〔3〕 魏玮：《论首次销售原则在数字版权作品转售中的适用》，载《知识产权》2014 年第 6 期，第 25 页。

〔4〕 Christopher B. Graber，"Tethered Technologies，Cloud Strategies and the Future of the First Sale/Exhaustion Defence in Copyright Law"，*Queen Mary Journal of Intellectual Property* 5，no. 4（（April 2015）：398.

媒介来开展业务而从消费者手中剥夺财产权利。[1]和具有有形载体的实体作品传播相比，数字作品的消费者为获得作品同样支付了对价，但在使用上却受到不允许转让数字作品等诸多限制，这并不具有合理性。版权商或许主张相比于购买有形载体实体作品，数字作品消费者支付了较少的价款，但不能忽视的事实是，数字作品的发行同样使版权商节约了制作实物载体的成本，并且数字作品与实物载体作品相比并没有过于悬殊的差价。将发行权穷竭原则适用于数字环境可以达到版权产品消费者与著作权人之间的利益平衡。否则，版权产品消费者在现代社会就没有一个合理的方式实际处置越来越多的个人财产。[2]

创立“发行权穷竭原则”的动机是，在作品从著作权人手中失控后，著作权人不应继续控制该作品的转售。在软件销售中许可协议的使用试图剔除这一原则。在过去，法院认为包含知识产权作品的有形财产的转让意味着财产所有权的转移。当应用于通过数字手段销售的软件时，这种分析将会带来有趣的结果，而不能反映消费者所看到的产品的价值。消费者购买毕加索的作品是为了艺术本身，而不是为了呈现艺术的纸张，或者在软件方面，消费者购买的是数据或软件，而不是其转移所依赖的媒介。发行权穷竭原则的应用将需要国会采取积极措施，克服软件出版商为了阻止安装而采取的负面刺激。出售的软件比传输软件的媒介更重要，因此，不应区别对待不同的转让方式，这也是技术中立原则的体现。技术中立原则的基本含义是，法律对技术手段保持中立的态度，不偏向于任何技术手段。不管作品通过何种技术进行传播，著作权人均受到平等对待，享有同等的著作权保护，[3]当将作品转移至新的传播媒介中并通过该种新技术进行传播时，著作权的保护程度不应发生变化。技术中立问题在著作权领域滥觞于发生在美国的一起经典的White-

---

〔1〕 Matthew J. Turchyn, “It Looks Like a Sale; It Quacks Like a Sale. But It’s Not-An Argument for the Application of the Duck Test in a Digital First Sale Doctrine”, *Journal of Business, Entrepreneurship & the Law* 5, no. 1 (2011): 32.

〔2〕 Monica L. Dobson, “ReDigi and the Resale of Digital Media: The Courts Reject a Digital First Sale Doctrine and Sustain the Imbalance between Copyright Owners and Consumers”, *Akron Intellectual Property Journal* 7, no. 2 (2015): 210~211.

〔3〕 Deborah Tussey, “Technology Matters: The Courts, Media Neutrality, and New Technologies”, *Journal of Intellectual Property Law* 12, no. 2 (Spring 2005): 433~434.

Smith Pub. Co. v. Apollo Co. 案[1]，该案的核心问题是原被告双方对卷轴钢琴自动播放音乐是否属于著作权侵权产生了不同认识遂引发诉讼。美国联邦最高法院不无遗憾地最终驳回了原告对卷轴钢琴自动播放音乐属于侵权的主张，尽管原告将著作权保护延伸到复制音乐媒介的努力付之东流，但该案的不可磨灭的重大意义在于推动了1976年《美国版权法》第102条（a）款的设立，该条即《美国版权法》下的技术中立原则，即承认作品载体随着技术发展的变化而不断丰富的广泛性，不对任何可能出现的作品载体形式进行有意排除。我国著作权基本理论也承认技术中立原则，按照该原则，不管是权利的限制还是权利的保护，其适用并不对所使用的技术手段进行考量。著作权法既适用于以所有技术形式为载体的著作权材料，也适用于将这些材料得以复制的所有技术。在数字环境中，著作权人的排他权和权利限制同样应当得到保护。著作权法中的权利保护和权利限制规则体现了该法在著作权人利益和社会公共利益之间为达致精妙平衡所做出的努力，而技术中立原则是实现精妙平衡所必须采取的手段，它提高了著作权法在不同的技术环境下的可预见性和一致性，它的存在使立法者无需为印刷技术、模拟复制技术、网络传播技术、数字复制技术等单独予以特别的法律规制。[2]技术中立原则所蕴含的媒介中立将作品从其创作所依赖的具体技术手段中解放出来，将着眼点放在最终的表达形式之上而非放在创作时所依赖的技术手段之上，因为创作所依赖的技术手段会随着技术的发展而不断更新，但为社会公众带来知识和智慧的表达形式在一定时期内具有相当程度的稳定性。[3]

（二）数字作品转售具有市场需求

知识产权制度的产生是知识成为市场要素的必然结果，知识产权制度的主要功能在于确认、分配知识的市场化所产生的诸多利益，支持知识产权制度的核心利益诉求并非来源于创造者，而是来源于以知识为市场要素的产业。[4]尽管知识产权始于智力创造，但智力创造物的创新价值并非自动实现，智力创造物的创新价值需要依靠市场交易中的自由竞争实现。私法研究范式之下，知识产权法律关系不应只将智力创造物的原始取得作为关注焦点，更应将智

---

〔1〕 White-Smith Pub. Co. v. Apollo Co.，209 U. S. 1（1908）.

〔2〕 梁志文：《云计算、技术中立与版权责任》，载《法学》2011年第3期，第87页。

〔3〕 梁志文：《作品类型法定缓和化的理据与路径》，载《中外法学》2021年第3期，第691页。

〔4〕 李琛：《著作权基本理论批判》，知识产权出版社2013年版，第25页。

力创造物作为商品在市场交易中的流通性作为关注焦点。关注焦点的不可偏废必然要求减少对智力创造物市场交易进行的不当身份束缚，促进智力创造物的有效流通，进而保证知识产权的私有财产权属性。[1]现代私法意义上的著作权法产生自18世纪初，但人们经常忘记著作权制度是商业战争和市场推动的副产品。1710年《安妮女王法令》颁布前后的产业和司法实践能够清晰地勾勒出著作权法与市场或者产业息息相关、不可分割的图景。“市场”因素对于具体著作权法律制度的理解和适用具有重要意义，因为只有将著作权的具体法律条文和制度规范置于特定的宏观市场结构之下进行阐释，我们才能够冷静思考并准确回答“为何需要该制度”以及“怎样设计该制度”等本源性问题，从而避免立场导向并陷入解释论之争的泥沼中。[2]既然市场因素在著作权保护中发挥着如此重要的本源性作用，因此立足于市场，我们才能准确把握并深刻理解著作权法中的一系列核心问题。在此背景下，我们需要思考的是，二手数字作品交易是否存在足够规模的市场需求？对这一问题的客观回答是探究发行权穷竭原则能否适用于数字环境的重要基础和前提。只有在市场需求真实客观存在的情况下，对发行权穷竭原则的数字环境适用讨论才具有现实意义。

将眼光投向域外，美国与欧盟司法实践中发生的发行权穷竭原则能否适用于数字环境的一系列相关纠纷恰恰能够证明二手数字作品交易并非停留在理论层面的主观空想。早期正是商人敏锐地发现了这种市场交易需求才使二手数字作品交易平台得以成立并迅速发展。2013年伊始，苹果公司和亚马逊公司曾就二手数字作品的交易平台向美国专利局提交专利申请。有人可能会质疑，这些市场需求毕竟是域外市场产生的，对我国不具有普适性。那么我们可以将眼光回到我国，近些年，我国数字出版产业形态逐渐丰富，优质内容供给持续增加，已成为出版业发展的排头兵和文化产业的主阵地。继2018年数字出版产业被列入国家战略性新兴产业目录后，2022年，我国数字出版

---

[1] 李建华、麻锐：《知识产权法律关系的私法研究范式转换》，载《政法论丛》2020年第5期，第19页。

[2] 杨明：《私人复制的著作权法制度应对：从机械复制到云服务》，载《中国法学》2021年第1期，第194~195页。

产业总收入达到 13 586.99 亿元，比上年增加 6.46%。[1]数字出版产业的蓬勃健康发展既是出版业高质量发展的有机组成部分，也是科技和文化融合的真实写照。具体到实践中，电子音乐、电子书等数字化作品的不可替代性凸显，越发成为作品消费的主流形式。以数字音乐作品为例，Worldpay 展开的一项调查极具说服力。该项调查显示，在 11 000 余位接受调查的数字音乐作品用户中，有 65% 的用户表示有强烈的愿望和需求出售自己所购买的数字音乐作品，与此相对应，有 57% 的用户表示其有购买二手数字音乐的需求。[2]不难看出，随着我国数字著作权保护环境的提升和优化，二手数字作品呈现出了不可忽视的市场交易需求。既然在数字环境下，数字作品存在着与传统作品市场流通过程中同样的交易需求，就应当在不违反法律的基础上给予其相应的生存空间，保障数字作品流通顺畅。既然消费者对二手数字作品的使用具有市场需求，市场就不应当对这种需求视而不见。二手数字作品市场的发展壮大既是市场经济的必然过程，也有利于完整的数字作品市场的构建发展。众多消费者有意愿转售其合法购买的数字作品却面临法律制度保障缺位显然是对数字文化产业发展需求的不当漠视。

当前，全球数字经济正在蓬勃发展，大数据、人工智能、云计算和区块链等数字技术已在要素重组升级、产业智能化、治理数字化等方面释放了无限潜能。[3]数字化转型已是大势所趋的背景下，如何合规建构二手数字作品交易市场成为世界性议题。[4]我国迫切需要加快发展数字经济，积极促进数字经济和实体经济深度融合，促进中国产业在全球价值链中地位的攀升，打造具有国际影响力、竞争力的数字产业集群和现代化产业体系，以此应对发达国家先进生产力的竞争压力。[5]而当前我国经济结构性矛盾的根源是要素配置扭曲，要彻底解决这一问题，根本途径是充分发挥市场在资源配置中的

---

〔1〕 参见《1.3 万亿总收入！2022—2023 中国数字出版产业年度报告发布》，载 https://www.sohu.com/a/722132272_121123872，最后访问日期：2023 年 1 月 15 日。

〔2〕 李晓秋、李家胜：《二手数字音乐作品转卖中的首次销售原则适用例外分析——以美国国会唱片公司诉 ReDigi 公司为例》，载《重庆理工大学学报（社会科学版）》2014 年第 4 期，第 73 页。

〔3〕 姚树洁、王洁菲：《数字经济推动新质生产力发展的理论逻辑及实现路径》，载《烟台大学学报（哲学社会科学版）》2024 年第 2 期，第 1 页。

〔4〕 万勇：《建构数字版权产品二级市场的法律困境与现实出路》，载《社会科学辑刊》2023 年第 4 期，第 61 页。

〔5〕 姚树洁、王洁菲：《数字经济推动新质生产力发展的理论逻辑及实现路径》，载《烟台大学学报（哲学社会科学版）》2024 年第 2 期，第 2 页。

决定性作用，破除阻碍要素自由流动的体制机制障碍。如果不存在合法的二手数字作品交易市场，就难以形成价格市场决定、流动自主有序、配置高效公平的数字市场经济。〔1〕质言之，发行权穷竭原则数字环境下的缺位会对新兴的市场交易造成阻力，广阔的市场需求呼唤发行权穷竭原则在数字环境下予以适用。

（三）数字环境并未削弱或否定发行权穷竭原则的价值

在论证发行权穷竭原则是否可以适用于数字环境时，我们不能忘记一个重要的事实是发行权穷竭原则存在的价值是什么以及这些价值是否在数字环境下发生了改变。如前文所述，发行权穷竭原则有利于实现对作品的接触和收藏、保护消费者隐私权、减少消费者锁定、促进社会创新。显然，这些基本价值与作品的传播媒介并不相关，并未在数字环境中受到任何削弱或否定。相反，数字环境下更应坚守发行权穷竭原则的价值。根据 R. 安东尼·里斯（R. Anthony Reese）的论述，发行权穷竭原则的重要价值之一是“使人们能够以承担得起的成本获得版权作品，并且确保虽然时间流逝但是公众依然可以不受影响地能够获得这些作品”。〔2〕简·C. 金斯伯格（Jane C. Ginsburg）也指出，在数字时代，著作权法所保护的重点是公众对数字内容的可获取权。〔3〕两位学者均指出了发行权穷竭原则有利于实现对作品的接触和收藏这一价值在数字环境下的存在意义。进入数字经济时代，越来越多的出版商、唱片公司选择只发行电子书、数字音乐，作品接触和收藏问题变得更为严峻。如果消费者无法将数字作品出售给其他消费者，那么不再需要相关数字作品的消费者可能会进行删除以释放磁盘空间，或者丢弃相关硬件设备而不再备份。承认数字环境下发行权穷竭原则的适用性意味着，最初从版权所有者处购买数字作品的消费者可以将其获得的数字作品转售给其他消费者，这增加了数字作品被保存的机会。此外，公共文化机构通常根据包含大量使用限制的许可协议获得数字内容，尤其是电子书。因此，允许公共文化机构在数字作品二手

〔1〕 万勇：《建构数字版权产品二级市场的法律困境与现实出路》，载《社会科学辑刊》2023 年第 4 期，第 63 页。

〔2〕 R. Anthony Reese, “The First Sale Doctrine in the Era of Digital Networks”, *Boston College Law Review 44*, no. 2 (March 2003): 577, 578.

〔3〕 Jane C. Ginsburg, “Essay: From Having Copies to Experiencing Works: The Developmentof an Access Right in U. S. Copyright Law”, *Journal of the Copyright Society of the U. S. A.* 50 (2002–2003): 113~132.

市场购买合法销售的数字产品很重要，这样可以实现其保护和传播文化遗产的目标，进而实现数字作品的接触和收藏。[1]

事实上，发行权穷竭原则有利于实现对作品的接触和收藏这一价值是对文化消费者而言的。著作权法在维护文化消费者权益方面发挥着不可替代的作用，这不仅是因为对版权产品的消费是最重要的文化消费形式，而且还在于时代的发展使著作权法存在的缺陷最有可能成为侵害消费者权益的直接原因。[2]社会公众所享有的获取信息和受教育权利的实现关系社会整体的精神文明素质和科学文化水平，精神文明素质的提高和科学文化水平的进步反过来又将为作品培育更为广阔的市场。从更宏观的意义上讲，著作权制度是横跨政治学、经济学、教育学、社会学等各个学科的宏大命题，它不能仅仅从作者利益的层面进行解读，还应关照广大使用者的利益。[3]财产性和公共政策性是知识产权的一体两面，财产性要求对知识产权进行严格保护，而公共政策性则要求对知识产权进行利益上的平衡。[4]以往知识产权学术研究囿于著作权法所具有的激励创作功能，对著作权法在维护文化消费者利益和促进文化资源配置方面的作用缺乏研究。这种状况随着经济全球化进程的逐步推进、数字技术和文化产业的快速发展而有所改观，作品使用者的利益保障问题日益受到著作权法的重视。[5]如果将作者利益定性为著作权法保护的首要利益，那么以读者、听众、观众为代表的版权作品使用者的利益则应定性为著作权法保护的制度目标，这些版权作品使用者构成著作权生态系统中不可或缺的组成部分。因为著作权法鼓励创作的最终归宿是人们最终能够阅读作品、享受音乐、观赏电影等，这是著作权法促进技术进步的重要方式。[6]正是因为版权作品使用者的重要性，因此学者得出了“不站在版权作品使用者的立场上反思著作权的本质，就无法准确界定著作权边界”的结论。[7]实体环境下

---

〔1〕 万勇：《建构数字版权产品二级市场的法律困境与现实出路》，载《社会科学辑刊》2023年第4期，第63页。

〔2〕 梅术文：《消费者运动与数字著作权法的完善》，载《法学》2013年第8期，第98页。

〔3〕 L. Ray Patterson，Stanley W. Lindberg，“The Nature of Copyright：A Law of Users' Rights”，*University of Georgia Press*，1991：34.

〔4〕 孔祥俊：《论知识产权的公共政策性》，载《上海交通大学学报（哲学社会科学版）》2021年第3期，第19页。

〔5〕 梅术文：《消费者运动与数字著作权法的完善》，载《法学》2013年第8期，第95页。

〔6〕 Jessica Litman，“Real Copyright Reform”，*Iowa Law Review 96*，no. 1（November 2010）：1~56.

〔7〕 梅术文：《消费者运动与数字著作权法的完善》，载《法学》2013年第8期，第100页。

发行权穷竭原则的适用，维持了著作权人与版权作品使用者之间的平衡。权利行使与权利限制之间存在此消彼涨的关系，权利过分扩张会损害使用者的利益，权利限制过多则不利于著作权人利益的保护。[1]基于著作权人控制版权产品使用行为与作品使用者从事文化消费行为之间存在的这种"此消彼长"的关系，如果在数字环境下不适用发行权穷竭原则，著作权人的发行权将无限扩张，作品使用者的权益最终将被彻底剥夺，这并非理想知识产权政策所欲达到的结局。一项理想的知识产权政策，应当以使用人的最低成本为代价而满足职业创造者的利益。那就是，既让职业创造者受益，但又不能过度加重用户与使用者的负担。[2]财产所有人的贡献要与该权利在真实市场交易中所产生的经济杠杆进行权衡。当这种关系发生失衡时，即"小权利"产生了"超级大杠杆"的情况下，法院就要介入其中，以便重置平衡。[3]随着数字技术的发展，版权法不仅授予版权所有者新的专有权以控制数字传输行为，还规定规避技术措施和破坏权利管理信息的行为应受法律制裁；版权所有者享有的知识财产利益不断扩张，从而改变了既有的利益分配格局。在这样的背景下，应当对版权所有者与数字产品所有者基于数字产品所享有的利益进行重新分配，允许后者自由地在二手市场转售数字作品。[4]

发行权穷竭原则所具有的有利于保护消费者隐私权、减少消费者锁定、促进社会创新的价值，与实现作品的接触和收藏的首要价值相比，虽然居于次要地位，但仍不能因此抹杀这些价值在数字环境下继续存在的意义。虽然有利于实现作品的接触和收藏这一首要价值就足以支持将发行权穷竭原则扩展到数字环境中，但本书进一步以保护消费者隐私权的价值为例，对发行权穷竭原则适用于数字环境的合理性进行论证。如果数字环境下不适用发行权穷竭原则，著作权人为了对数字作品的转售进行控制，必须收集数字作品使用者信息并跟踪使用者活动，这些被收集到的信息当然包括数字作品使用者不愿为他人所知悉的个人消费偏好和习惯等私密信息，属于数字作品使用者

---

〔1〕 彭学龙：《"复制"版权之反思与重构》，载《知识产权》2005年第2期，第25页。

〔2〕［美］罗伯特·P. 莫杰思：《知识产权正当性解释》，金海军、史兆欢、寇海侠译，商务印书馆2019年版，第394页。

〔3〕［美］罗伯特·P. 莫杰思：《知识产权正当性解释》，金海军、史兆欢、寇海侠译，商务印书馆2019年版，第319页。

〔4〕 万勇：《建构数字版权产品二级市场的法律困境与现实出路》，载《社会科学辑刊》2023年第4期，第62页。

的隐私权范畴。大数据技术的发展使得大量获取数字作品使用者个人消费偏好和习惯等私密信息的数字内容提供商可以根据这些信息对不同使用者的用户行为进行分析并形成用户画像，数字内容提供商可能以用户画像为基础对数字作品使用者进行精准营销，甚至可能将这些信息出售以牟取不法利益，这些行为挤压了数字作品使用者本应于隐私空间享受到的行为自由，侵蚀了消费者的自主权利和人格尊严，显然构成了对消费者隐私权的侵害。数字环境发行权穷竭原则的适用，保证了版权产品消费者的隐私不被著作权人所知。在现代文明社会，应当保证版权产品消费者自由匿名阅读数字作品的权利。〔1〕

（四）防止数字盗版的要求

严重的数字盗版问题降低了版权产品创新的激励强度，给社会带来了巨大损失，因此有效规制数字盗版成为当下不可回避的任务。根据学者对盗版动因的研究，影响数字盗版行为的因素包括经济发展水平及消费者的可支配收入、著作权法的严厉程度及执法力度、正版版权产品的差异化定价、消费者对使用盗版的道德认知、数字版权管理技术的先进性及普及力度、市场结构和竞争态势等各个层面。英国知识产权局发布的第10版《在线版权侵权追踪报告》将人们使用盗版的动因概况为无法便利地获取正版资源或者不想为正版资源支付额外的货币对价。〔2〕不难看出，有效规制盗版是涉及经济、社会文化、法律、消费者行为等多方面驱动因素的宏大命题，是一个颇具困难性和挑战性的研究领域。〔3〕正是因为其复杂性和挑战性，有学者认为，从某种程度上判断，盗版畅销是大众消费市场对媒介产品价格战略的反弹。〔4〕本书认为，打击盗版最有效的手段是建立一个健全的市场使人们任何时候都能以合理价格买到所需的内容。通过在二手市场上提供以较低的价格购买数字内容的选择，可以促进更多的合法销售。健全的二手市场还有助于向消费者宣示，当其不再使用通过一手市场购买的数字内容时，在二手市场转售数字

〔1〕 崔波、赵忠楠：《数字环境下作品首次销售原则的改良适用研究》，载《陕西师范大学学报（哲学社会科学版）》2021年第1期，第129页。

〔2〕 中国保护知识产权网：《英国〈在线版权侵权追踪报告〉显示：盗版情况受疫情影响有限仍受便利性、成本等驱使》，载《中国新闻出版广电报》2021年7月8日。

〔3〕 林旭东、马利军、田歆：《数字盗版控制策略研究综述与展望——法律、技术与企业运营层面的分析视角》，载《管理评论》2018年第6期，第93~94页。

〔4〕 宋苏晨、徐剑：《新媒体时代版权保护与知识传播的结构性矛盾——基于音像盗版的社会意义解读》，载《上海交通大学学报（哲学社会科学版）》2007年第1期，第73页。

文件能够补偿一部分其之前所付出的成本，借此，消费者可能更情愿以正版价格购买从而达到防止盗版的目的。正如以克拉克·D. 阿萨伊（Clark D. Asay）教授为代表的学者所认为的一样，将发行权穷竭原则扩展到涵盖数字内容并允许数字二手市场产生有利于防止盗版。[1]

目前在美国还不存在数字音乐文件、电子书以及数字电影的二手市场。由于在美国没有通过网络传输转让数字作品的合法方式，一些消费者迫不得已选择从事非法盗版活动与其他网络用户分享数字内容。显然，这侵犯了著作权人的专有发行权和复制权，是一种著作权侵权行为。盗版对娱乐业收入的损失影响很大，相当于每年数十亿美元，但对于这些成本应该如何衡量存在很多争论。电影、电视节目、游戏、音乐、书籍和软件的数字盗版率在过去几年里有所上升。目前，从亚马逊公司或苹果公司等零售商购买数字内容的消费者如果希望永久地将他们的数字内容转移给其他人只有非法选择可以使用。但如果存在一种合法的方式，就有合理理由假设盗版率将会下降。[2]早在2002年，亚马逊第一代Kindle发布的五年前，亚马逊的创始人兼首席执行官杰夫·贝佐斯（Jeff Bezos）在一封电子邮件中写道："当某人购买一本书时，如果他们愿意，他们还拥有转售，借出甚至把它扔掉的权利。每个人都明白这一点。"在这封电子邮件中，贝佐斯声称，二手书业务不会与新书销售抢生意，而是会导致新书销售量的增加，因为二手书业务允许消费者尝试可能会不愿意全价尝试的作者和流派。贝佐斯进一步指出，客户既可以从二手书的销售能力中受益，因为这使他们有购买更多新书的预算，也可以从购买二手书中受益，因为这些二手书更便宜且更容易获得。贝佐斯清楚地认识到了发行权穷竭原则的价值，如果没有它，他将无法建立亚马逊市场。[3]总之，面对数字作品转售空有需求而立法缺位的困境，一刀切地将市场需求排除，不但让对数字作品有迫切使用需求的这部分消费者难以在数字环境下获得需要的数字作品从而不得不转向盗版市场，而且还会在法律制度层面呈现出偏

---

〔1〕 Sarah Reis, "Toward a Digital Transfer Doctrine-The First Sale Doctrine in the Digital Era", *Northwestern University Law Review 109*, no. 1 (Fall 2014): 195.

〔2〕 Sarah Reis, "Toward a Digital Transfer Doctrine-The First Sale Doctrine in the Digital Era", *Northwestern University Law Review 109*, no. 1 (Fall 2014): 188~189.

〔3〕 Sarah Reis, "Toward a Digital Transfer Doctrine-The First Sale Doctrine in the Digital Era", *Northwestern University Law Review 109*, no. 1 (Fall 2014): 193~194.

向著作权人利益的失衡格局，不利于数字作品市场的健康有序发展。

二、“否定说”及“折中说”的有待商榷性

（一）否定说的有待商榷性

1. 关于网络传输是否构成发行

如前文所述，为避免签署国因认识差异而无法达成一致，世界知识产权组织在制定 WCT 与 WPPT 时才采用了较为折中的“伞状方案”，将网络传播行为囊括在向公众传播权中。事实上，世界知识产权组织的该做法恰恰证明了发行行为可以包含网络传输行为。在数字技术背景下，主张发行权穷竭原则不适用于数字环境的学者所遵循的论证逻辑已经不能成立。原因在于其观点所依赖的前提基础——“发行仅指作品有形载体转移”的论断已经被数字技术所突破。学界已有学者认识到数字环境下的发行行为包括网络传输，认为数字环境下固守发行权是有形载体所有权转移的观点本质上混淆了网络传播行为与网络发行行为，属于已被淘汰的上世纪末的欧洲学说。[1]由于世界范围内大多数国家长期以来将发行行为用“转移作品有形载体”进行表述的习惯做法导致“数字发行”的概念尚未被大多数人所接受。事实上，将发行行为表述为“转移作品有形载体”的习惯做法本身就存在很大的弊病，发行行为的本质是作品所有权的转移。在前数字时代，发行行为采用“转移作品有形载体”这样的表述方式能够以最通俗的方式使发行权条文的核心要义被人们所理解，从而减轻了法官的释法负担。进入数字时代，这样的表述方式早已不合时宜并应当被舍弃。如果揭开网络传输行为的技术面纱，我们会得到进一步的认识。从技术的角度讲，公众之所以能够在自己的电脑或类似终端获取或感知作品，实际上还是获得了临时或永久的复制件。该复制件的物理载体是公众所控制的电脑硬件，作品内容源自对服务器端的内容的复制。影响深远的 1995 年美国 NII 报告就建议修改版权法，明确承认通过网络传输行为能够向公众发行作品复制件，将网络传输行为纳入传统发行权的范围。[2]

---

〔1〕 何怀文：《二手数字出版物与发行权用尽——兼评美国“ReDigi 案”与欧盟“UsedSoft 案”》，载《出版发行研究》2013 年第 6 期，第 96 页。

〔2〕 The US Information Infrastructure Task Force, “Intellectual Property and the National Information Infrastructure: The Report of the Working Group on Intellectual Property Rights”, http://www.uspto.gov/web/offices/com/doc/ipnii/, 1995.

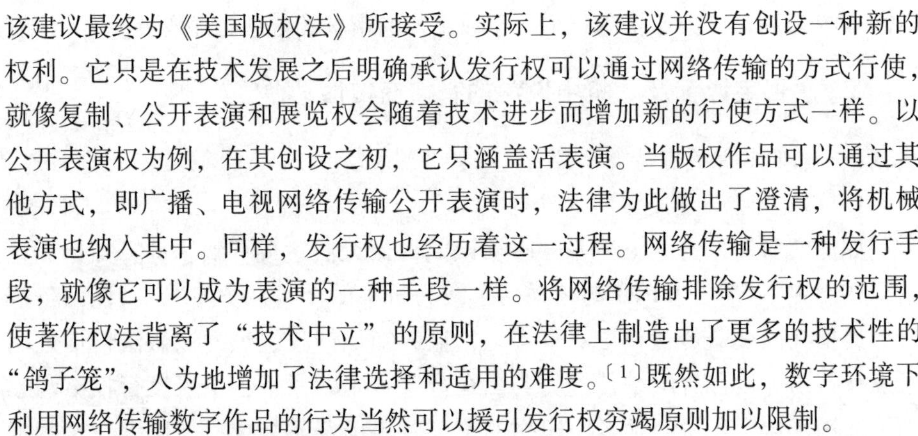

该建议最终为《美国版权法》所接受。实际上，该建议并没有创设一种新的权利。它只是在技术发展之后明确承认发行权可以通过网络传输的方式行使，就像复制、公开表演和展览权会随着技术进步而增加新的行使方式一样。以公开表演权为例，在其创设之初，它只涵盖活表演。当版权作品可以通过其他方式，即广播、电视网络传输公开表演时，法律为此做出了澄清，将机械表演也纳入其中。同样，发行权也经历着这一过程。网络传输是一种发行手段，就像它可以成为表演的一种手段一样。将网络传输排除发行权的范围，使著作权法背离了“技术中立”的原则，在法律上制造出了更多的技术性的“鸽子笼”，人为地增加了法律选择和适用的难度。〔1〕既然如此，数字环境下利用网络传输数字作品的行为当然可以援引发行权穷竭原则加以限制。

2. 关于数字格式的非损耗性

如前文所述，发行权穷竭原则数字环境适用否定论的学者从数字作品的非损耗性出发，质疑发行权穷竭原则的数字环境适用。首先，数字作品的非损耗性仅指物理非损耗，而不包括价值非损耗。数字作品尽管很少受到自然损耗和人为损坏等物理损耗，却会面临价值折损。当著作权人对其数字作品进行增加更多新功能、补充更多新内容等更新换代时，旧版本数字作品的价值自然会遭到折损。此时允许转售旧版本数字作品当然不会影响到数字作品的首次销售，也并未侵犯到著作权人的利益。〔2〕其次，尽管存在物理非损耗性，但数字作品的物理非损耗性可以通过技术手段突破。2011 年 11 月 17 日，IBM 提交了一项“老化文件系统”的专利申请。该专利申请描述了“一种方法，程序介质和系统，提供对存储的信息和文件进行老化。存储在老化文件系统上的数字数据可以像普通纸或照片一样适当地老化，而无需外部应用程序”。IBM 的老化文件系统使用各种参数，例如，包括“环境温度，老化率和模拟纸张类型”，这些参数在配置的时候输入。IBM 的专利申请列出了老化文件系统的目的，以便出于时间限制的记录保留目的而自动和选择性地老化文件。老化文件系统使用代码来接收原始数字复制件，确定其文件类型，根据文件类型和预设的老化参数来创建老化的文件，并替换存储的文件和关联的文件元数据。本质上，IBM 的专利申请描述了一种过程，该过程将自动使用

〔1〕 崔国斌：《著作权法原理与案例》，北京大学出版社 2014 年版，第 451~452 页。

〔2〕 崔波、赵忠楠：《数字环境下作品首次销售原则的改良适用研究》，载《陕西师范大学学报（哲学社会科学版）》2021 年第 1 期，第 132 页。

旧版本替换文件。老化程度将基于预定的变量。显然，IBM 老化文件系统有助于将实物作品的变劣特性引入数字作品，从而使发行权穷竭原则可适用于数字作品。〔1〕

3. 关于发行权穷竭原则的功能与价值

“否定说”认为，发行权穷竭原则的功能之一是保证消费者的物权所有权。由于数字作品不存在物质载体，数字发行的出现消弭了知识产权与物权所有权之间因客体捆绑而产生的冲突，与之相适应，著作权与物权所有权之间通过设置发行权穷竭原则相互妥协的必要性就丧失了。发行权穷竭原则的功能之二是实现作品的可及性。数字作品不受产量约束的特点使得提供数字作品多次体验的边际成本几乎为零，这弱化了发行权穷竭原则实现作品可及性的功能。本书认为，一方面，数字环境的确解放了作品与有形载体之间的捆绑，但著作权与物权所有权之间的冲突在数字环境下并未由此消失。如前文所述，数字作品也具有财产属性，即使不存在有形实物载体，但数字作品通过消费者支付对价得来，为消费者个人所占有和使用，具有使用价值和价值，因此应承认消费者对数字作品拥有财产所有权。数字环境下仍需要发行权穷竭原则保护版权产品消费者对其所拥有的作品复制件的处分权。另一方面，数字环境虽然便利了作品的传播，但作品的传输并非畅通无阻，公众对作品的接触和体验并非在任何情况下都能够轻易实现。在数字时代为了对著作权人的利益加以有效保障，世界范围内已普遍承认对技术措施进行保护。总结各国著作权法对技术措施进行规定的条款能够看出，著作权法意义上的技术措施根据其功能和针对对象的不同可以被分为两类：第一类是“接触控制措施”，第二类是“版权保护措施”。正如经过广泛的著作权法律实践后，美国 DMCA 报告一针见血指出的一样：“正是由于数字作品具有我们难以想象的复制速度和难以控制的传播范围，若不能合理地确保著作权人免受大规避盗版的不利影响，将影响其通过网络提供作品的积极性。提供对技术措施的保护能够极大便利通过网络提供音乐、电影、软件和文字作品等美国创造天才的智力成果。它还能够鼓励和促进以数字形式存在的作品在全球线下市场中持续增长。”〔2〕前述两类技术措施，尤其是接触控制措施的存在，如果被著

〔1〕 Evan Hess, “Code-ifying Copyright: An Architectural Solution to Digitally Expanding the First Sale Doctrine”, *Fordham Law Review 81*, no. 4 (March 2013): 2006~2007.

〔2〕 Senate Report 105-190, 105thCongress, 2ndSession, p. 8.

作权人滥用，极易构成对社会公众接触作品权利的侵害。发行权穷竭原则在数字环境下的适用，是对著作权人技术措施滥用的合理限制，因此“否定说”所主张的“通过发行权穷竭原则实现作品可及性的功能已被弱化”的观点也是站不住脚的。此外，发行权穷竭原则存在的价值不仅在于解决著作权与物权所有权之间的冲突，更在于前文所述的有利于实现对作品的接触和收藏、保护消费者隐私权、减少消费者锁定、促进社会创新，而这些基本价值在数字环境下并未被削弱或否定，相反，更应在数字环境下坚守这些价值。

4. 关于“转发-删除”技术

“否定说”指出，依赖于发送人自主自愿进行删除并不可靠，因为完全存在作弊的可能。借助于主体的自主性实现自愿删除固然是不现实的，“否定说”预见了这种不现实性。马克·A. 莱姆利教授指出，只要数字文件的发送者在合理期限内将其所发出的复制件删除，就应当允许他将数字作品转让给一个单个的受让人。〔1〕问题是，是否能够运用技术手段弥补自愿删除的不足和缺陷呢?“否定说”以 DMCA 报告撰写之时的情况对“转发-删除”技术的实现存有忧虑，这确实是对当时技术发展水平的现实考虑，但是报告撰写距今已有 23 年之久，报告撰写之时的技术水平与当今的技术发展水平不可同日而语，当今存在的区块链技术可以用来促进数字传输同时避免盗版风险并避免对作弊的担忧。本质上，区块链是用户进行交易或数字化活动时共享的公共账本，以数据库记录按时间顺序发生的数据与交易，可以对包括以哈希码进行编码的智能财产在内的所有形态的财产交易进行记录、监管和追踪。〔2〕哈希码是指通过对不同格式的内容文件运行哈希算法所生成的由字母和数字构成的压缩字符串。哈希码代表的是原始文件的特定内容，哈希码随着原始文件的变化而变化，即如果原始文件内容没有发生变化，哈希码也保持不变，但如果原始文件内容发生了改变，哈希码就会发生转变。通常，数字作品的每一份复制件具有同一性和一致性，直观上难以区分。但是著作权人可以利用区块链技术的哈希算法，将数字作品的不同复制件转换为不同哈希码同时辅以时间戳存储于区块链上。由此，数字作品的每一个复制件在区块链上都

〔1〕 Mark A. Lemley, “Dealing with Over-lapping Copyright on the Internet”, *University of Daytona Law Review 22*, (1997): 547~575, 584.

〔2〕 Melaine Swan, “Block chain: Blue print for a new economy”, *O' Reilly Media*, Inc., 2015.

有一个截然不同的哈希码，著作权人可以利用这些截然不同的哈希码检索不同数字作品的相关信息，借助区块链追本溯源以保证数字作品未被多次复制并转售。假设某一时刻区块链上突然存在两份完全相同的哈希码，即表明有人对数字作品进行了私下复制，著作权人可以在区块链上借助于现有的网络爬虫技术锁定侵权人并维护其合法权益。区块链通过对数字作品加盖时间戳并发布全网保证了其不被重复转让。只有满足区块中的所有交易信息都是有效的且在之前从未存在过这一前提条件时，其他节点才对该区块的有效性表示认同。故而，去中心化的区块链技术能够单独识别数字作品的复制件以确保无论何时网络上只有一个下载复制件流通。侵权人想要掩饰重复转售的痕迹，需要将与之相关的区块链上超过一半的节点进行逐一修改，但这项操作实际发生的可能性是微乎其微的，因为利用哈希算法，其他客户能够很快获知交易数据遭到篡改并舍弃掉后续造假的全部交易记录。因此，重复转让数字作品的侵权行为在区块链技术的加持下几乎难以实现。[1]“否定说”所担忧的自愿删除的不足和举证责任的缺陷完全可以借助区块链技术得以克服。

（二）“折中说”的有待商榷性

如前文所述，持“折中说”观点的学者提出了根据作品类型的不同赋予著作权人对作品复制件享有不同程度的控制权直至著作权人的发行权最终穷竭的观点。具体操作上，持该观点的学者主张主要根据数字作品的不同类型，辅助参考数字作品传播、转移的方式和交易价格等因素，允许著作权人在一定限度内持续控制该特定复制件的转售传输，触发规定限度的上限后，数字作品复制件的合法持有人即可以自由处分该特定复制件。本书认为，根据作品类型进行发行权穷竭原则的折中适用，会使该原则的数字环境适用问题陷入两难的处境，不具备可行性。关于作品类型法定还是作品类型开放的问题，学界本身就存在很大的争议。一种观点认为，要想产生受著作权法保护的作品，应当同时满足形式条件和实质条件。形式条件是指规定在《著作权法》第 3 条的作品类型，即著作权意义上的作品，必须是《著作权法》第 3 条规定的作品类型之一。如果某一具体对象无法归入我国《著作权法》第 3 条规定的作品类型之一，该对象就不属于我国著作权意义上的作品。实质条件是

---

〔1〕 王清、聂欣妍：《基于区块链技术探讨权利穷竭原则对数字出版物的适用性》，载《出版参考》2019 年第 6 期，第 44~46 页。

指符合独创性的要求。[1]认定某一客体是否是我国著作权意义上的作品，作品构成要件只能是必要条件而非充分条件。出现了新的作品类型首先仍需坚持作品法定原则，著作权法没有将其列举到具体作品类型之中就不予保护。在具体操作层面上，由于《著作权法》第3条所罗列的舞蹈作品、音乐作品等各类具体作品类型实际上已经给予法院足够宽泛的灵活性，因此法院可以尽量将新类型塞入现有类型的目录中，将新类型解释为现有类型。[2]与之相反的另一种观点则认为，判断是否构成著作权意义上的作品应当依据作品概念条款而非作品类型条款，作品类型条款的作用在于例式性的列举而非智力成果的可版权要件，没有被例式列举的客体不能就此认为其不受著作权法保护。[3]我国《著作权法》详细列举了丰富多样的各种作品类型。法律未明确排除的对象只要符合作品特征就属于著作权客体。法律的列举旨在便于司法依据的查找以及公众对权利的认知。随着文学艺术实践的不断发展，完全有可能出现突破现有类型的新型作品，这并不妨碍著作权法对其进行保护。[4]著作权法按照作品表现形式进行作品类型化，主要目的是方便司法审判实践的进行，明确哪些客体可归入作品范畴，至于某一具体客体是否符合作品的要求，还要通过作品构成要件的考察判断。因此，作品类型条款实际上只起到了指示标或引路牌的作用，无法完成最终对作品资格的真正判断。对作品类型的例示性列举本质上是作为一种替代性方法解决作品上位概念问题，对作品的判断只能依赖于作品概念条款。[5]

"折中说"以计算机软件作品和数字音乐作品为例对其观点进行了论证。认为计算机软件作品的产生耗费了软件公司大量的人力物力财力，因此实践中计算机软件作品的售价均相对较高，此外，计算机软件作品集多种功能于一身，具有很强的专业性，这些综合特征决定了买受人购买计算机软件作品后对其占有使用具有较高的粘性，不太可能购买后即转售或频繁转售。有鉴于此，著作权法可以赋予软件著作权人合理限度的控制权直至突破特定次数

---

〔1〕 曹新明主编：《知识产权法学》，中国人民大学出版社2016年版，第35页。

〔2〕 陈锦川：《法院可以创设新类型作品吗?》，载《中国版权》2018年第3期，第25~27页。

〔3〕 金松：《论作品的"可复制性"要件——兼论作品概念条款与作品类型条款的关系》，载《知识产权》2019年第1期，第67页。

〔4〕 刘春田主编：《知识产权法》，高等教育出版社2015年版，第58页。

〔5〕 许辉猛：《著作权基本原理》，知识产权出版社2011年版，第58页。

范围，触发发行权最终穷竭。与计算机软件作品具有很大不同的数字音乐作品的产生虽然也需要人力物力财力的付出，但其付出的成本远不及计算机软件作品高，此外，数字音乐作品的并不具有计算机软件作品特有的专业性，而娱乐性和使用场景变换性是其主要特征，这些综合因素决定了买受人购买数字音乐作品后对其占有使用具有较低的粘性，有鉴于此，著作权法可以规定著作权人对数字音乐作品适用发行权一次穷竭。这种观点确实抓住了计算机软件作品与数字音乐作品的不同，进而根据这种不同赋予著作权人不同的控制作品复制件转售的限度。但是值得注意的是，我国《著作权法》所列举的作品类型本身就存在交叉错杂和边界模糊的问题。虽然我国《著作权法》按照作品表现形式的不同列举了八种具体的作品类型，但划定不同类型作品的边界仍然是司法实务中的难点。〔1〕作品类型不只计算机软件和数字音乐作品，其他众多类型的作品哪些应归入“折中说”所采取的类似计算机软件的控制限度，哪些应归入数字音乐的控制限度，不同的司法裁判者可能做出截然不同的判断，这几乎使得对数字环境下发行权穷竭原则适用标准的理解成为“罗生门”式的图景。另一方面，部分新型智力成果的归类也存在很大争议。从历史的角度考察，著作权客体呈现出随技术变迁不断扩张的轨迹。从早期以图书等形式体现的文字作品，到后来以音乐、雕塑、绘画等体现的艺术作品，再到以电影、电视剧等体现的视听作品，作品类型清单不断扩充。新技术的发展不断带来新型智力创作物丰富人们的精神文化生活，但却给著作权法带来了作品类型归类之难和作品属性界定之惑。〔2〕以网络游戏为例，网络游戏应属何种作品类型的纠葛在理论界和实务界莫衷一是。一种观点认为应采取区分模式。主张采取区分模式的学者又分为两派意见：一派主张将网络游戏的不同构成要素进行分解后将其归入不同作品类型，具体为，将角色、技能装潢、界面归入美术作品进行保护，将画面、场景归入视听作品进行保护，将背景音乐归入音乐作品进行保护，将任务介绍归入文字作品进行

---

〔1〕 卢纯昕：《法定作品类型外新型创作物的著作权认定研究》，载《政治与法律》2021 年第 5 期，第 152~153 页。

〔2〕 卢纯昕：《法定作品类型外新型创作物的著作权认定研究》，载《政治与法律》2021 年第 5 期，第 151 页。近几年，我国司法实践中涌现出了相当多关于作品类型归属和作品属性界定的纠纷。如音乐喷泉案（参见北京知识产权法院［2017］京 73 民终第 1404 号民事判决书）、鲜花案（参见山东省济南市中级人民法院［2017］鲁 01 民终字第 998 号民事判决书）、辩护词案（参见浙江省高级人民法院［2017］浙民终字第 478 号民事判决书）等。

保护，将代码归入计算机软件进行保护。[1]另一派则主张将网络游戏归入“其他作品”进行保护。该派意见认为，我国《著作权法》对作品类型的列举中没有包括网络游戏，因此难以将其归入既有作品类型，而只能将其归入“其他作品”，但对于网络游戏中可分割的美术、文字、音乐等要素可以按照美术作品、文字作品、音乐作品等进行单独保护。与区分模式相对应的另一种观点则认为，网络游戏用户的行为对网络游戏不同的游戏结果和视觉画面产生了不可或缺的作用，因此网络游戏具有不同于影视作品的特征，无法将其归入视听作品，应将其设定为一种全新的作品类型进行保护。[2]可见，单就网络游戏的作品类型归属就存在如此大的争议，更遑论其他众多类型的新型作品。因此，在作品类型的判定本身就存在很大争议的情况下，根据作品类型去折中适用数字环境下的发行权穷竭原则无异于使发行权穷竭数字环境适用的问题更加复杂化，不具备实际可行性。

本章小结

发行权穷竭原则作为著作权法中的一项重要原则，以其精妙设计实现了作者与公共利益之间的有机平衡，这已在著作权法的历史发展进程中得到了充分证明。进入数字时代，发行权穷竭原则的适应性问题受到关注。数字环境下发行权穷竭原则的适用面临着发行权与信息网络传播权的交叉、许可与销售的区分和复制权的保护三重困境。发行权和信息网络传播权“分立式”立法模式下，二者调整的行为存在交叉，这为发行权穷竭原则数字环境适用制造了权利界定的困境。在销售与许可的区分方面，有形媒介的缺乏使出版商将纯粹数据的转让定性为许可而非销售，进而剥夺了消费者的财产权，此乃发行权穷竭原则数字环境适用的第二重困境。数字作品在销售的过程中不可避免地涉及复制行为，如何保护著作权人的复制权并协调其与发行权之间的关系，是发行权穷竭原则数字环境适用的第三重困境。正是基于以上困境的存在，使得数字环境下发行权穷竭原则能否适用的问题目前在学界众说纷

[1] 凌宗亮：《网络游戏的作品属性及其权利归属》，载《中国版权》2016年第5期，第23~26页。

[2] 参见陶凯元主编：《知识产权审判指导（2017年第1辑）》，人民法院出版社2017年版，第162~164页。

纭，存在“肯定说”“否定说”以及“折中说”三种观点。现有“肯定说”的观点虽有合理性，但其弊端在于，学者在分析时始终是从反面来论证其支持数字环境下适用发行权穷竭原则的理由，即不适用发行权穷竭原则会导致哪些不利后果，而未从正面直接指出数字环境下发行权穷竭原则应予适用的根本原因，因此说理论证缺乏更直接的足够说服力。

本书在赞同“肯定说”的观点及理由的基础上，对发行权穷竭原则应适用于数字环境的观点进行了强化证成：

第一，随着对数字领域的学术研究不断推进和学术认知的不断加深，我国已承认虚拟财产的存在。数字作品通过消费者支付对价得来并为消费者个人所占有和使用，不存在实物载体不影响其财产属性，应当承认消费者对数字作品拥有财产性权利。不应区别对待不同的转让方式，这也是技术中立原则的要求和体现。发行权穷竭原则在限制著作权人发行权的同时，保障了版权产品消费者对其所拥有的作品复制件的财产处分权。数字形式的作品复制件本质上也是财产，不将发行权穷竭原则延伸适用至数字作品，不但限制了消费者对其个人财产的合法处分，更导致了著作权人与版权产品消费者之间利益的不平衡。

第二，二手数字作品交易是否存在广阔的市场需求是探究发行权穷竭原则能否适用于数字环境的前提与基础。美国与欧盟司法实践中发生的发行权穷竭原则能否适用于数字环境的一系列相关纠纷恰恰能够证明二手数字作品交易并非停留在理论层面的主观空想。近些年，我国数字出版产业已成为出版业发展的排头兵和文化产业的主阵地。随着我国数字著作权保护环境的提升和优化，二手数字作品呈现出了不可忽视的市场交易需求。发行权穷竭原则数字环境下的缺位会对新兴的市场交易造成阻力，广阔的市场需求呼唤发行权穷竭原则在数字环境下予以适用。

第三，发行权穷竭原则有利于实现对作品的接触和收藏、保护消费者隐私权、减少消费者锁定、促进社会创新。这些基本价值并未在数字环境中受到任何削弱或否定。相反，数字环境下更应坚守这些价值。

第四，通过在二手市场上提供以较低的价格购买数字内容的选择，可以促进更多的合法销售从而达到防止盗版的目的。

在强化证成“肯定说”合理性的基础上，还应从反面论证“否定说”及“折中说”的有待商榷性。

首先，“否定说”主张的“发行仅指作品有形载体转移”的论断已经被数字技术所突破。网络传输事实上就是新技术背景下的发行行为。将网络传输排除出发行权的范围，使著作权法背离了“技术中立”的原则，在法律上制造出了更多技术性的“鸽子笼”，人为地增加了法律选择和适用的难度。

其次，“否定说”从数字作品的非损耗性出发质疑发行权穷竭原则的数字环境适用，该推导无法成立。一方面，数字作品的非损耗性仅指物理非损耗，而不包括价值非损耗。当著作权人对其数字作品进行增加更多新功能、补充更多新内容等更新换代时，旧版本数字作品的价值自然会遭到折损。另一方面，数字作品的物理非损耗性可以通过技术手段突破，IBM 公司的“老化文件系统”专利就是例证。

再次，“否定说”所持的“数字作品不存在物质载体，数字环境下著作权与物权所有权之间不存在冲突”以及“数字环境下作品的传输畅通无阻，发行权穷竭原则保障作品可及性的功能已被弱化”两个角度的论据无法成立。数字环境的确解放了作品与有形载体之间的捆绑，但著作权与物权所有权之间的冲突在数字环境下并未由此消失。数字作品也具有财产属性，数字环境下仍需要发行权穷竭原则保护版权产品消费者对其所拥有的作品复制件的处分权。数字环境虽然便利了作品的传播，但作品的传输并非畅通无阻，公众对作品的接触和体验并非在任何情况下都能够轻易实现。技术措施，尤其是接触控制措施的存在，如果被版权人滥用，极易构成对社会公众接触作品权利的侵害。发行权穷竭原则在数字环境下的适用，是对版权人技术措施滥用的合理限制。

最后，“否定说”以 DMCA 报告撰写之时的情况对“转发–删除”技术的实现存有忧虑，这是对当时技术发展水平的现实考虑，但是报告撰写距今已有 23 年之久，报告撰写之时的技术水平与当今的技术发展水平不可同日而语，当今存在的区块链技术可以用来促进数字传输同时避免盗版风险并避免对作弊的担忧。

此外，在作品类型的界定和归属本身就存在很大争议的情况下，“折中说”根据作品类型去折中适用数字环境下的发行权穷竭原则，会使该原则的数字环境适用问题陷入两难的处境，不具备可行性。

第三章

数字环境下发行权穷竭原则适用的域外考察

对数字环境下发行权穷竭原则的适用进行域外考察，有助于我们从一个更广阔的国际视野理解和把握发行权穷竭原则数字环境适用的最新域外动态。在总结域外发行权穷竭制度发展的共通规律和显著差异的基础上，剖析其背后蕴藏的深层次原因，寻求一般理论层面的沟通和对话，为解决我国数字环境下发行权穷竭适用问题提供借鉴和支撑。

第一节　数字环境下发行权穷竭原则适用的美国实践

一、数字环境下发行权穷竭原则适用的美国立法实践

1993 年美国时任总统的克林顿在互联网技术日新月异发展，给社会生活带来很多需要调控的新问题的大背景下，专门成立了信息基础设施特别小组以应对技术发展给著作权领域引发的危机和挑战。对新时代的著作权法如何演进进行分析论证是该信息基础设施特别小组的重要任务之一。为充分掌握客观情况，特别小组进行了调研，最终的调研成果体现在《知识产权与国家信息基础设施》报告中，报告深入系统地全面分析了包括《美国版权法》在内的知识产权法律制度面临的紧迫问题和需要的变革因应，对发行权穷竭原则在数字环境下能否适用的问题当然也在分析论证之列。该报告可谓美国官方首次正面对发行权穷竭原则能否适用于数字环境进行了回应和解答，报告的结论为：发行权穷竭原则无法适用于数字环境。究其原因，报告采取的立场是站在了所谓的复制权保护的角度进行了思考，认为尽管能够借助于技术手段实现网络传输后原有复制件的删除，但这种技术手段无法避免复制行为的产生，因为发行权穷竭原则所穷竭的对象是发行权而非复制权，故报告认为数字环境下作品的在线传输是对著作权人复制权的侵犯。如果转换采取另

一种方法，即先将数字作品存储于移动存储设备中，然后将移动存储设备随着其所存储的数字作品一同转移所有权，则应当适用发行权穷竭原则，不构成侵权。[1]这种观点试图统一当时纠葛已久的数字环境下发行权穷竭原则能否适用的问题，从客观结果看，其对后续的相关法律修订产生了较为深远的影响。

在各国的著作权法都在应对数字时代著作权侵权新态势的大背景下，美国国会为契合 WCT 的要求，于 1998 年通过了 DMCA。DMCA 第 4 部分“综合条款”中本应对数字环境下发行权穷竭原则适用问题进行明确规定，然而版权局对该问题却选择了有意回避。[2]版权局有意回避的做法固然引发了国会的不满，因此国会督促版权局继续深入研讨这一主题并尽早提交作为研讨成果的详细报告。在后续的详细报告中，版权局明确承认了其对数字环境下适用发行权穷竭原则存在的疑虑，基于关键技术的缺失以及对方兴未艾的数字出版产业引发风险的判断难度，版权局对于立即修改立法仍持保留态度。[3] 2013 年在哥伦比亚法学院举行的第 26 届 S. Manges Lecture 论坛期间，美国版权登记官玛丽亚·帕兰特（Maria Pallante）谈到了改革《美国版权法》的必要性，并将数字发行权穷竭原则列为立法修订的主要问题。在回顾发行权穷竭原则的基本原理植根于反对限制转让有形财产的普通法规则并同时强调“发行权穷竭原则在数字环境中可能难以合理化”[4]之后，她概述了美国国会可能会选择解释《美国版权法》第 109 条的多种方式。实际上，美国版权局在 2001 年的一份报告中已经考虑了《美国版权法》第 109 条的解释问题，“一方面，国会可能认为在数字市场中，著作权人应该控制其作品的所有复制件，特别是因为数字复制件是具有非损耗性，不同于价值较低的已经卷角的破旧实体书复制件，或者因为在线商务中从销售复制件到提供许可证的偷梁换柱转换都否定了这个问题。另一方面，国会可能会发现发行权穷竭的一般原则在数字时代具有持续价值，并且可以通过防止或销毁重复复制件的技术

[1] Intellectual Property and the National Information Infrastructure, Information Infrastructure Task Force, September, 1995: 92~93, 213~217.

[2] United States, Congress, Senate, Committee On The Judiciary, “The Digital of Millennium Copt Act of 1998”, Applied Image Inc., 1998: 126.

[3] 崔波、赵忠楠:《数字环境下作品首次销售原则的改良适用研究》，载《陕西师范大学学报（哲学社会科学版）》2021 年第 1 期，第 127 页。

[4] M. Pallante, “The next great copyright act”, *36* (3) *Colum. J. L. & Arts 2013*, 315~344, 331.

措施进行充分监管。或者更简单地说，国会可能不想要一部一切都被许可定义而没有任何所有权转让的版权法”。[1]

一些国会议员极力主张发行权穷竭原则在数字环境下仍应予以适用，并要求在版权法中明文规定“数字发行权穷竭原则”。在立法建议方面，部分议员曾先后建议颁布《数字选择与自由法案》《利益平衡法律》等，这些建议颁布的法案均主张发行权穷竭原则在没有导致作品复制件数量绝对增加的基础上可以获得适用。[2]虽然遗憾的是这些法案由于各种原因最终未能通过，但我们从这一系列过程中可以看出的事实是：数字环境下发行权穷竭原则的适用问题并未因信息基础设施特别小组的报告而在社会中形成大一统的观点，主张数字环境下适用发行权穷竭原则者不乏其人且立场坚定，相关观点也对立法活动产生了较大影响。美国国会承认，在 1998 年引入 DMCA 时，对数字时代如何影响版权作品的研究尚处于早期阶段。[3]虽然在立法层面，美国版权局和国会有意回避将《美国版权法》第 109 条的发行权穷竭原则扩展适用于数字环境下，但美国法学理论界普遍主张网络传输构成发行。[4]图书馆经营者、大部分学者纷纷呼吁建立数字环境下的发行权穷竭原则。图书馆经营者主张，发行权穷竭原则不能被采取严格的形式解释，消费者处分作品的传统权利不能被剥夺。有学者亦发文论证发行权穷竭原则在数字环境下的适用问题，研究者安东尼·里斯（Anthony Reese）即认为在及时删除原有复制件的前提下，数字环境传输作品的行为仍然能够适用发行权穷竭原则。[5]

争议的存在不难看出，要破解数字环境下发行权穷竭原则的困境并非一蹴而就，需要兼顾版权产业发展的现实需求和社会技术发展所能实现的调控

---

〔1〕 US Copyright Office, DMCA Section 104 Report-A Report of the Register of Copyrights pursuant to § 104 of the Digital Millennium Copyright Act (2001), available at http://www.copyright.gov/reports/studies/dmca/sec-104-report-vol-1.pdf, 332ff.

〔2〕 See Digital Choice and Freedom Act of 2002, 107th Congress, 2d Section, H. R. 5522, Section 4 (October2, 2002); Benefit Authors without Limiting Advancement or Net Consumer Expectations (BALANCE) Act of 2003, 108th Congress, 1st Session, HR 1066 (March 4, 2003).

〔3〕 Pub. L. No. 105-304, 112 Stat. 2860 (1998) (codified as amended in scattered sections of the U. S. C.).

〔4〕 刁胜先：《论权利穷竭原则》，法律出版社 2018 年版，第 246 页。

〔5〕 R. Anthony Reese, "The First Sale Doctrine in the Era of Digital Networks", *Boston College Law Review 44*, no. 2 (March 2003): 545~576.

手段。[1]可以说，数字媒介的出现使版权法的某些部分变得模糊不清，特别是关于发行权穷竭原则。然而，发行权穷竭原则的语言是广泛的，应鼓励将该原则应用于数字媒介，这种应用与现代技术的发展相适应。此外，法院有权在数字媒介上应用发行权穷竭原则，而无需国会进一步地修改法律，因为国会已经明确允许《美国版权法》适用于新的媒介创作。国会和法院都有权力和资源来解决数字环境下发行权穷竭原则的适用问题，但都没有采取任何重大行动。现代消费者不知所措，而版权所有者正享受着前所未有的日益增长的垄断。为了恢复版权所有者和消费者之间的平衡，改变必须迫在眉睫。随着法院将解决这一问题的责任转移到立法机关，是时候让国会重新审视《美国版权法》并做出必要的改变以确保消费者能够控制自己的财产并确保创造性作品继续在社会中普及。[2]

二、数字环境下发行权穷竭原则适用的美国司法实践

美国在处理数字环境下发行权穷竭原则适用问题上的标志性案件是2013年美国国会唱片公司诉瑞迪基公司（Capitol Records，LLC v. ReDigi Inc.[3]）案。原告Capitol Records公司是涉案流行音乐的著作权人。原告销售音乐作品的方式众多，其中一种方式是在苹果公司的iTunes平台上销售。在这种销售模式下，购买者从iTunes平台下载音乐作品后，可以将所下载的音乐作品储存在计算机或其他存储设备中。被告ReDigi公司是二手数字音乐作品的在线交易平台。使用者在ReDigi公司的在线平台注册并下载一个被称为“Media Manager”的软件到其电脑或存储设备中，“Media Manager”软件的作用在于判断使用者计算机或存储设备中的数字音乐是否合法购买自iTunes平台，如果是，就将该数字音乐作品标注为可予转售的适格对象。经由“Media Manager”软件程序确认的适格转售对象会转存至ReDigi公司平台的云端服务器上，与此同时，使用者必须进行“数据迁移”，即删除其计算机或存储设备中的原始

〔1〕 崔波、赵忠楠：《数字环境下作品首次销售原则的改良适用研究》，载《陕西师范大学学报（哲学社会科学版）》2021年第1期，第127页。

〔2〕 Monica L. Dobson，“ReDigi and the Resale of Digital Media：The Courts Reject a Digital First Sale Doctrine and Sustain the Imbalance between Copyright Owners and Consumers”，*Akron Intellectual Property Journal* 7，no. 2（2015）：210~211.

〔3〕 Capitol Records，LLC v. ReDigi Inc. Judgement of 30 March，2013［934 F. Supp. 2d 640 · 2013WL 1286134］.

数字音乐作品再进行销售。在待售的数字音乐作品实际转让发生前，并不影响用户自己继续从 ReDigi 公司平台的云端服务器欣赏该音乐作品。但是如果用户将待售的数字音乐作品从 ReDigi 公司平台的云端服务器重新下载到自己的计算机或存储设备中时，则会触发 ReDigi 公司平台的云端服务器删除存储在云端的该数字音乐作品，无法继续售卖。一旦用户已将数字音乐作品售出，新的购买者可以将该数字音乐从 ReDigi 公司平台的云端服务器下载到自己的计算机或存储设备中，同时系统将自动删除云端服务器中的文件。显然，"Media Manager" 软件通过持续搜索用户的计算机和其他存储设备，能够避免使用者私自保留音乐文件的复制件再上传并销售。当使用者想要将待售的数字音乐作品上传到 ReDigi 公司平台的云端服务器，云端服务器会自动发出先删除 "Media Manager" 软件监测到的该数字音乐作品的其他复制件的提醒。如果使用者未遵守该提醒的指令则无法完成上传。

原告于 2012 年向美国纽约南区地方法院起诉 ReDigi 公司侵犯其著作权并向法院申请禁令。ReDigi 公司采取的商业模式是模仿实体世界中音乐作品可以再转售。因此其提出的抗辩理由首当其冲就是援引《美国版权法》第 109 条（a）款规定的发行权穷竭原则。ReDigi 公司辩称，数字音乐作品的交易完成后平台的云端服务器会自动删除卖方的数字音乐作品，这一过程实质上实现了数字音乐作品的所有权转移，因此应当适用发行权穷竭原则。此外，鉴于 ReDigi 公司的销售模式可以保证卖方销售数字音乐后无法保留该数字音乐的复制件，数字音乐作品复制件的数量并未增加，因此不存在复制行为。2013 年 3 月 30 日，美国纽约南区地方法院以简易判决的形式认定被告 ReDigi 公司侵犯了原告 Capitol Records 公司的复制权和发行权。被告 ReDigi 公司不服判决并将该案上诉至联邦第二巡回法院。联邦第二巡回法院于 2018 年 12 月 12 日将该案作出了维持原审的判决。被告 ReDigi 公司在上诉中主张：首先，买方获取的音乐作品复制件是 ReDigi 公司的注册用户从苹果公司 iTunes 平台购买的合法复制件。其次，当买方从 ReDigi 公司平台的云端服务购买了二手数字音乐作品后，ReDigi 公司的注册用户原来保存于其计算机或存储设备中的复制件被即时删除，买方购买的数字作品内容与 ReDigi 公司注册用户被删除的复制件完全相同，这一过程与实体音乐 CD 交易没有任何本质区别，作品复制件没有增加，因此不存在非法复制行为。然而联邦第二巡回法院并未支持 ReDigi 的主张，法院认为，ReDigi 公司的注册用户将数字音乐上传至平台的云端服务器待售，数字音乐会在平台云端服务器上一直保存至买受者购买成功，买受者购买成功后数字音乐又将从平台云端服务器上转移到买受者的电脑或存储设备，在这两次转移过程中，数字音乐作品所存储的物理载体已经发生了变化，产生了“新”的复制行为，在平台云端服务器上转售的复制件并非 ReDigi 公司注册用户在其电脑或存储设备中存储的购自苹果公司 iTunes 平台的那份复制件。联邦第二巡回法院强调，复制是指在另一个不同的新载体上重复再现作品的行为。如果该过程并未经过原告同意则属于对原告复制权的侵犯。至于产生新复制件的同时原复制件是否删除以及作品复制件的数量是否增加，与复制权的侵权判定无关。

ReDigi 案中，美国法院未能应用媒介中立的基本概念，该基本概念鼓励法院广泛解释版权法，以回应技术的频繁进步。媒介中立的概念是指无论固定作品的媒介是数字形式还是模拟形式，著作权人的权利都保持相同。在此概念下，从逻辑上讲，无论媒介形式如何，版权产品消费者也应享有相同的权利。媒介中立为法院提供了扩展版权法的灵活性，以促进其适用于新技术进步。[1]美国最高法院在 White-Smith Music Publishing Co. v. Apollo Co. 案[2]中作出狭隘裁决后，国会采纳了媒介中立原则。在修改版权法时，国会通过增加“现在已知或以后出现”的表述以使现有和未来作品复制件和唱片的固定方式被囊括其中。通过这种表述，国会明确地使版权法对新技术的解释和应用持开放态度。[3]法院需要通过广泛的解释和媒介中立的概念来重申这一政策。可以想象，每次出现新技术时，国会都需要重新审议版权法将是耗时耗力、成本高昂且适得其反的。

基于此，本书认为，美国法院有能力决定发行权穷竭原则适用于数字媒介。主要原因是在于，国会已经明确允许《美国版权法》适用于新的媒介创作，这为《美国版权法》增加了宽泛的适用条件，如果没有数字发行权穷竭原则，促进创新的政策将被扼杀。此外，先前的判例法并不禁止将发行权穷竭原则应用于数字媒介的结论。在 ReDigi 案中，该问题已提交联邦第二巡回法院，法院选择不将发行权穷竭原则扩展到数字媒介，解决问题的皮球又被

〔1〕 Deborah Tussey, “Technology Matters: The Courts, Media Neutrality, and New Technologies”, *Journal of Intellectual Property Law* 12, no. 2 (Spring 2005): 427~428.

〔2〕 White-Smith Music Publ'g Co. v. Apollo Co., 209 U. S. 1 (1908).

〔3〕 Congress also defined “ ‘device’, ‘machine’, or ‘process’ as one now known or later developed”, 17 U. S. C. § 101 (1976).

踢回到国会。消费者和著作权人对受版权产品的适当保护讨论了几个世纪，一直处于两难的境地。国会和法院都试图在冲突的双方之间取得适当的平衡。然而，在 ReDigi 案中，法院达成了一种不平衡，法院对复制权僵化的解释扼杀了创新，打破了消费者和著作权人之间关于版权产品利用的平衡。数字作品与实体作品确实具有不同的物理特性，但如前文所述，数字作品的物理非损耗性已可以通过技术手段突破。技术总是在变化，法律不能停滞不前，国会先前在数字发行权穷竭原则上采取的观望态度已不再是可行的计划。〔1〕出于对建立持续垄断的忧虑以及对消费者期望的保护，国会必须解决发行权穷竭原则数字环境适用的问题并实施明确的法律规定，允许以与传统媒介相同的方式出售和转让数字作品。

第二节　数字环境下发行权穷竭原则适用的欧盟实践

一、数字环境下发行权穷竭原则适用的欧盟立法实践

新形势下，欧盟迫切需要通过协调成员国的著作权立法加强著作权保护、促进版权产业的发展以与美国抗衡。具体而言，欧盟颁布了一系列指令协调成员国著作权立法的进程。至今，欧盟已经发布了 7 个协调成员国著作权立法的指令。一些研究者将这些立法划分为两个阶段。其中的《信息社会版权指令》属于第二代立法，其他的六个指令则属于第一代立法。〔2〕综合各方面原因，第一代立法并未触及著作权领域中亟待解决的核心命题。首先，欧盟各成员国由于分属于著作权法体系或版权法体系而在著作权的本质、内容以及作品的构成要件等方面存在较大差异。如果一开始立法就涉及著作权法中的核心重大问题，则加剧了成员国间达成一致的难度。而选择诸如数据库、出租权、追续权、权利保护期限等成员国之间已经具有某种共识的内容进行协调，一方面会在欧盟层面易于通过，另一方面也会在成员国中易于实施。

〔1〕 Monica L. Dobson, "ReDigi and the Resale of Digital Media: The Courts Reject a Digital First Sale Doctrine and Sustain the Imbalance between Copyright Owners and Consumers", *Akron Intellectual Property Journal* 7, no. 2 (2015): 208.

〔2〕 See Guy Tritton etc., "Intellectual Property in Europe (Third Edition) ", *Sweet & Maxwell*, 2008: 487~488.

其次，著作权法所涉及的利益关系非常复杂，很多重要问题的协调必然会触动不同的利益集团从而使相关指令难以获得通过。基于此，选择一些零散的甚至不太核心的问题制定统一的规范就易于达成共识，从而为进一步的立法或者协调指令的制定打下必要基础。

将《信息社会版权指令》纳入第二代立法，并不是说第二代立法只有这一个指令。第二代立法应当涉及著作权法领域的一些核心重大问题，而《信息社会版权指令》正是这样的立法。其中，发行权的定义和范围、权利的限制与例外就规定在其中。正是因此，有人认为可以将《信息社会版权指令》的颁布，看作是制定未来欧盟版著作权法典的第一步。近年来，数字技术的发展给著作权保护带来了一些棘手的新问题。为应对这些新问题，欧盟委员会于2008年7月16日发表了《知识经济中的版权绿皮书》,〔1〕就数字环境中的知识传播，尤其是关于科学研究和文化教育知识的传播提出了一系列问题，征求社会各界的意见。在“一般问题”和“特别问题”的讨论中，《知识经济中的版权绿皮书》共提出了25个可以讨论的问题并就这些问题向社会公众征求意见。在广泛征求社会公众意见的基础之上，欧盟委员会将提出进一步的立法计划。〔2〕2008年《知识经济中的版权绿皮书》的发布，可以看作是欧盟新一轮著作权立法的开始。从其所讨论的问题能够看出，欧盟将重点放在了知识传播、科学研究和文化教育方面，对图书馆、档案馆、博物馆等团体的利益给予了特殊关注，这预示着新一轮著作权立法将在保护著作权和邻接权的同时，更多地关注社会公共利益。显然，这是一个值得注意的重要趋势。2001年5月欧盟通过了《关于协调信息社会版权和邻接权若干方面的指令》，其中第4条规定：“就作品的原件或者复制件而言，发行权不得在共同体的范围内用尽，除非该物品的首次销售或者所有权的其他转移，系由权利人自己或者经其同意而做出。”〔3〕

在欧盟，关于发行权穷竭原则是否适用于数字作品以及在多大程度上适

〔1〕 Commission of European Community: Green Paper on Copyright in Acknowledge Economy, July 17, 2008, COM (2008) 466 Final.

〔2〕 李明德等：《欧盟知识产权法》，法律出版社2010年版，第145~154页。

〔3〕 Directive 2001/29/EC of the European Parliament and of the Council of 22 May 2001 on the Harmonization of Certain Aspects of Copyright and Related Rights in the Information Society, Official Journal of European Communities, 167/10, June 22, 2001.

用于数字作品存在非常大的不确定性。尽管允许二手数字复制件进入市场具有巨大的经济和商业潜力，但自现任欧盟委员会任期以来，欧盟法律并未就数字环境下的发行权穷竭问题进行过多的政策讨论。在 2013 年 12 月至 2014 年 3 月期间，上届委员会就欧盟版权规则的审查进行了公众咨询。[1]此次咨询吸引了广泛参与，最终提交了 9500 多份回复[2]，证明比之前的公众咨询成功得多。[3]其中公开的问题磋商中就提出了是否存在欧盟发行权穷竭原则“适用于实体复制件的发行（例如，当出售 CD 或书籍等有形物品时，著作权人不能阻止进一步转售）”原则上应“适用于传播效果等同于实体发行的数字传播行为（即买方获得数字复制件的财产权）”[4]的问题。欧盟委员会答复：“这是一个棘手的问题，与如何避免转售者在‘转售’作品后保留和使用作品复制件的方法——‘转发-删除’技术以及创建一个销售质量完美、永不变劣的数字作品的二手市场产生的经济影响相关。”[5]在公众咨询结束后，委员会将发布一份白皮书，旨在确定未来委员会立法干预的可能领域。然而，遗憾的是，相关立法干预的行动在上届委员会任期结束之前并未发生。白皮书内部草案的公布版本[6]表明，任何有关数字环境下发行权穷竭原则的政策举措都被视为为时过早。[7]相反，“有必要进一步观察许可模式和技术如何演

---

〔1〕 The text of the public consultation is available at http://ec. europa. eu/internal_ market/consultations/2013/ copy right rules/docs/consultation-document_ en. pdf.

〔2〕 The responses are available at http://ec. europa. eu/internal_ market/consultations/2013/copyright-rules/index en. htm.

〔3〕 For instance, the 2008 Green Paper on Copyright in the Knowledge Economy, COM (2008) 466/3, available at http://ec. europa. eu/internal market/copyright/docs/copyright-infso/greenpaper_ en. pdf, included a call for com men-ts and there were about 350 in the end, while 2009 Consultation on Creative Content Online in a European digital single market: challenges for the future. A reflection document of DG INFSO and DG MARKT, 22 October 2009, available at http://ec. europa. eu/internal_ market/consultations/docs/2009/content_ online/reflection_ paper%20web_ en. pdf, only attracted 200 responses.

〔4〕 Public consultation on the review of EU copyright rules, 13.

〔5〕 Public consultation on the review of EU copyright rules, 13.

〔6〕 European Commission, White Paper on A copyright policy for creativity and innovation in the European Union, available at https://www. dropbox. com/s/0xcflgrav01tqlb/White% 20Paper% 20% 28internal% 20draft%29%20%281% 29. PDF. See further E Rosati, “Super Kat-exclusive: here's Commission's draft White Paper on EU copyright”, The IPK at (23 June 2014), available at http://ipkitten. blogspot. co. uk/2014/06/super-kat-exclusive- heres- commi ssions. html.

〔7〕 European Commission, White Paper on A copyright policy for creativity and innovation in the European Union.

变，以及广泛评估该领域的举措可能对数字市场产生的影响。"[1]

为构建统一的数字商品、服务和资本市场，欧盟委员会于 2015 年 5 月 6 日颁布了《数字单一市场战略》。[2]在当前欧盟委员会的工作计划中，其宣布，欧盟版权规则的现代化将成为数字单一市场一揽子举措的一部分。[3]新委员会版权改革的雄心程度仍有待观察[4]，目前似乎不会采取任何有关数字环境下发行权穷竭原则相关的立法举措。尽管 2015 年《数字单一市场战略》表明，要让消费者和企业更好地获得欧洲各地的在线商品和服务，需要迅速消除线上和线下世界之间的主要差异，以打破跨境在线活动的障碍。[5]迄今为止，欧洲议会也没有在该领域提出任何倡议。法律事务委员会任命欧洲议会议员茱莉娅·雷达（Julia Reda）为《信息社会版权指令》执行情况报告员。在 2015 年初发布的报告中，茱莉娅·雷达建议对法律进行一些更改，但没有提出具体建议来解决数字环境下发行权穷竭原则适用的问题。因此，在欧盟立法层面的举措不当缺位的情况下，司法实践层面是否能带给我们一些令人欣喜的突破呢？带着这一疑问，本书考察了数字环境下发行权穷竭原则适用相关的欧盟司法实践。

二、数字环境下发行权穷竭原则适用的欧盟司法实践

（一）发端：UsedSoft 案

欧盟法院 2012 年审理的 UsedSoft 案[6]是数字环境下发行权穷竭原则适用的发端。原告甲骨文公司（Oracle）是一家以软件管理和供应为主要业务的

---

[1] European Commission, White Paper on A copyright policy for creativity and innovation in the European Union.

[2] 董一凡、李超：《欧盟〈数字单一市场战略〉解读》，载《国际研究参考》2016 年第 3 期，第 5 页。

[3] European Commission, Communication from the Commission to the European Parliament, the Council, the European Economic and Social Committee and the Committee of the Regions－Commission work programme 2015：A new start, COM（2014）910 final, Annex 1, available at http://ec. europa. eu/atwork/pdf/cwp_2015_new_initiatives_en. pdf, 2.

[4] European Parliament Research Service, A connected Digital Single Market. State of play and the way forward (January 2015), available at http://www. europarl. europa. eu/RegData/etudes/ BRIE/2015/545734/EPRS_ BRI% 282015%29545734_ REV1_ EN. pdf, 7.

[5] European Commission, Communication from the Commission to the European Parliament, the Council, the European Economic and Social Committee and the Committee of the Regions on A digital single market strategy for Europe, COM（2015）192 final, 3.

[6] UsedSoft GmbH v. Oracle International. Corp. （C-128/11）[2012] All E. R. （EC）1220.

公司，用户支付许可费后，就可以从甲骨文公司网站下载软件许可证到本地电脑安装使用，按照许可协议，用户可以从甲骨文公司获得软件许可证的更新和补丁服务，用户对从甲骨文公司网站下载的软件许可证拥有无期限的、非排他的、不可转让的使用权。〔1〕德国用软公司（UsedSoft）是一家以软件许可证销售为主要业务的公司。从2005年开始，德国用软公司先在二手市场大量购买甲骨文公司软件许可证，然后低价出售。这些二手软件许可证由公证书确认满足两项条件：一是原始被许可人与甲骨文公司签订的许可协议仍处于有效期；二是原始被许可人拥有永久存储软件许可证复制件的权利。这两项条件使得从用软公司购买了二手软件许可证的客户可以直接在甲骨文公司的网站上下载软件许可证的更新和补丁服务。同时，原始被许可使用人提供书面声明保证其后续不再继续使用已转让的软件许可证。用软公司的行为使甲骨文公司软件用户数量急剧下滑。因此，甲骨文公司向慕尼黑地方法院起诉，请求法院判令用软公司停止侵权，禁止二手许可证交易并申请禁令。法院支持了原告的诉讼请求，判决被告用软公司转售软件许可证的行为侵犯了原告甲骨文公司的复制权，颁发禁令禁止被告转售软件许可证。被告不服向慕尼黑高级法院提出上诉，上诉法院经过审理维持了原审法院的判决。用软公司继而向德国联邦最高法院提出再审，德国联邦最高法院依据《欧共体条约》第234条将本案提交欧盟法院初步裁决。〔2〕在本案再审中，原告甲骨文公司主要提出了三点主张：首先，其授予原始被许可人的是不可转让的使用权，其与原始被许可人的许可协议对此已进行了明确，用软公司违反禁止转让的许可协议条款构成侵权。其次，数字软件许可证的无形性决定了发行权穷竭原则不应适用，即应保障软件著作权人控制后续数字软件许可证流转的权利。再次，其提供软件许可证的下载是提供一种服务而非进行软件许可证的销售，因此不存在首次销售，不应适用发行权穷竭原则。欧盟法院于2012

〔1〕 甲骨文公司软件许可证包括以下条款：“作为付款后获得的服务，用户获得后专为内部商业目的，可无期限拥有如下非排他性、不可转让之使用者权利：……依据本协议免费获取所有甲骨文公司开发并提供给用户的一切产品。”See Case C-128/11, UsedSoft GmbH v. Oracle International. Corp. [2012] ECR I0000, para. 22.

〔2〕 欧盟法院存在先行或初步裁决制度，即欧盟成员国法院在审理案件过程中做出判决前，依据欧盟基础条约规定的请求权或请求义务，可以或必须将案件涉及欧盟法律的解释或有效性问题提交欧盟法院审理，请求欧盟法院就该问题做出先行或初步裁决，而后成员国法院依据先行或初步裁决结果，适用欧盟法律审理案件。

年7月3日对本案作出了初步裁决：依据《信息社会版权指令》[1]和《计算机程序保护指令》,[2]经著作权人同意或授权，在欧共体范围内首次销售作品原件及复制件的行为使著作权人对作品销售的控制权发生穷竭。本案中，许可合同的条款表明，甲骨文公司旨在使其客户支付价款后可无期限使用软件许可证，从甲骨文公司网站上下载软件许可证和签订用户许可协议是不可分割的整体，既然许可协议授予用户永久使用软件许可证的权利且甲骨文公司已获得合理报酬，即使许可协议禁止软件许可证的转售，由于软件许可证复制件的所有权已经转移，存在合法的首次销售行为，发行权穷竭原则应予适用，甲骨文公司无权禁止软件许可证复制件的转售。[3]几经周折，2013 年 7 月 20 日德国联邦最高法院根据欧盟法院的初步裁决，终审判决用软公司胜诉。[4]

在 UsedSof 案中，甲骨文公司主张其在网络平台提供自己开发的合法软件供用户下载，属于通过网络向公众提供作品的行为，应受到信息网络传播权的调整，不应受到发行权的调整。实际上，原告的观点是主张在信息网络传播权行为和发行行为并存的情况下，应保障信息网络传播行为，排除发行权穷竭原则的适用。但欧盟法院从本案存在软件许可证的所有权转让这一事实出发，认为所有权转让使网络传播行为转变为发行行为。不难看出，欧盟法院灵活地对“所有权转让”进行了实质解释，主张销售是“根据协议某人转让有形或无形财产所有权于其他主体以获得价款”。因此，与美国的做法截然不同，欧盟法院将无形财产囊括到对销售的定义中。为确认数字复制件的合法性，欧盟法院将复制件的范围从有形复制件扩展至无形复制件。欧盟法院根据《计算机程序保护指令》第 1 条“该指令的保护应该适用于任何形式（Any Form）”的措辞得出“任何形式”应当包括无形形式的结论。为更清

---

〔1〕 2001 年 5 月 22 日欧洲议会和欧盟理事会关于协调信息社会中版权和相关权若干方面的第 2001 /29 /EC 号指令和 2009 年 4 月 23 日发布的第 2009 /24 /EC 号指令。《欧盟信息社会版权指令》序言第 29 条、正文第 4 条第 2 款规定：“在线服务不适用发行权穷竭。”但特别法优于适用原则，《程序指令》法律效力高于《信息社会版权指令》，故《程序指令》第 4 条第 2 款关于权利穷竭的规定仍可适用。

〔2〕《计算机程序保护指令》第 4 条第 2 款规定：“作品原件或复制件在欧共体境内已由权利持有人或经其同意首次售出或以其他方式转让所有权，发行权即已在欧共体境内用尽。”

〔3〕 Case C-128 /11 UsedSoft Gmbh v. Oracle International Corp [2012] ECR I0000, para. 89.

〔4〕 BGH. Urteil v. 20. 07. 2013, Az. I ZR 129 /08 Usedsoft Ⅱ.

楚地说明这一问题，欧盟法院做了一个形象的比喻：从网络下载软件与存储于 CD 光盘中的软件实质上是一样的，通过网络下载软件的在线传输方法（On-line Transmission Method）等同于 CD 光盘所提供的物质载体功能”。欧盟法院的判决说理逻辑在于，为通过网络传输产生的无形复制件拟制一个虚拟载体，使其符合传统有形复制件的形式。[1]

（二）发展：Allposters 案和 Tom Kabinet 案

Art & Allposters International BV v. Stichting Pictoright 案[2]和 Nederlands Uitgeversverbond & Groep Algemene Uitgevers v. Tom Kabinet Internet BV and others 案[3]是欧盟涉及数字环境下发行权穷竭原则是否应予适用的最新典型案例。这两个案例为我们提供了发行权穷竭原则数字环境司法实践的最新图景。首先梳理并分析发生在先的 Allposters 案。本案被告 Allposters 是从事海报销售业务的公司，除了普通海报，该公司还销售一种独特的“画布转移”（Canvas Transfer）形式的复制件。“画布转移”是通过特定的技术手段和处理工艺将纸质海报上的油墨颜料固定在画布上，进而实现艺术图画从纸质海报上消失并完全转移到画布上的操作过程。“画布转移”产生的复制件比原来的纸质海报无论从质量还是耐用度方面都显著提高。Pictoright 是位于荷兰的一家可以接受著作权人委托从事著作权管理、维权等工作的著作权集体管理组织。Pictoright 认为，Allposters 未经著作权人许可制作并销售海报的“画布转移”复制件属于侵犯著作权人的改编权和发行权，故诉至鲁尔蒙德地方法院。鲁尔蒙德地方法院驳回其诉请后其向斯海尔托上诉法院提起上诉，上诉法院经过审理驳回了 Allposters 主张的发行权穷竭抗辩。认为，Allposters 制作并销售海报的“画布转移”复制件属于新的发行行为，该发行行为不同于原海报在著作权人授权下进行的首次发行，通过从纸质海报到画布的载体转变，Allposters 以更高的利润打开了不同于原纸质海报的新市场，未经著作权人许可侵犯了其著作权。Allposters 以“纸质海报经著作权人同意在欧盟境内投放市场引起发行权穷竭，从纸质海报到画布载体的转变不能改变发行权已经穷

---

〔1〕 丁婧文：《论数字作品转售不适用首次销售原则》，载《学术研究》2021 年第 4 期，第 76 页。

〔2〕 Art & Allposters International BV v. Stichting Pictoright [C-419/13 CJEU].

〔3〕 Case 263/18 Nederlands Uitgeversverbond & Groep Algemene Uitgevers v. Tom Kabinet Internet BV and others, 2019.

竭的事实”为理由向荷兰最高院请求撤销二审裁判。荷兰最高院就《信息社会版权指令》第4（2）条的解释向欧盟法院提出了先行裁决申请。该先行裁决申请涉及的主要问题是源自本案的：《信息社会版权指令》第4条是否调整发行权穷竭后作品被转换于新载体上并再次投入市场销售的行为？

欧盟法院在只有50段的简短判决中并未深入研究发行权穷竭的可能性，而主要坚持对《信息社会版权指令》的条款、说明和议定声明进行了文义解释。首先，欧盟法院回避回答欧盟改编权的协调问题，认为只要纸质海报和“画布转移”都包含艺术作品的图像，就落入《信息社会版权指令》第4（1）条的调整范围，因为在欧盟范围内销售了受保护作品的复制件。[1]关于发行权是指针对有形物体还是作者自己的智力创作本身，法院表示，第4（2）条提供的措辞是指第一次出售或以其他方式转让“那个对象”（“That Object”）的所有权。法院在《信息社会版权指令》的说明第28条所使用的措辞中找到了对其草率结论的支持证据，其中指出“根据该指令的版权保护调整包含在有形物品中的作品发行”。[2]《信息社会版权指令》的说明还指出“作品原件或复制件由著作权人或经其同意之人在欧盟首次销售将穷竭控制该物品在欧盟转售的权利”。[3]基于该说明的结论以及对《信息社会版权指令》的简单文义解释，欧盟法院认为：“根据上述考虑，欧盟立法机构通过使用‘有形物品’（‘Tangible Article’）和‘该物品’（‘That Object’）这两个术语，希望让著作权人控制每个包含其智力创造的有形物品在欧盟的初始销售。”[4]欧盟法院认为必须尽可能根据WCT解释《信息社会版权指令》。通过引用WCT关于第6条和第7条的议定声明，将术语“复制件”（“Copy”）和“原件和复制件”（“Original and Copy”）定义为专指可以作为有形物体流通的固定复制件。因此，欧盟法院得出结论认为，《信息社会版权指令》中的发行权穷竭只能适用于受保护作品原件或复制件的有形物体。[5] Allposters案的裁决阻止了未经著作权人同意的情况下转让属于《信息社会版权指令》调整的数字内容所有权的可能性，例如，电子书、数字音乐文件、视频甚至视

〔1〕 Allposters EU：C：2015：27；[2015] E. C. D. R. 7 at [27].

〔2〕 Allposters EU：C：2015：27；[2015] E. C. D. R. 7 at [35].

〔3〕 Allposters EU：C：2015：27；[2015] E. C. D. R. 7 at [35].

〔4〕 Allposters EU：C：2015：27；[2015] E. C. D. R. 7 at [37].

〔5〕 Allposters EU：C：2015：27；[2015] E. C. D. R. 7 at [40].

频游戏[1]，由于著作权人害怕失去收入而不愿意给予同意从而导致了这些内容的二手市场在实践中几乎不可能发展的情形。[2]

从 Allposters 案判决本身使用的措辞中可以很清楚地看出，欧盟法院甚至没有尝试对数字环境下的发行权穷竭原则进行实质性分析，而是顽固地坚持 2001 年《信息社会版权指令》的说明和 1996 年 WCT 的议定声明所使用的措辞。措辞当然是任何解释的起点，然而法律规范的解释应该跳出仅仅围绕措辞进行文义解释的桎梏。法院对于技术中立原则[3]、自 1996 年和 2001 年以来的技术发展和信息网络生活环境变化视而不见，导致立法者的意图在当今变得无关紧要。总的来说，法律是否允许数字发行权穷竭仍旧是一个尚未解决的问题，对此国内法院提供了不同的解释。一方面，为了支持比勒费尔德地区法院 2013 年的判决[4]，哈姆上诉法院在 2014 年认为，除了软件之外，对作品（在本案中是有声读物）的数字复制件不适用发行权穷竭原则。[5]另一方面，阿姆斯特丹地方法院在 2014 年裁定，电子书受发行权穷竭原则的约

---

〔1〕 In regard to video games, see the recent CJEUN intendo judgment (Nintendo v PC Box (C-355/12) ECLI: EU: C: 2014: 25; [2014] E. C. D. R. 6): "Videogames … constitute complex matter comprising not only a computer program but also graphic and sound elements, which, although encrypted in computer language, have a unique creative value which cannot be reduced to that encryption. In so far as the parts of a videogame … are part of its originality, they are protected, together with the entire work, by copyright in the context of the system established by Directive 2001/29 [Copyright Directive] ": at [23] of the Nintendo judgment; also see SAS Institute Inc v World Programming Ltd (C-406/10) EU: C: 2012: 259, [2012] 3 C. M. L. R. 4; and Bezpe č nostní softwarovά asociace — Svaz softwarové ochrany v Ministerstvo kultury (C-393/09) EU: C: 2010: 816, [2011] E. C. D. R. 3.

〔2〕 As digital content, for all practical purposes, does not lose quality with use or age and can be reproduced ad infinitum, there is, in the opinion of right holders, no incentive for consumers to buy "new" or "original" digital files for higher prices.

〔3〕 For a thorough examination of the online-offline equivalence principle see Maurice Schellekens, "What Holds Off-Line, Also Holds On-Line?" in Starting Points for ICT Regulation, Deconstructing Prevalent Policy One-Liners (IT & Law Series, The Hague: T. M. C. Asser Press, Vol. 9, 2006); also Andrew Nicholson, "Old habits die hard?: UsedSoft v. Oracle" (October 7, 2013), Scripted, http://script-ed. org/? p=1167.

〔4〕 Regional Court of Bielefeld, 4 O 191/11, on which see E Link later, 'Waiting for a lower court to rein in resale? You' d sooner herd cats', The IPKat (1 May 2013), available at http://ipkitten. blogspot. it/2013/05/waiting-for-lower -court -to-reign-in. html.

〔5〕 Court of Appeal of Hamm, 22 U 60/13, on which see E Rosati, 'No exhaustion beyond software: Katfriend translates German decision on audiobooks', The IPKat (1 July 2014), available at http://ipkitten. blogspot. co. uk/ 2014/07/ no-exhaustion-beyond-software-katfriend. html.

束。[1]尽管这一决定随后被阿姆斯特丹上诉法院推翻，但后者在其裁决中并未提及法律是否允许数字发行权穷竭问题。

欧盟法院在UseSoft案中的政治议程在Allposters案中荡然无存，Allposters案中欧盟法院明确将著作权人的利益置于了版权产品消费者的利益之上。[2]如果在UsedSoft案判决之后对该裁决如何适用于软件以外的数字作品存在法律上的不确定性，那么现在Allposters案提出的问题是如何在发行权穷竭与艺术作品物理介质之间建立内在联系，[3]这可以影响在UsedSoft案中已经确立的针对下载软件的发行权穷竭原则。本书认为，正如UsedSoft案的裁决本身所指出的那样，《信息社会版权指令》和《计算机程序保护指令》两个指令中使用的概念原则上必须具有相同的含义，[4]而将数字环境下是否适用发行权穷竭原则与作品是属于《信息社会版权指令》调整还是属于《计算机程序保护指令》调整关联起来的做法是值得商榷的，这陷入了前文所述的“折中说”的错误。在作品类型的判定本身就存在很大的争议的情况下，“折中说”根据作品类型去折中适用数字环境下的发行权穷竭原则无异于使发行权穷竭数字环境适用的问题更加复杂化，不具备实际可行性。在欧盟视域内，很多复杂的多层次作品将同时属于这两个指令的调整范围，例如，视频游戏、具有增强功能的电子书以及嵌入式视听媒体等，数字内容的多层次融合发展，增加了“折中说”的不确定性，并导致欧盟对为什么其中一项指令应优先适用的解释混乱不堪。[5]

---

〔1〕 District Court of Amsterdam, Nederlands Uitgeversverbond and Groep Algemene Uitgevers v Tom Kabinet, C/13/567567/KG ZA 14-795 SP/MV, 21 July 2014, on which see M Olmedo Cuevas, ‘Dutch copyright succumbs to aging as exhaustion extends to e-books’, 10 (1) JIPLP (2015), 8~10.

〔2〕 The judgment has accordingly been called “a great result for rights holders”: see “Transferring copyrighted works to alternative mediums re-sets owners’ right to control distribution, rules EU court” (January 22, 2015), Out-law, http://www.out-law.com/en/articles/2015/january/transferring-copyrighted-works-to-alternative-mediums -re-sets-owners-right-to-control-distribution-rules-eu-court/.

〔3〕 “Exhaustion of rights (first sale doctrine)” (January 30, 2015), IP Kat blog, http://ipkitten.blogspot.nl/ 2015/ 01/ exhaustion-of-rights-first-sale. html.

〔4〕 Referring to Football Association Premier League v QC Leisure (C-403/08 and C-429/08) [2011] E. C. R. I-9083, [2012] 1 C. M. L. R. 29 at [187] and [188]; UsedSoftGmbH v. Oracle International Corp (C-128/11) EU: C: 2012: 407, [2012] 3 C. M. L. R. 44 at [60].

〔5〕 Such as in the CJEUN intendo case and a somewhat different interpretation with the same result in a German judgment by the District Court in Berlin (Land gericht Berlin), the Valve judgment (15 O 56/13, January 21, 2014).

Allposters 案的判决还导致了对《信息社会版权指令》第 2 条[1]本身已经非常广泛的复制进行更宽泛理解的弊端，尽管法院使用了相当技术性的论点，避免了协调一致的欧盟改编权的问题，认为在某些情况下，复制包括或至少与改编权重叠。[2]然而以牺牲改编权和其他权利为代价扩大复制权，必然是对创新、合理使用以及其他著作权权利限制的不当侵蚀。Allposters 案之后，网络媒体一直报道欧盟法院在 Allposters 案中裁定权利人可以阻止他人将已经在欧盟销售的作品的复制件体现于与原件不同的介质中进行销售。[3]然而，这是不精确和不充分的，欧盟法院裁定权利人只能在此范围内防止这种情况发生：即媒介的改变创造了一个新的包含了作品的对象，特别是如果这种改变使著作权人无法获得适当的报酬。仅仅改变媒介是不够的，在 Allposters 案中，复制的转换累计达到了增加复制件的耐久性，提高与原纸质海报相比的图像质量并提供更接近于原件的结果。[4]Allposters 案的裁决通过将《信息社会版权指令》第 4 条规定的发行权穷竭原则“固有地绑定”在作品的有形载体上，使著作权人可以避免在欧盟内合法销售的作品被转换载体时穷竭发行权，无论根据《信息社会版权指令》第 5 条的规定，成员国国内法是否允许将转换作为例外和限制。无论如何，Allposters 案的裁决以不恰当的方式阻碍了欧盟试图使版权法现代化的进程。[5]

备受瞩目的 Allposters 案没有解决发行权穷竭原则数字环境适用的问题，学界对欧盟数字环境下发行权穷竭原则司法实践的未来走向既有乐观派也有悲

---

〔1〕 Copyright Directive art. 2："Member States shall provide for the exclusive right to authorise or prohibit direct or indirect, temporary or permanent reproduction by any means and in any form, in whole or in part …"

〔2〕 This can be seen in other CJEU jurisprudence as well, e. g. the Infopaq and Painer cases, as was stated in the leaked Impact Assessment on EU copyright written by the EU Commission; from "Which is the CJEU copyright case to look most forward to?" (August 12, 2014), IP Kat Blog, http://ipkitten. blogspot. nl/2014/08/ which- is- cjeu-copyright-case-to-look. html.

〔3〕 e. g. "Transferring copyrighted works to alternative mediums re-sets owners' right to control distribution, rules EU court" (January22, 2015), Out-law, http://www. out-law. com/en/articles/2015/january/transferring-copyrighted-works-to-alternative-mediums-re-sets-owners-right-to-control-distribution-rules-eu-court/.

〔4〕 Allposters EU: C: 2015: 27; [2015] E. C. D. R. 7 at [42].

〔5〕 e. g. Like the one in Ireland: "Modernising Copyright, A Report prepared by the Copyright Review Committee for the Department of Jobs, Enterprise and Innovation" (Dublin: 2013).

观派。2019年12月欧盟法院对Tom Kabinet案[1]的裁决可谓是给乐观派泼了冷水。被告Tom Kabinet是从事二手电子书在线下载业务的一家荷兰公司。被告先从个人或官方发行商处合法购买电子书，然后将这些电子书以较低的价格在线向其会员以提供二手书链接的方式进行转售，购买电子书的会员可以永久性获得涉案电子书。原告荷兰出版商联盟认为Tom Kabinet提供电子书下载服务的行为侵犯了电子书著作权人根据《信息社会版权指令》第3（1）条享有的“向公众传播权”，因此向荷兰海牙地区法院提起诉讼，要求被告停止侵权。被告辩称其活动属于《信息社会版权指令》第4（1）[2]规制的“发行行为”，主张涉案电子书是被告支付合理价格合法购买而得，根据《信息社会版权指令》第4（2）[3]，原权利人的发行权已经用尽。为统一解决在欧盟法律下发行权穷竭原则能否适用于数字作品（计算机软件除外）的问题，该案的主审法院荷兰海牙地区法院就该案涉及的关键问题提请欧盟法院预先裁决：通过在线下载的方式向公众提供电子书供永久使用的行为是否属于《信息社会版权指令》第4（1）条规制的“通过销售或其他方式向公众发行作品原件或其复制件”？根据欧盟地区的司法实践，如果落入该条款，则发行权穷竭原则可以适用，合法购买的电子书可以在未经权利持有人同意的情况下在二手市场上合法出售。否则，发行权穷竭原则不适用，被告将侵犯原告的著作权。

遗憾的是，欧盟法院对该案电子书转售是否适用发行权穷竭原则的裁决遵循了Allposters案的老路，即在线提供电子书下载的行为不属于《信息社会版权指令》第4（1）条的发行行为，不受发行权穷竭原则的规制。欧盟法院认为，首先，《信息社会版权指令》前言的第28条[4]，发行权仅适用于以有

---

[1] Case 263/18 Nederlands Uitgeversverbond & Groep Algemene Uitgevers v. Tom Kabinet Internet BV and others, [2019].

[2] Article 4 Distribution right 1. Member States shall provide for authors, in respect of the original of their works or of copies thereof, the exclusive right to authorise or prohibit any form of distribution to the public by sale or otherwise.

[3] 2. The distribution right shall not be exhausted within the Community in respect of the original or copies of the work, except where the first sale or other transfer of ownership in the Community of that object is made by the right holder or with his consent.

[4] Copyright protection under this Directive includes the exclusive right to control distribution of the work incorporated in a tangible article. The first sale in the Community of the original of a work or copies thereof by the right holder or with his consent exhausts the right to control resale of that object in the Community.

形载体形式承载的作品。其次，作为《信息社会版权指令》基础的 WCT 也明确表明，发行权穷竭原则仅适用于物理或有形副本的发行。因此，当知识产权未以有形的物理载体呈现，应排除发行权穷竭原则的适用。简言之，电子书的著作权人拥有控制其电子书后续转让的权利，电子书的每一“后手”必须寻求著作权人的合法授权才能转让其合法购买或其他合法途径获取的电子书。论证了在线提供电子书下载的行为发行行为后，欧盟法院进一步指出，在线下载电子书应归属于《信息社会版权指令》第 3（1）条的“向公众传播”的行为，因为被告 Tom Kabinet 的会员可以在个人选定的时间和地点获得电子书，被告的经营模式下没有技术措施可以保证著作权人对电子书转售的范围和人数进行控制，根据 WCT 第 8 条和《信息社会版权指令》第 3（1）条的规定应属侵犯著作权人的向公众传播权。[1]欧盟法院认为“向公众传播”应从广义的方式理解，应至少符合下列两个标准：首先，必须存在“向公众提供”的行为。提供行为的关键在于使作品处于可“获得”的状态，并不关注受众是否实际获取到作品。本案中，被告通过其销售网站使涉案电子书对会员处于“可下载”的状态，很明显存在向公众提供的行为。而且，本案中被告的会员较多，且属于不特定范围的多数人，符合“公众”的范畴。其次，“向公众提供”应满足特定的技术传播方式，即该提供行为的技术方式应与第一次提供电子作品的方式（即被告首次从作者购买电子书的方式）不同。本案中，被告的会员可以通过网络以交互式按自己选择的时间和地点获得电子书，电子书的提供方式与作者首次向公众提供的方式不同。该案从争议开始历时五年之久，最终的判决不仅影响电子书，更囊括了游戏、音乐、数字电影（计算机软件除外）的传播。根据欧盟法院的裁决，通过在线下载提供电子书、数字音乐作品、有声读物等数字作品的行为属于“向公众传播”，而非属于转移作品所有权的“发行”行为，因此不适用发行权穷竭原则。

---

〔1〕 Case 263/18 Nederlands Uitgeversverbond & Groep Algemene Uitgevers v. Tom Kabinet Internet BV and others，［2019］，para 67～69.

第三节 数字环境下发行权穷竭原则美欧司法实践对比及差异原因分析

一、数字环境下发行权穷竭原则美欧司法实践对比

通过对数字环境下发行权穷竭原则相关的美欧司法实践进行分析，我们可以得出结论："合同约定优先于发行权穷竭原则"是美国的做法，而在欧盟，"发行权穷竭原则优先于合同约定"。美国在立法阶段不乏将发行权穷竭原则适用于数字环境的诸多努力，但最终未能从法律的角度获得肯定，按照遵循先例原则，司法实践也保守地反对发行权穷竭原则数字环境适用论，因此"否定论"成为当前美国对待该问题的最终处理意见。欧盟在立法层面通过 2009 年对《计算机程序保护指令》的修改，明确了计算机软件在数字环境下的销售适用发行权穷竭原则。〔1〕在司法实践层面，欧盟法院虽然从 Usedsoft 案到 Allposters 案和 Tom Kabinet 案的发展历程并未使数字环境下发行权穷竭原则适用问题的认识得到统一，但从个案中对发行权穷竭原则的坚持可以看出，当前欧盟对待该问题的态度与美国的绝对"否定说"是不同的，欧盟采取了"折中说"。继 UsedSoft 案的判决之后，2014 年 7 月阿姆斯特丹地方法院裁定一家电子书转售网站可以继续运营并拒绝了荷兰出版商关闭该网站的请求。在该网站上转售电子书之前，卖家必须声明他获得的复制件是合法的，而且还必须同意在卖给他人后删除该复制件。该网站为电子书添加数字水印，并将水印信息存储在数据库中，以防止电子书的非法发行。阿姆斯特丹地方法院表示，该网站不同于"盗版网站"，关闭该网站的措施过于激烈。〔2〕欧盟法院对阿姆斯特丹地方法院的裁定并未提出质疑，反而指出销售或者再利用，受让方一般不能被任何合同条款所限制。这进一步说明，目前在欧盟内部个案坚持了数字发行权穷竭原则的观点。随着数字作品越来越普及，可以

〔1〕《计算机程序保护指令》4（2）规定，在欧盟由版权所有人销售或同意销售计算机软件复制件在首次销售后在欧盟发行权用尽（即版权所有人丧失基于版权反对该复制件转售的权利）。

〔2〕 Loek Essers, "Dutch Courts Lets Ebook Reseller Stay Online", *TECHWORLD* (July 22, 2014), http://www.techworld.com.au/article/print/550527/dutch_courts_lets_ebook_reseller_stay_online/ [http://perma.cc/6GUD-GKSN].

预料法院对待数字作品传播的态度会朝着宽松化不断迈进。值得一提的是，尽管2015年颁布的《数字单一市场战略》并未涉及数字环境下发行权穷竭原则适用问题，但该战略的核心概念要素之一是数字商品。如果这个概念在欧盟内变得普遍，那么数字环境下发行权穷竭原则的适用可能会找到它需要的土壤。[1]

美国虽然承认数字发行，却强调发行权穷竭原则只适用于著作权人交付的特定复制件。通过对网络复制进行僵硬死板的解释，美国将网络传输行为与其传输的作品复制件割裂开来，即使传输的作品在内容与形式上与接收的作品完全一样并且传输后只存在一个复制件，也认为每一次传输都构成新的复制和产生新的复制件。基于此，美国法院认为，虽然网络传输构成发行，但是出于转售目的再行传输属于在新载体上产生新复制件的新复制行为，构成复制权侵权行为。因此，在美国，依靠网络传输进行的转售不适用发行权穷竭原则。问题在于，网络发行以后，不依靠网络传输就能发生的转售根本就不存在。由此可以认为，美国法院排除了对网络发行的数字作品适用发行权穷竭原则的可能，这相当于否定了数字二手市场的合法性。美国的做法表面上承认数字发行，但又通过对复制进行形式主义解释否定了发行权穷竭原则的数字环境适用，可谓是自相矛盾的机械僵硬。正如有学者指出的一样，通过遣词造句的技巧来解释“复制”的定义以达到对复制权保护之目的而无视发行权穷竭原则的适用是不合理的。[2]欧盟法院在UsedSoft案中承认数字发行，同时认为发行不取决于载体形式，而取决于是否发生“所有权转让”，所有权转让与否才是发行权与信息网络传播权的本质区别，进而通过灵活的解释明确了软件发行权穷竭原则的数字环境适用。数字环境下软件销售适用发行权穷竭原则意味着著作权人不能禁止软件所有人转售合法取得的数字复制件，买受人下载“新”复制件本质上是软件所有人的“交付”行为，属于合法转售合同的有机组成部分。[3]

---

〔1〕 Péter Mezei, “Copyright Exhaustion: Law and Policy in the United States and the European Union”, *Cambridge University Press*, 2018: 168.

〔2〕 Péter Mezei, “Copyright Exhaustion: Law and Policy in the United States and the European Union”, *Cambridge University Press*, 2018: 169.

〔3〕 刁胜先：《论权利穷竭原则》，法律出版社2018年版，第257~259页。

二、数字环境下发行权穷竭原则美欧司法实践差异原因分析

知识产权法在私人产权与公共领域之间的界限，是一种法律上的人为设定（Legal Artifact），而非自然存在的现象。这条界限的移动，不仅因特定法官而异，也随着各个国家以及文化上的态度而变。[1]数字环境下发行权穷竭原则美欧司法实践差异化的原因在于美欧站在了不同的利益取舍点上。美国国会有时欢迎新的信息技术发明，将之看作一个契机，用那些尚未被立法规定的权利来填满著作权水杯。在其他时候，它又拒绝将一个新的市场纳入著作权法的范围。法官们同样自相矛盾。当国会的立法意图不明确时，一些法官就对《著作权法》作扩张解释，将新技术纳入其中；另一些法官则严格遵守旧法中的用语。法学教授们也各有偏袒，一些人参加“高水平保护派”（High Protectionists），另一些人则加入“低水平保护派”（Low Protectionists）。[2]

作为美国广泛认同并遵守的价值观，个人主义在国家建构和社会发展中发挥了重要作用，个人主义强调个人价值具有至高无上的地位。[3]托克维尔在《论美国的民主》中称“个人主义使人们只关心自己，是一种对自己的过于偏激和超过限度的爱，强调爱自己胜过一切事物”。[4]这种个人主义的价值内核在著作权领域最直接的体现是重视个人利益。具体而言：第一，尊重当事人双方的意思自治；第二，认可版权商拟定的禁止转售格式条款的效力，承认用户协议是“许可”而非“销售”；第三，认为网络传输数字作品复制件侵犯著作权人的复制权进而否定发行权穷竭原则在数字环境下的适用。除了个人主义的价值观，集团政治也是思考美国问题的重要维度。美国建国伊始，利益集团参与政治过程的现象就不断扩张。[5]集团政治反映到法律上体

---

〔1〕［美］保罗·戈斯汀：《著作权之道：从谷登堡到数字点播机》，金海军译，北京大学出版社2008年版，第10页。

〔2〕［美］保罗·戈斯汀：《著作权之道：从谷登堡到数字点播机》，金海军译，北京大学出版社2008年版，第30页。

〔3〕张涛：《个人主义在美国发展的历史脉络》，载《人民论坛》2017年第31期，第206页；任成金、潘娜娜：《美国文化产业价值取向的建构及其困境》，载《西南民族大学学报（人文社会科学版）》2015年第7期，第176页。

〔4〕［法］托克维尔：《论美国的民主（下）》，董国良译，商务印书馆2013年版，第120页。

〔5〕崔恒：《政治民主与政府效能的冲突与平衡——基于美国利益集团参与政治过程的一项研究》，武汉大学2010年博士学位论文，第2~3页。

现为美国的立法机关常常被利益集团游说和买断，进而成为利益集团的代言人。大型数字作品生产商固然是利益集团的重要代表之一。我们不难料想，以数字作品生产商为代表的利益集团向国会游说必然使发行权穷竭原则的数字环境适用充满阻碍。正如学者舒巴·高希（Shubha Ghosh）所言："知识产权所有者往往是具有政治和经济影响力的大公司，而用户分散且通常经济和政治力量较弱。因此，立法机关和法院在政治压力下将限制发行权穷竭原则。"[1]正是在个人主义和集团政治的双重作用下，数字作品生产商所提出的"用户支付费用属于获得授权许可而非购买数字作品复制件所有权"的主张，鲜受公众质疑。

与美国相比，欧盟则在个人私益与公共利益的抉择中个案适当考虑了后者。在寻求发行权穷竭原则是否适用于在线软件销售问题的解决之道时，欧盟考虑到绝对的"否定论"会使著作权人原本应当穷竭的发行权无限延伸，不但阻碍了作品的传播，而且使著作权人通过控制数字作品转售获得了其不应得的利益，破坏了著作权法所构建的平衡秩序。在平衡原则的指导下，欧盟法院在 UsedSoft 案中否认了数字作品生产商所提出的"用户支付费用属于获得授权许可而非购买数字作品复制件所有权"的主张，明确了数字环境下"销售"的内涵，粉碎了数字作品生产商利用格式条款排除发行权穷竭原则在数字环境下适用的企图。至于数字环境下利用网络传输转售数字软件产生的"新复制件"，欧盟将其解释为交付的一种方式，同该数字作品首次销售中的交付和实体作品在传统市场中的交付并无本质区别，不构成对著作权人复制权的侵犯。显然，欧盟在该案中站在了更高层次的公共利益的视角对发行权穷竭原则数字环境适用问题进行分析推理和论证，这样的解决路径既保持了著作权法律秩序的既有平衡，又不失灵活性和实用性，没有陷入美国机械僵硬式解决路径的泥潭。然而遗憾的是，在备受期待的 Allposters 案的判决中，欧盟法院将发行权穷竭原则局限于物理媒介，排除了属于《信息社会版权指令》调整的数字作品的发行权穷竭。与 UsedSoft 案相比，Allposters 案的判决过早地结束了数字作品的发行权穷竭原则，至少对于《信息社会版权指令》所调整的作品而言过早地结束了，这种退步必然妨碍国家版权法现代化的尝

〔1〕 Péter Mezei, "Copyright Exhaustion: Law and Policy in the United States and the European Union", *Cambridge University Press*, 2018: 3.

试，给著作权限制仅仅留下狭窄的空间。[1]在欧盟欠缺立法层面推进数字环境下发行权穷竭原则适用举措的情况下，有人可能思考欧盟法院是否能够成为最适合确定发行权穷竭是否应仅适用于作品有形复制件或将此进行推翻并适用于无形数字复制件的机构。欧盟法院在 UsedSoft 案中通过一种迂回的方式向后一种方法迈进了一大步，但随后以 Allposters 案和 Tom Kabinet 案为代表的司法判例中，并未将 UsedSoft 案的判决表达的论证逻辑扩展到受《信息社会版权指令》调整的作品上。在美国 ReDigi 案的判决中，Sullivan 法官表示，法律是否应该允许数字环境下适用发行权穷竭原则是立法而不是法院的问题。然而，在欧盟层面，法律是否应该允许数字环境下适用发行权穷竭原则似乎在一段时间内仍然是司法部门的问题。

本章小结

《知识产权与国家信息基础设施》报告是美国官方首次正面对发行权穷竭原则能否适用于数字环境进行的回应和解答。报告的结论为：发行权穷竭原则无法适用于数字环境。这种观点试图统一当时纠葛已久的数字环境下发行权穷竭原则能否适用的问题，从客观结果看，其对后续的相关法律修订产生了较为深远的影响。在各国的著作权法都在应对数字时代著作权侵权新态势的大背景下，为了契合 WCT 的要求，美国国会于 1998 年通过了 DMCA。由于未对数字环境下的发行权穷竭原则适用做出明晰的规定，国会要求版权局提交相关问题的详细报告。在提及的详细报告中，版权局明确承认了其对数字环境下适用发行权穷竭原则存在的疑虑，基于关键技术的缺失以及对方兴未艾的数字出版产业引发风险的判断难度，版权局对于立即修改立法仍持保留态度。对上述观点的反对声音同样十分强大，部分议员曾先后建议颁布《数字选择与自由法案》《利益平衡法律》等，这些建议颁布的法案均主张发行权穷竭原则在没有导致作品复制件数量绝对增加的基础上可以获得适用。虽然遗憾的是这些法案由于各种原因最终未能通过，但我们从这一系列过程中可以看出的事实是：数字环境下发行权穷竭原则的适用问题并未因信息基础设

[1] Maša Galič, "The CJEU Allposters Case: Beginning of the End of Digital Exhaustion?", *European Intellectual Property Review* 37 (6): 389, 2015.

施特别小组的报告而在社会中形成大一统的观点，主张数字环境下适用发行权穷竭原则者不乏其人且立场坚定，相关观点也对立法活动产生了较大影响。

欧盟颁布了一系列指令协调成员国著作权立法的进程。作为第二代立法的《信息社会版权指令》对发行权的定义和范围、权利的限制与例外进行了规定。为应对数字技术的发展给著作权保护带来的新问题，欧盟委员会发表了《知识经济中的版权绿皮书》，其在“一般问题”部分指出，虽然《信息社会版权指令》规定的复制权、发行权、向公众传播权已经在很大程度上协调了成员国的著作权立法，但是在权利的限制与例外方面，其仅仅在不允许成员国创设新的限制与例外的角度达到了协调成员国著作权立法的目的，而具体到对指令规定的限制与例外进行贯彻执行方面，由于给予了成员国过多的自由，因此没有达到预期的协调目标。《知识经济中的版权绿皮书》在“特别问题”部分具体讨论了图书馆和档案馆的例外问题、保存版本而数字化的问题、提供数字化作品的问题等内容。从《知识经济中的版权绿皮书》所讨论的问题能够看出，欧盟将重点放在了知识传播、科学研究和文化教育方面，对图书馆、档案馆、博物馆等团体的利益给予了特殊关注，这预示着新一轮著作权立法将在保护著作权和邻接权的同时，更多地关注社会公共利益。显然，这是一个值得注意的重要趋势。2001 年 5 月欧盟通过了《关于协调信息社会版权和邻接权若干方面的指令》，其中第 4 条对发行权穷竭原则进行了规定。

通过对数字环境下发行权穷竭原则是否适用相关的美欧经典案例进行分析，我们可以看出“否定论”是美国的做法，而欧盟则采取了中间道路的“折中说”。美国虽然承认数字发行，却强调发行权穷竭原则只适用于著作权人交付的特定复制件。通过对网络复制进行僵硬死板的解释，美国将网络传输行为与其传输的作品复制件割裂开来，即使传输的作品在内容与形式上与接收的作品完全一样并且传输后只存在一个复制件，也认为每一次传输都构成新的复制和产生新的复制件。基于此，美国法院排除了依靠网络传输进行的转售适用发行权穷竭原则的可能。欧盟法院在 UsedSoft 案中则认为发行不取决于载体形式，而取决于是否发生“所有权转让”，所有权转让与否才是发行权与信息网络传播权的本质区别，进而通过灵活的解释明确了软件发行权穷竭原则的数字环境适用。数字环境下软件销售适用发行权穷竭原则意味着著作权人不能禁止软件所有人转售合法取得的数字复制件，买受人下载“新”

复制件本质上是软件所有人的“交付”行为，属于合法转售合同的有机组成部分。欧盟法院对 UsedSoft 案的判决虽然是针对软件数字作品，但法院对该案的分析论证逻辑可谓是将发行权穷竭原则的数字环境适用问题在司法层面的角度迈出了一大步，但是，在后续以 Allposters 案和 Tom Kabinet 案为代表的司法判例中，欧盟法院并未将 UsedSoft 案的判决表达的论证逻辑扩展到受《信息社会版权指令》调整的作品上。欧盟将数字环境下是否适用发行权穷竭原则与作品是属于《信息社会版权指令》调整还是属于《计算机程序保护指令》调整关联起来的做法陷入了“折中说”的错误，根据作品类型去折中适用数字环境下的发行权穷竭原则无异于使发行权穷竭数字适用的问题更加复杂化，不具备实际可行性。

数字环境下发行权穷竭原则美欧司法实践差异化的原因在于美欧站在了不同的利益取舍点上。美国个人主义的价值内核在著作权领域最直接的体现是重视个人利益，具体而言：第一，尊重当事人双方的意思自治；第二，认可版权商拟定的禁止转售格式条款的效力，承认用户协议是“许可”而非“销售”；第三，认为网络传输数字作品复制件侵犯著作权人的复制权进而否定发行权穷竭原则在数字环境下的适用。除了个人主义的价值观，集团政治也是思考美国问题的重要维度。美国的立法机关常常被利益集团游说和买断，进而成为利益集团的代言人。以数字作品生产商为代表的利益集团向国会游说必然使发行权穷竭原则的数字环境适用充满阻碍。与美国相比，欧盟在 UsedSoft 案中寻求发行权穷竭原则是否适用于在线销售软件问题的解决之道时，站在了更高层次的公共利益的视角进行分析推理和论证，这样的解决路径既保持了著作权法律秩序的既有平衡，又不失灵活性和实用性，没有陷入美国机械僵硬式解决路径的泥潭。然而遗憾的是，继 UsedSoft 案之后，备受瞩目的 Allposters 案并未解决发行权穷竭原则数字环境适用的问题，该案的判决过早地结束了数字作品的发行权穷竭原则，至少对于《信息社会版权指令》所调整的作品而言过早地结束了，最新的 Tom Kabinet 案也未能突破 Allposters 案判决的逻辑推理，这种退步必然妨碍国家版权法现代化的尝试，给著作权限制仅仅留下狭窄的空间。

第四章

数字环境下发行权穷竭原则适用的困境破解

法律规则总是落后于社会实践，飞速发展的技术更加剧了这种落后。〔1〕利益法学派鼻祖耶林称，“法律是通过国家强制力作为保障的合乎社会目的的社会存在条件的总和”。〔2〕法律应该努力适应社会生活而不是裹足不前，正是由于随着社会生活的变化而调整完善才使法律具备恰当的调控能力。新经济方式和经济关系的出现意味着新的法律规范的创制。历史上各种物权、债权关系的出现就是与新经济方式和新经济关系互动的客观结果。当前我们正身处大数据的洪流之中，大数据经济方式和经济关系的到来，使我们面临法律规范创制的巨大挑战。〔3〕发达国家为应对大数据经济方式和经济关系的挑战，大多适时进行了著作权制度的改革。与工业产权相比，著作权明显具有更强的群众性和社会性。在以印刷品、广播影视、数字作品不断融合为特征的全媒体时代，著作权人的权利呈现出更加细分复杂的特征。面对资源整合纵横交错、内容创造丰富多样、利益关系错综复杂的数字环境，著作权人利益与公共利益如何有机平衡的问题日益凸显。〔4〕面对新形势，国家版权局在2011年启动《著作权法》修改时一方面审视适度地确立了与时俱进和全面、系统修改的原则，另一方面将“打造与数字经济相适应的符合实际、面向国际、面向未来的新时代著作权法”定位为具体的任务目标。〔5〕法律规范的构建不是设置一套束之高阁的抽象规则，而是设置一套可予实施和执行的、接地气

---

〔1〕 Aurele Nanoff, “The Moral Rights Act of 2007: Finding the Melody in the Music”, *Journal of Business Entrepreneurship & Law 1*, no. 1 (2007), 182.

〔2〕 Munroe Smith, *A General View of European Legal History and Other Papers*, Ams Press, INC. New York, (1967), 154.

〔3〕 龙卫球:《数据新型财产权构建及其体系研究》，载《政法论坛》2017年第4期，第76页。

〔4〕 刘浏、闻凯:《论网络版权产业发展的挑战及其法律应对——基于河北省网络版权产业情况调研》，载《河北法学》2021年第8期，第194页。

〔5〕 刘春田:《〈民法典〉与著作权法的修改》，载《知识产权》2020年第8期，第5页。

的鲜活规则。[1]遵循该原则的引领以及前文所论述的数字环境下适用发行权穷竭原则存在的困境，本书认为，我国数字环境下发行权穷竭原则适用困境的破解，应从域外经验借鉴扬弃、制度规范构建因应和理论实践策应进行多角度综合系统分析。

第一节　困境破解之域外经验借鉴扬弃

在立法的有限理性、社会生活的无限复杂性和法律规范的非常态空缺性的综合作用下，司法的价值和功能得到凸显。[2]规范的精细化也无法弥补法律滞后性的特征，法律规范无法准确预知司法实践中产生的所有问题，因此，规则供给不足和法律规范的不完备性成为各国的普遍现象。具体到我国，囿于单一法律体系涵摄范围的有限性以及作为立法机关的全国人民代表大会及其常务委员会会期间隔较长，作为裁判输出端的司法机关在规则供给不足的情况下必须有所作为。[3]案例是司法审判机关输出的公共司法产品，能够成为国家法治水平的重要检验标尺。[4]在我国尚未发生发行权穷竭原则数字环境适用相关的纠纷，美欧司法实践的检视为我们提供了可资殷鉴的对象，美欧的司法实践足以说明该原则在适用中面临的困境不容忽视。在现行著作权法律规范视域下，如何就日后我国司法实践中必然出现的数字环境下发行权穷竭原则适用相关纠纷做出既符合逻辑又面向实际的释法说理是值得思考的重要问题。

一、欧盟 UsedSoft 案审理思路之借鉴

欧洲联盟法院（下文简称“欧盟法院”）对 UsedSoft 案的判决彰显了重要的理论旨趣和实践指向。对数字计算机软件所有权的承认，使“向公众传

---

[1] 王磊：《动态体系论：迈向规范形态的“中间道路”》，载《法制与社会发展》2021 年第 4 期，第 162 页。

[2] 周维栋、汪进元：《法律概念的规范构造：从“既定规范”到“个案规范”》，载《江苏行政学院学报》2021 年第 3 期，第 129 页。

[3] 钱大军、苏杭：《我国法律创制与司法适用衔接机制的重塑》，载《学术交流》2021 年第 2 期，第 47 页。

[4] 于同志：《认真对待案例——基于法院审判的认知与思考》，载《法律适用》2021 年第 1 期，第 114 页。

播”行为发生了“销售”的嬗变，进而满足了发行权穷竭原则适用的前提要件。网络传播行为与发行行为并非截然对立的并列关系，当网络传播行为产生了与发行行为相符合的结果时，网络传播行为包含了发行行为。欧盟法院确认，特定情况下，通过网络下载的软件复制件可以构成销售标的从而触发发行权穷竭原则的适用，软件的合法购买者可以转售该软件，但是软件的初始购买者免于侵犯软件权利人著作权并可援用发行权穷竭原则抗辩的条件是：转售之后彻底删除并不再使用已转售的软件。对于初始购买者不删除其所转售的软件的，欧盟法院认为软件著作权人可以通过技术措施的使用进行预防。〔1〕这表明，为防范网络传输导致复制件数量不受控制地增多进而损害著作权人利益的情形出现，法院没有以否定数字发行进而限制发行权穷竭原则适用的扭曲办法来偏袒著作权人，而是将防范责任落在著作权人开发技术措施的任务之上，欧盟法院的做法无疑从根本上维护了复制件购买者的权益和合理期待。

可以看出，欧盟法院通过将自由贸易权益置于基于知识产权的合同权益之上而做到了认可数字环境下应当适用发行权穷竭原则的结论。法院认为，从网络下载复制件的客户希望获得该复制件的所有权。为了欧盟内部市场的正常运行，这种预期需要得到保护，尽管与约定软件的下载和使用是两个独立业务的合同条款存在冲突（如甲骨文的合同条款）。对于欧盟法院而言，最重要的是著作权人第一次出售软件程序时，已经获得了适当的报酬。为了塑造所有权的转移，欧盟法院重新解释了向公众传播的行为是发行行为。除了发行权与首次销售之间的关系外，UsedSoft 案还提出了关于作品原件与复制件之间区别的法律问题，欧盟法院对此没有解决。法院没有关注版权理论的这些复杂性，而是更关注在软件著作权人和被许可人之间建立整体利益平衡。〔2〕欧盟法院对 UsedSoft 案中在线软件销售是否适用发行权穷竭原则的判断，采取了从公共利益角度进行考量的立场，认为数字计算机软件的销售行为与传统有形载体软件的销售行为法理基础和本质是相同的，发行权穷竭原则均应予以适用。授权许可协议只是为了规范数字计算机软件的使用，并不是一种附

---

〔1〕刁胜先：《论权利穷竭原则》，法律出版社 2018 年版，第 255~256 页。

〔2〕Christopher B. Graber, “Tethered Technologies, Cloud Strategies and the Future of the First Sale/Exhaustion Defence in Copyright Law”, *Queen Mary Journal of Intellectual Property* 5, no. 4 (2015), pp. 389~408.

加限制，应当从本质上界定其是否构成销售。但值得注意的是，并非所有的许可协议都应当看作销售行为，应当根据个案的不同情况进行适当规范。如前文所述，欧盟新一轮著作权立法具有更加关注社会公共利益的重要趋势，欧盟法院从公共利益角度出发对在线销售软件是否适用发行权穷竭原则进行考量判断，是对该立法趋势的一种司法回应。

“伞状方案”下，欧盟版权法与我国著作权法同属既设发行权又设信息网络传播权的“分立式”立法例，这就使得欧盟的司法实践经验对我国更具参考意义。就数字环境下发行权穷竭原则能否适用，欧盟法院采取的是“折中说”的做法，“折中说”的弊病前文已进行了深入论述，在此不再赘述。尽管如此，欧盟法院在 UsedSoft 案中对数字环境下发行权穷竭原则应予适用的论证逻辑，对我国法院后续审理相关类似纠纷具有深刻的借鉴意义。在现行《著作权法》视域下，我国司法实践中也应认识到网络传播行为与发行行为并非截然对立之关系，当网络传播行为产生了所有权转让的法律效果时，则落入发行权的控制范围，在技术措施可以保证作品复制件数量并未绝对增加的情况下，应当适用发行权穷竭原则，这既保证了著作权人能够基于数字作品的首次销售获得合理报酬，又维护了数字作品消费者的合法财产权利，符合知识产权法价值构造中公共利益视角考察的精神内核。

二、美国 ReDigi 案审理思路之扬弃

“伞状方案”下，《美国版权法》只设发行权不设信息网络传播权的“覆盖式”立法例本来为发行权穷竭原则的数字环境适用提供了广阔的空间，至少，“覆盖式”立法例下，美国无需解决发行权与信息网络传播权交叉冲突的问题。然而美国两级法院通过 ReDigi 案的判决认为数字传输必然产生新复制件，以新复制件侵犯复制权为由，否定了数字环境下发行权穷竭原则的适用。由此可见，美国司法实践将有形复制件所有权转移为特征的实体发行和数字复制件转移为特征的数字发行分别进行规制，前者适用发行权穷竭原则，而后者则不适用。美国法院将传统实体作品市场上的交易特征生硬地照搬对照于新兴数字作品市场，要求发行权穷竭原则适用的前提是消费者转移的复制件需要满足同一性标准。消费者进行作品转售时，复制件的同一性并不同于唯一性。在传统实体作品市场中，由于实体作品复制件具有有形载体物之外观，消费者转移的复制件满足同一性标准，即消费者所购买的有形复制件就

是转售的那份有形复制件。转售完成后原复制件所有权人无法再使用该复制件，有形复制件的同一性标准进一步实现了有形复制件的唯一性。然而在新兴数字作品市场中，由于数字作品复制件不具有有形载体物之外观，数字作品复制件的所有人不费吹灰之力就可实现在二手市场中成倍转售数字作品复制件，这无疑会严重影响作品交易市场的正常秩序，侵犯著作权人的合法利益。

ReDigi 公司的商业模式在力图保证数字作品复制件唯一性的前提下，创建一个有限传播的可控数字作品二手交易市场。ReDigi 公司通过“Media Manager”软件保证了唯一性的实现，使市场交易中合法流通的数字复制件数量始终与著作权人发行的数字作品复制件的数量保持一致。然而美国两级法院在 ReDigi 案中认为，消费者从二手市场购买数字音乐作品后，在其计算机或存储设备中创设了不同于原始复制件的新复制件，未经著作权人授权的复制不受版权法保护。可以看出，美国法院对数字作品转售采用了十分僵化的同一性标准，剥夺了数字作品适用发行权穷竭原则的可能性，这种刻板保守的论证逻辑应为我国司法实践所扬弃，要想实现数字作品的转售，在买受人的计算机或存储设备中生成新复制件是无论如何都无法避免的，我国司法实践中应对同一性进行灵活界定。

第二节　困境破解之制度规范构建因应

如前文所述，我国著作权法律规范的视域下，存在发行权与信息网络传播权的交叉冲突问题，这构成了数字环境下发行权穷竭原则适用的障碍。我国《著作权法》及相关司法解释尚未对发行权穷竭原则进行明确规定虽为著作权法律规范的缺憾，但该缺憾反而为我国体系化构建面向数字时代的发行权穷竭原则提供了广阔的空间。数字时代发行权穷竭原则体系化构建的基础是发行权的准确界定，这就需要回归到我国著作权法律规范对发行权、发行行为进行规定的相关条文上。前文对现行《著作权法》《网络出版服务管理规定》《最高人民法院、最高人民检察院关于办理侵犯知识产权刑事案件具体应用法律若干问题的解释》《最高人民法院、最高人民检察院关于办理侵犯著作权刑事案件中涉及录音录像制品的有关问题的批复》中的相关规定进行了分析，在解释论下，这些著作权法律规范所调整的发行既包括实体发行，也包括通过网络实现的数字发行。为进一步避免冲突统一立法并为司法实践提供明确指引，建议通过修改发行权和信息网络传播权条款、增设发行权穷竭原则条款的方式对我国发行权穷竭原则进行制度规范构建以回应数字时代需求。

一、修改发行权和信息网络传播权条款

《著作权法》第三次修订过程中，2014 年 6 月原国务院法制办公布的《著作权法（修订草案送审稿）》第 13 条将发行权条款修改为，“以出售、赠与或者其他转让所有权的方式向公众提供作品的原件或者复制件的权利”。[1]该修改与原条款之间的区别在于增加了“或者其他转让所有权的方式”。本书认为，该修改明确了发行权提供作品方式的本质在于转让所有权，使“出售”和“赠与”仅构成提供作品方式的非穷尽式列举，为其他方式有效纳入发行权中留有了空间。然而，在 2020 年 11 月 11 日最终通过并于 2021 年 6 月 1 日起施行的《著作权法》中并未坚持该修改，现行《著作权法》第 10 条第 1 款第 6 项的发行权条款仍然仅规定发行权是“以出售或者赠与方式向公众提供作品的原件或者复制件的权利”[2]，这不得不说是《著作权法》第三次修订的一个遗憾。如前文所述，数字作品也具有财产所有权属性，数字资产的确权与保护已基本达成学术共识，数字时代再固守只有有体物才可成为所有权或其他物权客体传统无疑会使法律落后于时代需求。既然如此，就应在《著作权法》发行权条款中体现出发行行为“转移所有权”的本质属性，采取《著作权法（修订草案送审稿）》第 13 条的表述方式。此外，为防止发行权与信息网络传播权的交叉冲突，建议将信息网络传播权条款修改为“以有线、无线提供作品在线浏览等非所有权转让的方式提供作品，使公众可以在选定的时间和地点接触作品的权利”。该修改明确了信息网络传播权的“非所有权转让”和“交互式传播”的本质属性。通过对发行权条款和信息网络传播权条款的修改，使两权的侧重和范围各不相同，从而在权利源头上化解了二者的交叉冲突，进而能够消弭发行权穷竭原则数字环境适用的第一重困境。

---

〔1〕《国务院法制办公室关于公布〈中华人民共和国著作权法（修订草案送审稿）〉公开征求意见的通知》，载 http://www.gov.cn/xinwen/2014-06/10/content_2697701.htm，最后访问日期：2021 年 10 月 30 日。

〔2〕参见《著作权法》第 10 条。

二、增设发行权穷竭原则条款

（一）增设理由

在我国，发行权穷竭原则虽然在理论上被承认并适用于司法实践，但法律规定层面的发行权穷竭原则尚属空白，而该原则在美国、英国、日本等国的版权法中均有明确规定。发行权穷竭原则的立法空白，从比较法视角考察，显然是我国知识产权法律规范的制度疏漏，从国内法视角检视，我国《专利法》中明确规定了首次销售原则〔1〕，而《著作权法》中与之对应的发行权穷竭原则却出现了不当缺位，这种不当缺位凸显了我国知识产权单行法之间缺乏内部和谐的弊病〔2〕，无疑会延缓知识产权基础性法律的制定步伐。2008年国务院颁布的《国家知识产权战略纲要》和2019年中共中央办公厅、国务院办公厅印发的《关于强化知识产权保护的意见》中均提出了制定知识产权基础性法律的迫切需求。知识产权基础性法律是具有宏观统率和引领作用的一般性法律，其立法形式可以体现为知识产权法典，也可体现为知识产权基本法。吴汉东教授指出，在我国已经步入《民法典》时代的背景下，制定一部统一的知识产权基本法，是“去法典化”后基础性法律的立法选择。统一的知识产权基本法一方面着眼于从国家事务治理的战略高度对知识产权治理体系中的核心基础问题进行规定和建构，另一方面着眼于从寻求共同价值的调整视角对现行知识产权法进行整合协调。统一的知识产权基本法为我们描绘了知识产权治理和保护的美好图景。〔3〕2021年9月22日，中共中央、国务院发布了《知识产权强国建设纲要（2021-2035年）》，纲要对建设面向社会主义现代化的知识产权制度进行了全面部署，构建健全、严密和协调的知识产权法律体系是其中一项重要要求。〔4〕在以上一系列顶层设计下，《著作权

〔1〕“专利权穷竭原则”或“专利权用尽原则”的提法存在“称谓困境”，应称为“首次销售原则”更具有合理性。具体分析参见金松：《专利法首次销售原则的规范属性分析》，载《科技与法律》2018年第1期，第71~72页。

〔2〕董涛、马一德：《论统一知识产权基础性法律制定的构想》，载《江海学刊》2020年第2期，第165~172页。

〔3〕吴汉东：《试论“民法典时代”的中国知识产权基本法》，载《知识产权》2021年第4期，第3~14页。

〔4〕国家知识产权局：《中共中央、国务院印发〈知识产权强国建设纲要（2021-2035年）〉》，载https://www.cnipa.gov.cn/art/2021/9/23/art_2742_170305.html，最后访问日期：2021年10月28日。

法》中增设发行权穷竭条款是构建健全、严密和协调的知识产权法律体系的必然要求。

（二）增设方案

技术常变而法理常在。科学技术的发展是引起法律制度变化的重要因素之一，法律应当关注与回应技术发展带来的问题。但法律也应有一定的稳定性，不能朝令夕改。技术的变化日新月异，如果一出现新事物就急于修法，不仅会破坏法的稳定性，还会造成法律体系的冗杂与错乱。[1]通过修改《著作权法》解决发行权穷竭原则立法缺位的问题固然重要，但在《著作权法》刚刚完成第三次修改的背景下，维护法律的稳定性更是不容忽视的重要方面，因此短期之内在《著作权法》中实现发行权穷竭条款的增设显然不现实，但司法解释能够通过规范创制填补法律漏洞进而实现完善法律体系之目标。[2]有鉴于此，本书认为，目前最可行的方案是通过著作权司法解释的方式对发行权穷竭原则进行规定以为司法实践中相关纠纷的审理提供明确的法律依据。本书建议将发行权穷竭原则规定为："作品原件或复制件经著作权人或其授权主体的同意通过销售、赠与或其他所有权转让方式投放市场后发行权穷竭，该作品原件或复制件的后续流转无需取得著作权人的许可，当事人签订的售后限制合同，不产生排除发行权穷竭原则适用的效力。"这一建议的条文设计合理性体现在以下四个方面：

第一，与本书提出的发行权的修改建议相对应，即明确发行行为的本质属性在于"所有权转让"，进而体现技术中立的立法原则，不考虑作品发行媒介是实体形式还是数字形式，只要发生了著作权人同意的所有权转让即触发发行权穷竭原则的适用，为数字环境下发行权穷竭原则的适用扫清障碍。

第二，"同意"的主体限于著作权人或其授权的主体。在整个乌拉圭回合中，就权利穷竭条款的范围存在相当大的争议。总体上，分别作为知识产权输出国与输入国的发达国家与发展中国家立场和态度迥异，摩擦不断，这不仅不利于知识产权的保护，对国际贸易的健康发展也产生了一定程度的消极影响。因此，对于权利穷竭问题如能协调利益、达成共识，发达国家与发展

[1] 张惠彬、张麒：《NFT艺术品：数字艺术新形态及著作权规则因应》，载《科技与法律（中英文）》2022年第3期，第48页。

[2] 胡岩：《司法解释的前生后世》，载《政法论坛》2015年第3期，第41页。

中国家之间的紧张关系将得到缓解，由此引发的大量的贸易纠纷也将得以避免。[1]《TRIPS 协定》承认政府可以授予强制许可，并且对授予强制许可的条件和程序加以控制。一些 TRIPS 专家认为，以这种方式将版权产品首次销售或投放市场以后，就发生发行权穷竭，其方式就如同著作人同意而首次销售或投放市场所发生的发行权穷竭，因此，WTO 成员可以采取以强制许可作为权利穷竭的基础的国际穷竭规则。另外的 TRIPS 专家则认为，著作权人同意才是发行权穷竭政策的唯一可接受的基础。[2]本书认为，“同意”作为发行权穷竭原则的决定性因素，仅指著作权人的自愿同意，而不包括非自愿的强制许可，也正是从这个意义上，有学者还将发行权穷竭原则称为“同意原则”。[3]发行权穷竭原则不适用于通过非自愿的强制许可而投放市场的版权产品，因为强制许可情况下当事人之间并未经过真实的市场谈判，不存在著作权人直接或间接的同意。尽管强制许可中也存在“同意”要素，但强制许可中的同意并不是著作权人的同意，而是知识产权行政管理部门的“同意”。因此，本书建议将发行权穷竭的规范条款中的“同意”明确为著作权人或其授权主体之同意。

第三，对“投放市场”不进行地域限定，对发行权穷竭原则适用的地域效力采取了“国际穷竭说”。在 GATT 的 TRIPS 谈判期间，各成员在知识产权的权利穷竭问题上展开了非常广泛的讨论，但是各成员的政府之间却未能就是否为新成立的 WTO 设立一套权利穷竭的规则，达成一致意见。他们转而同意，每一 WTO 成员将有权采用其自己的权利穷竭政策和规则。这种合意体现在第 6 条中，它规定在遵守《TRIPS 协定》的国民待遇规定和最惠国待遇规定的前提下，排除本协定中的任何条款用以在争端解决中处理权利穷竭的问题。在 1998 年举行的一次关于权利穷竭和平行进口问题的会议上，曾经在乌拉圭回合谈判中担任贸易谈判组秘书，时任 WTO 知识产权司主任的阿德里安·奥特（Adrian Otten）先生发表演讲指出：“《TRIPS 协定》对于权利穷竭

---

〔1〕 石巍：《平行进口与灰色市场：知识产权国际穷竭原则新探》，载南开大学法学院编：《南开国际法、经济法和民商法论集——祝贺高尔森教授九十寿辰专辑》，南开大学出版社 2019 年版，第 62 页。

〔2〕 联合国贸易与发展会议、国际贸易和可持续发展中心编：《TRIPS 协定与发展：资料读本》，中华人民共和国商务部法条司译，中国商务出版社 2013 年版，第 125 页。

〔3〕 Guy Tritton etc. , *Intellectual Property in Europe* (*Third Edition*), Sweet & Maxwell, 2008, 652~653.

问题的处理是乌拉圭回合中的一个难点，并为此进行了密集谈判。当前《TRIPS 协定》第 6 条的规定方式，反映了以下两派政府之间的一个妥协：一派政府倾向于明确承认有关权利穷竭的做法，包括选择采用国内权利穷竭还是国际权利穷竭，应由各国自由决定，而另一派政府尽管并不寻求对此类做法作出具体规制，但也不希望规定上述这种承认。最后的方案显示，就《TRIPS 协定》项下的争端解决而言，协定的任何规定在遵守第 3 条和第 4 条的前提下不得用于处理权利穷竭问题。谈判的双方都倾向于支持最后的方案。"〔1〕2020 年 11 月 15 日我国签订的《区域全面经济伙伴关系协定》知识产权章第 6 条规定了每一缔约方有权建立各自独立的知识产权权利穷竭制度，这当然包括包含在知识产权穷竭制度中的发行权穷竭原则，WCT 也进行了类似规定，该条约第 6 条第 2 款指出，条约第 6 条第 1 款规定的发行权穷竭发生在经作者许可的作品原件或复制件所有权转让之后，并授权成员国自主决定发行权穷竭原则的适用条件。〔2〕

本书认为，美国及我国实务中采取的发行权"国际穷竭说"更具合理性。第一，与传统国际法不同的是，很多国际经济法规则来源于经济学原理。经济学上的自由贸易理论是 WTO 多边贸易法律体制的理论基础。吸取了第二次世界大战前"以邻为壑"保护主义政策带来的惨痛教训，各国意识到贸易自由化理论的重要性，建立了以贸易自由化为目标的现代国际贸易法体制。〔3〕根据"国际穷竭说"，作品在世界任何地方按某种条件而被首次销售或投放市场之后，即可在世界范围内自由流通，这符合自由贸易理论的要求。正如有学者判断的一样，从世界贸易发展的长远趋势看，发行权国际穷竭应当是大势所趋。〔4〕贸易自由化造福了世界各国是不争的事实，既然贸易自由化的基础是已被各国实践充分证明了的科学的经济学理论，就应该在实践中坚持贯彻该理论，尤其是在当今保护主义的幽灵不断作祟引发国际贸易法治危机重

〔1〕 联合国贸易与发展会议、国际贸易和可持续发展中心编：《TRIPS 协定与发展：资料读本》，中华人民共和国商务部法条司译，中国商务出版社 2013 年版，第 121~122 页。

〔2〕 卢纯昕：《论网络环境中首次销售原则的扩大适用》，载《电子知识产权》2015 年第 3 期，第 52 页。

〔3〕 刘敬东：《国际贸易法治的危机及克服路径》，载《法学杂志》2020 年第 1 期，第19~20 页。

〔4〕 李建华：《我国知识产权权利穷竭制度的立法设计——基于知识产权法典化的思考》，载《法学论坛》2011 年第 2 期，第 117 页。

重的背景下更应如此。而根据“国内穷竭说”，版权产品的流通可能被著作权人阻止，这显然是与贸易自由化的精神相违背的。

第二，“国内穷竭说”的论据是值得商榷的，第一个方面，发行权“国内穷竭说”认为，著作权人有权进行市场分割和价格歧视，因此应采取“国内穷竭说”。从经济、社会、政治和文化等各种不同的视角来看，关于授予著作权人以市场分割的权利究竟是好还是坏，存在相当的争议。从那些偏好开放市场和竞争的立场上，让包括著作权在内的知识产权成为一种限制贸易的机制，显然是根本不协调的。但是部分著作权人主张，进行市场分割以及因此必然导致的价格歧视（Price Discrimination）还是具有积极意义的。〔1〕本书认为，保留权利人价格歧视的能力不应作为支持“国内穷竭说”的充分理由。作为一种正常的商业行为，价格歧视的存在是由不同的商业客观环境所决定的。〔2〕一般而言，与采取统一价格相比，价格歧视的确能够提高社会产量进而产生消费者福利。但这并不意味着所有的价格歧视都应被肯定，如果以价格歧视为手段达到了消灭竞争垄断市场的不利后果，价格歧视应受到竞争法的规制。通过在反垄断法中引入经济学分析的方法，人们发现价格歧视的行为在很多情况下能够产生重大效率，因此需要对其积极效果和消极效果进行区分和权衡。要想对价格歧视行为进行准确评价，不能仅专注于该行为本身，考察市场的综合情况是不可或缺的过程。价格歧视所产生的排斥效果如果是实现效率所必需的，排斥性只是其“附随结果”，意味着该种情况下价格歧视是可以被允许的，这时权利人的排斥能力来源于效率，而不是来源于市场力量。这需要在个案中对价格歧视行为的损害与效率进行区分和权衡。〔3〕因此，“国内穷竭说”所主张的“允许知识产权权利人分割市场以及实行不同的定价，使生产商可以在创造更新和更好的产品和服务上做出更大的投资，进而使消费者受益”的推理是有待商榷的。第二个方面，发行权“国内穷竭说”是以知识产权的地域性特征作为论证其观点的基础，认为只要承认知识产权系依一国法律取得且仅在该国范围内有效，则权利人销售版权产品的行为仅穷竭其对该产品在本国范围内继续流通的控制权，对该批版权产品而言，发

〔1〕 联合国贸易与发展会议、国际贸易和可持续发展中心编：《TRIPS 协定与发展：资料读本》，中华人民共和国商务部法条司译，中国商务出版社 2013 年版，第 110 页。

〔2〕 刘廷涛：《反垄断法下价格歧视之竞争损害分析》，载《东方法学》2016 年第 3 期，第 37 页。

〔3〕 许光耀：《价格歧视行为的反垄断法分析》，载《法学杂志》2011 年第 11 期，第 21~24 页。

行权穷竭的效力并不及于该国范围之外的市场。按照知识产权的地域性，根据某国知识产权法取得的具体知识产权的效力是应当依据该国相关法律的解释而决定的问题。即在确定某一具体知识产权的效力范围时是否应当以及如何考虑知识产品在域外的合法售出这一事实，本质上属于该国相关知识产权法律解释论的范畴。为有效平衡宏观层面存在的国际贸易自由化与知识产权保护之间的关系，与具体层面存在的物权保护与知识产权保护之间的关系，不同国家有权根据自身国情而因地制宜地采取不同态度并对相应国内法规范进行解释或修改，既可强调侧重对本国知识产权进行保护从而禁止平行进口，也可强调侧重对本国知识产权加以适当限制从而允许平行进口，亦可针对不同类型的平行进口加以分类并灵活规制。概言之，知识产权的地域性并非必然意味着"国内穷竭"以及禁止平行进口。相反，正是知识产权的地域性肯定并赋予了不同国家基于自身国情而灵活规制权利穷竭和平行进口问题的权力。是否以及如何考虑版权产品在域外的合法销售流通这一问题属于各国国内法解释论的范畴，各国有权自主决定。因此，知识产权的地域性并不构成对发行权"国内穷竭说"的自然肯定。〔1〕

第三，"区域穷竭说"的结论忽视了区域一体化和全球化的关系，从长远看是存在局限性的。发行权"区域穷竭说"被欧盟、北美自由贸易区等采纳的根本原因是区域经济一体化的过程中促进内部市场整合的结果。"区域穷竭说"主张，在欧盟、北美自由贸易区范围内采纳区域穷竭说是一种逻辑上的必然。这种基于区域经济一体化的推理自然没有错。然而，区域一体化和全球化的关系不容忽视，区域经济属于个体，当个体不断积累达到一定的数量，不同尺度的区域一体化通过持续不断地塑造世界基本格局会引起质变从而形成经济全球化，而经济全球化作为一个整体，是最大尺度的区域一体化。〔2〕既然区域经济一体化的最终结果是经济全球化，那么，基于区域经济一体化而被采纳的发行权"区域穷竭说"就应只是特定阶段存在的产物，其最终归属应为以经济全球化作为基础的发行权"国际穷竭说"。不同于实体发行，作品的数字发行不受地域限制，"投放市场"不进行地域限定的立法设计既避免

〔1〕 韩磊：《权利国际用尽原则与平行进口的法律规制》，载《河北法学》2017 年第 10 期，第 155 页。

〔2〕 陈东：《区域一体化演变趋势与我国中长期应对策略》，载《中国科学院院刊》2020 年第 7 期，第 806 页。

了发行权穷竭原则地域效力“国内穷竭”“国际穷竭”和“区域穷竭”的纷争，又符合数字作品网络传播的发展规律，能够保证实体发行和数字发行法律适用的统一。

第四，该条文设计明确了发行权穷竭原则的法律效果和规范属性。一方面，“作品原件或复制件的后续流转无需取得著作权人的许可”之法律效果的明确，为发行权穷竭后作品后续流转提供了明确的行为指引，也符合法律规则逻辑结构的“新二要素说”。法律规则的逻辑结构属于法理学领域最核心的一般问题，以解决法律规则的形式、句法功能和静态形式为使命。法律规则“新二要素说”主张法律规则由构成要件和法律后果构成，明确发行权穷竭原则适用的法律效果满足了法律规则逻辑构成的基本要求，有利于司法实践中法律推理的具体展开。另一方面，“当事人签订的售后限制合同，不产生排除发行权穷竭原则适用的效力”之规定明确了发行权穷竭原则的强行性规范属性，能够有效避免通过合同约定方式排除发行权穷竭原则适用进而损害版权产品消费者的利益。当然，通过司法解释的形式对发行权穷竭原则进行规定只是《著作权法》修改前的过渡性安排，在后续《著作权法》的修改以及更长期的统一的知识产权基本法的出台中，将司法解释中的发行权穷竭原则条款置于侵权行为免责事由中更符合法律的逻辑性和体系性。

第三节　困境破解之理论实践策应

一、销售与许可的区分

发行权穷竭原则适用的前提是存在合法的销售关系，因此，实践中，对于个案是否适用发行权穷竭原则进行判断的首要前提是对存在合法的“销售”行为进行明确，这涉及销售与许可的有效区分和定性，这一问题的重要性不容低估。确定法律行为在法教义学上的归属从而寻找应予适用的法律规范是法律行为定性的根本任务，对当事人意思表示的解释在这一过程中居于重要地位。对当事人意思表示进行规范意义上的评价是法律行为定性的本质，只有确定了当事人通过意思表示意欲从事的法律行为种类，才能进一步判断法律规范针对该种类法律行为所采取的调整方式。需要强调是，我们不能将意思表示解释狭隘地理解为“单纯地探明当事人的真实意思”，意思表示解释还蕴藏着当事人意思自治和法律评价甚至司法干预之间的龃龉。[1]美国最高法院在 QualityKing Distributors，Inc. v. L'Anza Research International，Inc. 案[2]中指出："发行权穷竭原则的全部内容是，著作权人通过出售将受版权保护的商品放置在商业流通中，他已经用尽了其专有的控制其发行的法定权利。"该判决明确指出了所有者与被许可人的区别，法院指出"发行权穷竭原则将不会提供捍卫给任何非所有人，例如受托人或被许可人"。最高法院重申，就像在博思梅诉斯特劳斯（Bobbs-Merrill Co. v. Straus）案[3]中一样，在发行权穷竭原则上，所有者与被许可人之间存在区别。[4]如何判断数字化复制件的提供是销售还是许可，我国司法实践中尚未有权威案例。在美国，销售和许可的区分标准是由法院通过司法判例逐步发展出来的。美国法院主要存在协议控制法（the Agreement Controls Approach）和永久占有法（the Perpetual Possession Approach）两种方法。[5]前者采取主要从合同条款和定义进行判断，特别是如果合同明示使用者是根据许可合同而取得授权使用，并限制使用者转让复制件时，应将协议界定为许可合同。[6]后者则主要采取对合同全面考察的方法，不仅看合同名义上是许可还是销售，还要综合考虑合同条款本身的内容和性质。

（一）实质主义判断的合理性

协议控制法的核心观点可以概括为：如果授权协议明确约定为许可并对用户的使用或转让行为施加了明显限制则应将合同认定为许可。[7]本书认为，协议控制法陷入了"一刀切"式的一概而论，没有结合交易客体、交易方式、是否需要返还、有效期等因素进行综合考虑。而永久占有法能够从合同条款

---

〔1〕 于程远：《论法律行为定性中的"名"与"实"》，载《法学》2021年第7期，第100~101页。

〔2〕 Quality King Distributors，Inc. v. L'Anza Research International，Inc Costco Whole sale Corp. v. Omega，S. A.，523 U. S. 135（1998）.

〔3〕 Bobbs-Merrill Co. v. Straus，210 U. S. 339（1908）.

〔4〕 Sarah Reis，"Toward a 'Digital Transfer Doctrine'? The First Sale Doctrine in the Digital Era"，*Northwestern University Law Review 109*，no. 1（2014）：179.

〔5〕 Brian W. Carver，"Why License Agreements Do Not Control Copy Ownership：First Salesand Essential Copies"，*Berkeley Technology Law Journal 25*，no. 4（2010）：1887~1954.

〔6〕 Joseph E. Van Tassel，"Remote Deletion Technology，License Agreements，and the Distribution of Copyrighted Works"，*Virginia Law Review 97*，no. 5（2011）：1223，1240~1244.

〔7〕 唐艳：《数字化作品与首次销售原则——以〈著作权法〉修改为背景》，载《知识产权》2012年第1期，第51页。

的实质内容出发，不仅仅关注合同的形式，更能反映交易的本质，是一种实质主义判断。合同缔结作为一种法律行为，是以意思表示为核心的。然而，以意思表示为基础产生的法律关系并非构筑于生物学意义上“自由的”、不确定的意志之上，特定允诺是否产生法律拘束力，通过法律行为取得之利益能否获得国家强制力保障，不仅仅取决于该允诺本身，也取决于法律上的特殊考量。因此从本质上说，意思表示是一种对意欲设立法律关系的人类行为所进行的法律规范意义上的划分。[1]质言之，销售之所以为销售，许可之所以为许可，并非因为当事人称其为“销售”或者“许可”，而是因为法律规范将此类行为界定为销售或许可。双方当事人意思表示一致并不意味着法院无需对法律行为的性质进行审查，正如最高人民法院在一起民事案件中所指出的：“当事人法律关系的确定、权利义务的分配以及诉讼请求能否得到法院支持，在很大程度上都取决于合同的性质和效力。因此，对合同的性质和效力进行审查是法院的职权，即使当事人对此不存在争议。对合同性质的判断，不能仅依据合同名称、个别条款以及当事人的诉讼请求，应根据当事人对权利义务的全部约定综合考察当事人的整体意思表示进行判断。”[2]实质主义判断能够意识到版权商存在多种提供数字作品的方式，从交易的实质出发，肯定“销售”是数字环境下作品传播方式之一。尽管“销售”并不是数字作品传播的所有方式，但有效区分销售和许可，是保护数字作品消费者权益的必然要求。

（二）实质主义判断的具体方法

对法律行为进行定性属于意思表示解释范畴，解释者将被定性法律行为与法律规范的具体规定对应比对以完成对法律行为的初步评价。在这一对应比对的过程中，解释者首要考量的关键因素是意思表示的具体内容。[3]具体到决定数字作品复制件的提供是销售还是许可的实质主义判断方法，也应重点考察当事人意思表示的具体内容。具体方法是，考察合同中是否约定了不受期限限制的占有且不需返还作品，约定了无期限占有且不需返还作品的许可本质上为销售，应适用发行权穷竭原则。作为实质主义判断的永久占有说起

---

〔1〕 于程远：《论法律行为定性中的“名”与“实”》，载《法学》2021年第7期，第100页。

〔2〕 最高人民法院［2018］最高法民再304号民事判决书。

〔3〕 于程远：《论法律行为定性中的“名”与“实”》，载《法学》2021年第7期，第101页。

源于 United States v. Wise 案[1]，UMG Recordings，Inc. v. Augusto 案[2]（以下简称 UMG 案）使认定永久占有的要素被进一步简化。该案上诉法院认为，地区法院确定了占有和价款是认定所有权的两个重要因素，即认定所有权的因素是占有的永久性和所支付价款与占有期限的不相关性。如果交易赋予用户无期限的占有权，那么就应当认为该交易是购买而非许可。具体而言，在数字环境下，如果数字作品许可合同中约定使用者进行有期限使用，且使用期限与使用费数额成正相关，使用期限截止时使用者无权继续使用数字作品，则数字作品使用者在此获得的是许可服务，数字作品的所有权并未发生移转。反之，当数字作品著作权人赋予了作品使用者无期限的使用权，且使用费一次全额支付或者即使分期支付但是与数字作品使用无直接关系，则数字作品使用人获得的是数字作品的所有权，该种情形属于“销售”。欧盟法院也持同样的观点，欧盟法院在 UsedSoft 案中认为，无论合同双方当事人采用何种法律术语定义合同名称，合同性质被界定为销售而非许可的要件在于：其一，著作权人一次性获得作品复制件的经济回报；其二，作品使用者有权无限期使用作品复制件。可见，欧盟法院采用的是实质主义判断的永久占有方法。如果使用者对复制件的使用权是永久的，或其支付的价款与占有期限不相关，则该交易的性质为“销售”，反之则属于“许可”。[3]只要符合上述两个条件，数字化复制件的交易蕴含了所有权转让的内涵，应被界定为“销售”。[4]用户一次性支付合理费用后经著作权人许可从其官网下载安装软件并获得该软件的永久使用权，这一过程中著作权人已经行使了发行权，应当适用发行权穷竭原则。质言之，格式性、永久性、无期限性的数字作品“使用许可”已转化为数字作品的“销售”，这是数字环境下适用发行权穷竭原则的现实基础，同时也是对交易数字作品进行“许可”及“销售”类型化区分的前提。据此，通过对许可合同内容的实质判断分析，数字环境下数字作品复制件所有权具有可转移性。

---

〔1〕 United States v. Wise，370U. S. 405（1962）.

〔2〕 UMG Recordings，Inc. v. Augusto，628 F. 3d1175（9thCir. 2011）.

〔3〕 梁志文：《论版权法上使用者利益的保护》，载《法律科学（西北政法大学学报）》2013年第6期，第119~129页。

〔4〕 卢纯昕：《论网络环境中首次销售原则的扩大适用》，载《电子知识产权》2015年第3期，第53~54页。

实质主义判断要求，尽管著作权人使用“许可合同”的合同名称授权使用版权产品，仍需对各类数字作品交易的性质进行判断，不能仅以著作权人在合同名称中所使用的措辞下结论，还要考虑不同种类数字作品合同的具体条款和履行行为。换言之，裁判者不能被绝对禁锢于意思表示的语义枷锁，而需要结合存在于合同文本之外的、对意思表示相对方而言可了解的全部情况加以判断。即裁判者不但需要关注意思表示本身的文义，还需要综合权衡当事人之间的利益状态、交易惯例、通过实施法律行为所欲达致的目的效果等诸多外在因素。虽然通过这些外在因素不能直接得出对意思表示内容的判断，但却在对意思表示进行解释的过程中发挥了不可或缺的辅助作用。〔1〕实践中，当事人完全有可能有意为法律行为设定错综复杂的内容、增加法院对该法律行为定性的困难以达到规避法律之目的，此时法院需要跳出当事人设定的错综复杂的内容藩篱，依据可予探明的当事人的实质目的对法律行为进行“名为……实为”的界定，从而矫正当事人的规避行为。〔2〕这将最终使消费者获得利益，消费者可能完全不知道在交易中他们的权利是什么。更加重视交易的实质，将使消费者免于陷入与表面呈现不一致的交易，这种方法将使消费者对权利的期望符合他们从交易的开展方式所观察到的信息，而不是他们从不阅读而只是点击“同意”的许可协议所呈现的信息。法律通过衡量市场交易中当事人之间的利益是否公平正当，对不公平不正当的交易行为进行干预从而达到防止市场失灵的目的。其中，判断交易是否公平正当的重要标准是“当事人的合理预期”，即如果产品或服务限制了消费者与销售商之间的契约自由，未能满足消费者购买产品或服务的合理预期，则该合同损害了消费者利益，超出了消费者从事交易的真实意愿。〔3〕著作权人在版权产品销售时可能通过合同限制消费者对版权产品的使用方式、使用地域、转售的价格等。这涉及交易是否公平正当即合同条款是否符合消费者合理预期的判断。〔4〕当前，数字音乐消费如火如荼，电子书市场千帆竞发，数字出版物的

〔1〕 于程远：《论法律行为定性中的“名”与“实”》，载《法学》2021 年第 7 期，第 102 页。

〔2〕 参见最高人民法院［2018］最高法民终 1026 号民事判决书；最高人民法院［2017］最高法民终 940 号民事判决书；最高人民法院［2015］民提字第 183 号民事判决书。

〔3〕 Natali Helberger，P. Bernt Hugenholtz，“No Place Like Home for Making a Copy：Private Copying in European Copyright Law and Consumer Law”，*Berkeley Technology Law Journal 22*，no. 3（Summer 2007）：1061~1083.

〔4〕 梁志文：《变革中的版权制度研究》，法律出版社 2018 年版，第 241 页。

大量涌现需要我们认真思考数字时代版权产品消费者权利保护问题。与更受限制的发行权穷竭原则相比，著作权人倾向于更广泛地应用许可协议，因为发行权穷竭原则仅适用于作品复制件的销售情况。许可协议的蔓延不是一个理想的结果，因为消费者对受法律保护的内容的访问将受到严重限制。这将使著作权人的收入最大化，并为引入进一步的创新解决方案提供资源。尽管如此，无法保证权利人确实会将额外收入用于开发创新解决方案。此外，如果许可实践超过销售合同，它将从版权法体系中消除几个世纪以来关于财产利益的习惯。这种做法的合理性是值得怀疑的。如果版权产品消费者只能使用、阅读、欣赏作品复制件而没有任何处分权，如果所有转售行为都会被界定为非法复制，原本适用于有形物理媒介版权产品的权利并不适用于数字版权产品，会让越来越多的版权产品消费者无法充分利用其财产，违背了物尽其用的原则。有鉴于此，固执地忽略数字环境下适用发行权穷竭原则的时代呼唤，单方面保证著作权制度对著作权人的所谓充分的“激励”，会造成著作权人与版权产品消费者之间的利益显著失衡。实际上，代表消费者的利益相关方在美国众议院司法委员会关于版权局第 104 款报告的听证会上所提交的意见已经对此进行了充分证明。[1]

在一个更广阔的视角上，协议控制法和永久占有法的争论实质上是消费者和出版商哪一方在交易中应该享有优势的争论。出版商通常是财力雄厚的公司，有实力聘请法律团队制定对其有利的许可协议。实践中，出版商利用这一优势削减转售权以便有效控制版权产品交易市场和打压消除二手转售市场。而与出版商对应的消费者通常只是个人，尽管在个别情况下可能是小企业，但无论如何消费者的资源水平和洞悉许可协议的日常经验都无法与出版商企及。从公共利益的角度出发，消费者应该在市场交易中受到优待。消费者更有可能由于缺乏专业背景知识或资源而被利用甚至丧失其权利。在数字音乐、电子书等数字作品的流通平台，版权商使用了和实体作品销售无异的标识引导消费者支付价款，却将“用户使用协议”置于隐蔽位置以限制消费者权利、加重消费者义务。对于受知识产权保护的商品，权利用尽原则是解决知识产权人与个人财产所有权人纠纷的主要工具。从用尽到许可的转变是

〔1〕魏玮：《论首次销售原则在数字版权作品转售中的适用》，载《知识产权》2014 年第 6 期，第 25 页。

为了把权利从个人手中夺走，转而支持版权人及其销售合作伙伴。由于这种权利的攫取降低了效率，产生了有害的外部性，并干扰了个人的自主权，人们发现它成为一个麻烦。[1]为了辨别交易是否为许可，用户需要阅读版权商网站上晦涩冗长的条款和条件，但大多数客户可能会跳过“用户使用协议”。一项研究表明，只有不到8%的用户真正阅读“用户使用协议”。因此，起初没有认清许可协议的用户，日后可能会惊讶地发现，禁止他们转售 Kindle 电子书给其他主体。[2]

二、复制权的保护

（一）新复制件的产生

如前文所述，通过网络转售数字作品会产生新的复制件，这种新复制件的产生是否侵犯著作权人的复制权以及如何协调复制权与发行权之间的关系，是发行权穷竭原则数字环境适用的困境之一。本书认为，通过网络转售数字作品时涉及的复制行为是附带产生且无法避免的，属于合同履行中的交付行为。数字作品复制件并不存储于一个随之销售的物质载体之中，这决定了它不同于一般的实体作品复制件。例如，音乐作品的 MP3 格式复制件储存于电脑中而不是 CD 中。在这种情况下，实现数字作品复制件的网络发行不得不创建新的复制件，这是信息流动中技术上的必然结果。按照民法基础理论，买卖合同的履行要求卖方交付作品复制件。这种新复制件的产生是合同履行行为的有机组成部分，是一种交付行为，其本质上无异于传统模式下卖家将其销售的书籍交付给买家。复制只是为了达到转售数字作品的目的，即实现对该数字作品的处分权。如果将上述复制行为从整个网络传输过程中单独抽离出来并界定为侵权，实乃对复制权的教条主义解读，不仅架空了用户对数字作品享有的处分权，还妨碍了知识文化的传播，进而阻碍了著作权法促进文化繁荣的价值目标。正如有学者犀利地指出，对数字复制的完全控制会影响到社会公众正常获得作品，产生意想不到的不利后果。[3]这也正是以斯坦福

---

〔1〕［美］亚伦·普赞诺斯基、杰森·舒尔茨：《所有权的终结：数字时代的财产保护》，赵精武译，北京大学出版社2022年版，第22页。

〔2〕 Sarah Reis, “Toward a Digital Transfer Doctrine-The First Sale Doctrine in the Digital Era”, *Northwestern University Law Review 109*, no. 1 (2014): 183.

〔3〕 彭学龙：《“复制”版权之反思与重构》，载《知识产权》2005年第2期，第24页。

大学教授劳伦斯·莱斯格为代表的网络自由主义者深刻批判现行以美国著作权控制复制为范式的著作权法律体系的原因。劳伦斯·莱斯格教授指出，著作权法在复制权上的扩张已经严重妨碍了社会公众在数字时代的自由，应当对传统著作权法律制度以复制权为核心的保护模式进行变革。[1]有学者进一步指出，《美国版权法》是为印刷机时代而不是为互联网时代设计的，该法没有预料到临时复制将如何成为人们观看资料过程中的自然组成部分，使无辜的行为成为潜在的侵权行为，也没有预料到数字复制如何深刻地改变了文化生产的经济性和侵权的便利性，同时也对曾经被认为是基本原则的发行权穷竭原则提出了挑战。[2]从简单的经济学角度看，对作者的复制权给予过高的补偿和给予过低的补偿一样，都是没有效率且弄巧成拙的。一旦作品的授权复制件被出售给公众，通常是由购买者而不是作者来决定它的去向。知识产权人的过度控制可能会不适当地限制公共领域从整个社会的长远利益出发吸收和美化创造性创新的能力，或者对合理利用造成实际障碍。[3]在信息以模拟信号传递的模拟时代，复制权成为著作权法的基础是由特定的技术背景和经济条件决定的，那时的复制是一种主观意图明显且从外观容易判定的行为，控制复制就能控制侵权，因此控制复制是著作权保护的有效方法。而在一切信息都建立在电子基础上的数字时代，不但复制“是一种主观意图明显且从外观容易判定”的特征不复存在，而且控制复制还会阻碍社会公众正常获得作品。因此，复制权作为著作权保护的根基在数字时代已经发生动摇。[4]

本书认为，通过网络转售数字作品时，作品在网络传输中的产生新复制件的过程应被界定为临时复制。临时复制（Temporary Reproduction）被学者称为数字版权领域一个难以捕捉的精灵。[5]所谓临时复制，是指通过网络浏览、阅读、欣赏和使用作品的过程中复制件在计算机内存中自动出现的现象，该自动出现的复制件具有临时存在性，随着计算机或所运行程序的关闭而消

〔1〕 冯晓青、胡梦云：《动态平衡中的著作权法——“私人复制”及其著作权问题研究》，中国政法大学出版社 2011 年版，第 205 页。

〔2〕 Jane C. Ginsburg, “Copyright in the Digital Environment: Restoring the Balance”, *Columbia Journal of Law & the Arts 35*, no. 1 (2011): 1~16.

〔3〕 Théberge v. Galerie d' Art du Petit Champlain Inc. , et al. , [2002] 2 S. C. R. 336, 2002 SCC 34, para. 37.

〔4〕 彭学龙：《“复制”版权之反思与重构》，载《知识产权》2005 年第 2 期，第 26 页。

〔5〕 彭学龙：《“复制”版权之反思与重构》，载《知识产权》2005 年第 2 期，第 24 页。

失，因此被称为临时复制。以美国为首的发达国家出于自身利益的考虑强烈倡导要求将临时复制界定为复制权侵权，这遭到了发展中国家的强烈反对，WCT 和 WPPT 最后采取了中间道路的折中方案，即并未强制规定是否构成侵权，而是赋予成员国自由决定权。我国《著作权法》及相关法律规范中并未将临时复制纳入复制权的调整范围，临时复制不构成著作权法意义上的复制。如前文所述，临时复制下计算机内存中出现的新复制件具有临时性，在计算机或应用程序关闭运行时不复存在。类似地，数字作品网络传输过程中产生的新复制件也具有临时性，随着作品的传输完成而从原所有人的设备上消失。此外，在这两种情形下新复制件本身并不存在独立的经济价值，都是基于其他使用行为的需要而自动产生的。既然新复制件不存在独立经济价值且其产生具有临时性和自动性，完全符合"临时复制"的本质特征，因此应将转售数字作品过程中对数字复制件所为的复制行为界定为"临时复制"，〔1〕其并不会对著作权人的合法权益造成任何损害。复制是后续购买者下载数字作品难以避免的必经过程，如果机械僵硬地将其界定为对著作权人复制权的侵犯，必然会架空发行权穷竭原则的数字环境适用。因此，在出卖人及时删除该数字作品复制件的情况下，其在转售该数字作品过程中所采取的复制行为未侵犯著作权人的复制权。〔2〕这种临时复制行为不应成为数字环境下发行权穷竭原则适用的障碍。

（二）旧复制件的删除

当一份传统的知识产权实体复制件被转让时，从外观上判断，就是"转让"。卖家在出售毕加索的画作后不会保留该画作。画作被转让给购买者，然后购买者设想以受制于著作权为先决条件完全控制该画作的唯一副本。当作品的数字复制件转让后，交易就没那么简单了。在卖方不采取任何肯定措施的情况下，该数字作品的复制件保留在卖方计算机上的可能性很大。因此需要一个解决方案消除数字作品复制件被遗留下来的问题，保护出版商免受由多个非法用户使用一个复制件所造成的盗版，并保护合法用户免受惩罚。解决方案是，作品复制件的网络传输在产生新复制件的同时，必须删除旧复制

---

〔1〕 Theodore Serra, "Rebalancing at Resale: Redigi, Royalties, and the Digital Secondary Market", *Boston University Law Review 93*, no. 5 (2013): 1761.

〔2〕 卢纯昕：《论网络环境中首次销售原则的扩大适用》，载《电子知识产权》2015 年第 3 期，第 54 页。

件。这是由于复制权设立的宗旨是实现对作品复制件数量的控制，防止作品复制件的数量在未经著作权人同意的情况下增加。禁止复制只是手段，控制作品复制件数量的绝对增加才是目的。只要能够保证原所有人转让作品复制件后无法再次使用作品的旧复制件，作品复制件的数量就仍处于著作权人的同意范围之内。因此，在旧复制件删除的前提下，转售数字作品过程中对该复制件所为的复制行为不应被视为侵犯复制权。至于旧复制件如何得以删除，当然不能完全依靠复制件持有人的自觉性，为达到当持有人转让其数字复制件之后，系统会强制删除其所持有的复制件的效果，有必要开发能够保证强制删除的技术措施。〔1〕应该允许客户转售所购买的数字内容，但转售过程必须受到仔细控制，以防止卖方保留已售出的数字作品的复制件。以数字形式存在的复制件持有人在转卖了其所持有的复制件之后，就不能再继续持有该复制件，这是一个在技术上可以实现的问题。零售商或供应商目前处于监督数字转售的最佳位置。

"转发-删除"技术作为与发行权穷竭原则相适应的、结构化的、数字化的模拟，是数字环境下发行权穷竭原则适用中最常被引用的解决方案。在"转发-删除"技术机制下，复制件的原始购买者将通过在计算机上生成复制件的方式将数字作品发送给另一个用户。但是，原始购买者的复制件将同时从其计算机中删除。因此，尽管存在两个复制件，但"转发-删除"技术的最终结果是一个文件。可以说，这种技术"在法律上等同于以固定形式出售实体复制件"。〔2〕这种方法直接针对在销售后可以保留在卖方计算机上的复制件，确保在销售后数字作品不会在第一个所有者的计算机上留下任何痕迹。"转发-删除"技术要求发行者在其软件中实施一项程序或协议，以允许将该软件通过电子邮件、流传输或其他直接方法直接转发给另一用户或者允许卖方将程序放在可转移的光盘、DVD 等媒介形式上。正如该方法的名称所暗示的那样，在"转发"操作之后紧接着是"删除"操作，即从卖方的计算机上删除数字作品，而不留下任何痕迹。这个过程将是完全自动化的。因为这种方法不会在卖家的电脑上留下数字作品的痕迹，所以出版商对盗版的担忧就

〔1〕 刘子涵：《作品数字复制件的可转卖性探析——基于物权法与著作权法双重视角》，载《天津法学》2020 年第 3 期，第 109 页。

〔2〕 Evan Hess, "Code-ifying Copyright: An Architectural Solution to Digitally Expanding the First Sale Doctrine", *Fordham Law Review 81*, no. 4 (2013): 2002.

减轻了。“转发-删除”技术确保一个合法复制件不会增加其他非法副本。然而，缺点是该方法并非没有成本。为了实现这种方法，软件中需要包含编码，需要发行者采取几个步骤。此外，转发功能可能需要维护成本，尤其是在转发过程仅将密钥转让给购买者以允许下载的情况。这将导致数字作品至少两次被下载的情况，这可能会使发行商的带宽使用量增加一倍，增加发行商的发行服务成本。尽管存在这些问题，但是“转发-删除”技术提供了一种有助于保护用户和发行者的发行权穷竭原则的方法。[1]在美国，学者、利益集团和立法机构都提出了各种解决数字作品困境的方案。由于数字作品在现代社会日益重要，国会应该明确确定数字作品的转让是一种销售，如果没有这个门槛结论，数字发行权穷竭原则就不可能存在。学者建议国会修改《美国版权法》，以明确允许创作受版权保护的数字作品以转让该特定复制件，前提是交易后仅存在一份复制件。此外，国会应该澄清，卖方必须拥有合法购买的复制件才能转让。国家电信和信息管理局也提出了类似的语言来实施数字发行权穷竭原则。该语言原本构成了《美国版权法》第 109（f）条，但它最终被从 DMCA 的最终版本中删除了。拟议语言在相关部分中指出：“第（a）款发行权穷竭原则中规定的使用授权适用于根据本条款合法制作的特定数字格式复制件或唱片的所有者……通过传输的方式将作品分发给一个接受者，如果该传输者实质上同时删掉或销毁他或她的复制件或唱片。在为表演、展示、发行所必需的范围内复制该作品，不构成侵权。”[2]

2009 年亚马逊公司提出了一项“数字对象二级市场”的专利申请并于 2013 年获得授权。该专利是一个在线网络系统技术方案，允许平台注册用户交易数字音乐、电影视频、电子书籍等数字作品。该技术方案能够实现在平台注册用户之间转移数字作品、设立转让规则、收取相关费用等操作。平台注册用户首先需要将其所拥有的数字作品存储在各自的“个性化数据存储”空间，当平台注册用户将自己的数字作品转让给其他用户时，系统会把该数

---

〔1〕 Matthew J. Turchyn, “It Looks Like a Sale; It Quacks Like a Sale. But It's Not-An Argument for the Application of the Duck Test in a Digital First Sale Doctrine”, *Journal of Business, Entrepreneurship & the Law* 5, no. 1 (2011): 50~51.

〔2〕 Monica L. Dobson, “ReDigi and the Resale of Digital Media: The Courts Reject a Digital First Sale Doctrine and Sustain the Imbalance between Copyright Owners and Consumers”, *Akron Intellectual Property Journal* 7, no. 2 (2015): 208~210.

字作品通过网络传输到买受人的“个性化数据存储”空间并从转让方的“个性化数据存储”空间自动删除。有人指出，由于目前立法上和理论上对数字作品发行权穷竭问题都存有争议，因此，亚马逊公司“数字对象二级市场”专利的授权并不意味着该公司会很快推出数字作品二手交易平台，但“数字对象二级市场”专利的授权至少向我们传达了从技术上讲，数字作品二手交易平台指日可待的重要信号。2013 年 3 月，苹果公司在美国获得授权的“数字内容接触管理”专利更加印证了数字二手交易平台指日可待的信号。“数字内容接触管理”专利使苹果公司的用户可以在线将其合法购买的数字图书、游戏、音乐等数字作品转售。这些专利的授权充分说明随着技术的发展，“转发-删除”技术已经相对比较成熟，[1]正如查尔斯·克拉克（Charles Clarke）所认为的那样，机器的答案就在机器里，使用技术来延续发行权穷竭原则可确保数字复制件显示出“准实体”特性，有形物品的发行可以“模拟”，以达到适用发行权穷竭原则的目的。这样的策略正是美国在线市场运营商 ReDigi 所追求的，在这个市场上，数字音乐的所有者可以将他们合法购买的歌曲以 iTunes 商店价格的一半左右卖给其他人。供应商首先要从 ReDigi 的网站上下载一款名为“Media Manager”的软件，使用元数据信息识别复制件的来源以确保不是盗版，然后该软件搜索供应商的计算机，并编制了一个可供转售的歌曲列表。为了模拟逐步转移的数字文件符合发行权穷竭原则的要求，ReDigi 使用了一个软件，该软件能够提供从卖家电脑到 ReDigi 服务器的“转发-删除”传输过程，允许用户向第三人在线传输数字文件，传输方须同时发送相关软件。一旦传输，发送方电脑中将不再保留备份及相关软件。这样，可以达到有形版权产品销售中，始终只有一个“有形物”的效果，从而实现利益平衡。正如 ReDigi 所称，“这个过程类似于一列火车，将文件逐个从用户的计算机迁移到云存储库，这样数据就不会同时存在于两个地方”。ReDigi 对这项服务收取数字作品销售价格 5%到 15%的费用。[2]

不难看出，随着以大数据为支点的技术革命的来临，数字作品二手市场必然潜力无穷。就我国目前实践中的情况来看，已存在百度文库、汉王科技、

---

〔1〕 刁胜先：《论权利穷竭原则》，法律出版社 2018 年版，第 283~284 页。

〔2〕 Christopher B. Graber，“Tethered Technologies，Cloud Strategies and the Future of the First Sale/Exhaustion Defence in Copyright Law”，*Queen Mary Journal of Intellectual Property* 5，no. 4（（2015）：403~404.

豆丁网等较为成熟的数字作品交易平台。虽然目前这些数字作品交易平台以经营一手数字作品销售作为业务领域，但随着数字技术的进一步发展和域外数字作品交易平台的率先垂范，以开放的姿态迎接数字作品二手交易市场的建立是我国在信息化和全球化浪潮中掌握战略主动的必然选择。实际上，建立统一的著作权交易市场的建议早在 19 世纪 80 年代就由日本著名法学家北川善太郎提出，[1]其建议在我们今天看来都具有足够的先进性和建设性。无独有偶，作为版权滥觞地的英国，在 21 世纪开展了一项重要的版权制度改革。时任首相卡梅伦委托数字经济学家伊恩·哈格里夫斯对英国知识产权制度进行全面考察，2011 年最终考察报告发布。报告最重要的成果之一是提出了建造统一的数字版权交易平台的建议，该平台在英国目前已初步取得成效。随着我国搭乘 5G、区块链、大数据的技术快车，欣欣向荣的数字版权产业正成为我国服务贸易产业升级的助推剂和高质量转型发展的催化剂。全球化的广泛推进和"一带一路"倡议的全面实施，暴露出我国统一的数字版权交易平台尚付阙如。[2]对此我国已有学者提出全面推广"智能合约+数字版权监管"模式的建议，一方面，鼓励数字作品转售以实现数字著作权利益分配的帕累托效率（Pareto Efficiency）；另一方面，动态跟踪数字作品转让路径，保障著作权人利益的前提下构建数字作品二级市场。[3]区块链作为一项"颠覆性"的技术，已经在社会生活中发挥了重要作用。具体到著作权领域，著作权人主导的数字发行能够借助区块链技术得以实现。在借助区块链技术实现的数字发行中，著作权人能够自主设定数字作品发行的数量、时间和价格等条件。具体而言，首先著作权人需要在区块链数字出版平台发布一个令牌（Token），当发生数字作品交易时，区块链自动记录交易信息并向买受人发布令牌，买受人凭借该令牌在区块链数字出版平台上实现数字作品复制件的获取。交易完成后，著作权人获得版税收入的同时平台提取一定比例的交易佣金。以 2018 年上线主网的"众版"（Publica）数字出版平台为例，其收取的

---

〔1〕［日］北川善太郎：《著作权交易市场——信息社会的法律基础》，郭慧琴译，华中科技大学出版社 2011 年版，第 5 页。

〔2〕梅术文、曹文豪帅：《我国统一化数字版权交易平台的构建》，载《科技与法律》2020 年第 6 期，第 9~14 页。

〔3〕穆向明：《基于区块链技术的数字版权保护新思路——〈2018 年中国网络版权保护年度报告〉评述》，载《出版广角》2019 年第 19 期，第 93 页。

交易佣金比例仅为10%左右，因此极具利用价值。从上述区块链技术支持的交易过程可以看出，区块链技术能够高效地跟踪数字作品的交易状况，保证不增加作品复制件数量的前提下实现对数字作品的转售，保障著作权人利益的同时有效兼顾了社会公共利益。[1]总之，发行权穷竭原则的制度价值在数字时代具有持续存在的意义，并且该原则在数字环境下的应用可以通过"转发-删除"技术和区块链技术有效地进行监管。应鼓励实施这些技术的企业创建更多保护措施以保护著作权人并促进类似于现实实体世界的二手交易市场。[2]

三、对著作权人顾虑的回应

著作权人和版权产品消费者之间的利益如何平衡是永恒的主题。[3]何种程度的著作权保护才能既促进新作品的创作又不疏离版权产品消费者？如果对著作权人的限制超过必要限度，势必会减少其理应获得的合理回报进而降低其创新的动力。相反，如果著作权人控制作品流通的能力超过必要限度，版权产品消费者将无法负担接触和访问这些作品。过度的知识产权保护将导致缺乏创新的、不平衡的和低效率的社会。[4]发行权穷竭原则对版权产品消费者利益的保护必然会影响到著作权人能够获取的利润回报。因此，不可回避的一个问题是：作为权利限制制度的发行权穷竭原则如何打消著作权人对自身利益保护的顾虑？该问题既是当代著作权法律制度激励水准的选取问题，也是发行权穷竭原则具体制度构成必须解答的问题。[5]尽管发行权穷竭原则的数字环境适用在诸多方面对版权产品消费者大有裨益，但这并非对版权产

---

〔1〕 张冰清、李琳：《基于区块链技术的数字版权利益平衡》，载《中国出版》2019年第11期，第23~25页。

〔2〕 Monica L. Dobson，"ReDigi and the Resale of Digital Media：The Courts Reject a Digital First Sale Doctrine and Sustain the Imbalance between Copyright Owners and Consumers"，*Akron Intellectual Property Journal* 7，no. 2（2015）：210.

〔3〕 "Sorting this dilemma involves a difficult balance between the interests of authors and inventors in the control and exploitation of their writings and discoveries on the one hand，and society's competing interest in the free flow of ideas，information，and commerce on the other hand." Sony Corp. of Am. v. Universal City Studios，Inc.，464 U.S. 417，429（1984）.

〔4〕 Paul Goldstein，R. Anthony Reese，"Copyright，Patent，Trademark and Related State Doctrines"，22（7th ed. 2012）.

〔5〕 梁志文：《论版权法上使用者利益的保护》，载《法律科学（西北政法大学学报）》2013年第6期，第126页。

品消费者的单方面维护，数字二手市场的出现也将激励权利人进行创新思考。内容产业是发行权穷竭数字环境适用否定论的坚定拥护者，在这种相当敏感的情况下，立法机关应专注于制定技术中立的解决方案，以确保在尽可能广泛的范围内尊重所有相关方的利益。这涉及高水平保护著作权人、版权行业相关企业的经营自由以及版权产品最终用户的财产权。在此过程中，立法机关必须跟上技术的发展。本书认为，数字环境下适用发行权穷竭原则，并非对著作权人利益保护的漠视和忽略，笔者从数字作品二手市场的次要性和著作权人价格歧视的能力两方面对著作权人的顾虑进行回应。

（一）数字作品二手市场的次要性

著作权制度的利益平衡机制统揽着社会效益、经济效益的全局，承载着满足文化需要、丰富文化市场的意涵，其宗旨在于平衡著作权人、作品传播者和社会公众之间的利益。著作权制度促进知识传播和文化市场进步繁荣的最终目标决定了其采取的利益调整方式必须统筹兼顾。在利益调整方式上，我国著作权法律制度秉承的准则是，一方面应充分保障著作权人的权利，著作权人是作品产生的源头，著作权是利益平衡机制的基石，著作权人利益得到充分保障是其他利益相关方得到充分的保障的基础；另一方面作品传播者的传播行为不能侵害著作权。基于以上两方面基础，著作权法律制度最大程度保障了以版权产品消费者为代表的不特定人的公众利益。著作权人与社会公众之间的利益冲突是著作权法律制度的关注焦点之一，对著作权人与社会公众之间利益的调整折射出著作权法律制度促进作品创作价值取向和促进知识传播价值取向之间的平衡建构。对于数字环境下适用发行权穷竭原则，著作权人最大的担忧是随着二手数字市场的出现，版权产品消费者将不再购买全新的受版权保护的作品。但是这种担心是没有根据的，因为渴望获得新版本的消费者将不想一直等到该作品最终进入二手数字市场。二手市场虽然是数字市场，但仍然排名第二。通常在版权所有者收入中占最大比重的新发行很少出现在二手市场上，直到它们的新颖性和流行性逐渐消失之后才陆续进入二手市场。因此，即使存在强大的二手市场，著作权人仍保留从最初的销售收入中获取最大份额的能力，这些收入主要来自那些希望尽早获得作品的消费者。有学者以二手游戏为例，说明了对著作权人绝对控制权的关注是目光短浅的表现，有充分理由认为发行权穷竭原则有助于保护游戏制作者，就像家庭视频有助于电影公司一样。发行权穷竭原则拓宽了市场、扩大了受众。

二手游戏推动了对游戏机的需求并建立了游戏玩家社区。今天的二手游戏买家一旦完成学业并找到一份工作，很可能会开始购买新游戏。二手游戏市场还培养玩家为游戏付费，而不是免费获得游戏的习惯。它还让玩家们接触到新游戏和新开发商，在这个游戏续作层出不穷的时代，可能会创造出宝贵的终生粉丝。[1]这充分说明，数字作品二手市场具有积极价值，不会威胁到著作权人的利益。

（二）价格歧视能力的未丧失性

著作权人担心，如果不能控制数字作品复制件的销售，他们将失去价格歧视的能力。价格歧视意味着著作权人可以在某个地区或某个消费者群体为受版权保护的作品收取一个价格，对于其他地区或者其他消费群体收取不同价格，这类似于约翰·威利父子公司（John Wiley & Sons）在泰国收取的教科书费用要比美国少。但是，正如 Kirtsaeng v. John Wiley & Sons，Inc. 案[2]所证明的那样，价格歧视作为限制发行权穷竭原则的论据被证明是不成功的。即使价格歧视不是拒绝发行权穷竭原则的正当理由，但如果创建了二手数字市场，则二手数字市场会允许著作权人进行价格歧视，著作权人价格歧视的能力并未丧失。由于著作权人知道版权产品消费者可以在转售时收回一些前期购买一手数字作品的成本，数字环境下的发行权穷竭完全可能会让著作权人在一手市场上提高价格，这就使得兴趣和需求并不十分迫切的版权产品消费者将会保持观望，直到该数字作品出现在二手市场上。

本质上，知识产权是市场条件下各主体对涉及智力成果的利益进行发掘和博弈的产物，是各主体为避免于陷入无序竞争而“在个体利益和公众利益交汇的基础上接受某些制度性安排或某种权威判断的共识”。[3]数字环境下发行权穷竭原则的适用及时因应市场需求，在著作权人和版权产品消费者之间铺设了一条数字环境下的缓冲垫，能够从根本上改善数字作品市场中利益天平向著作权人倾斜的局面。然而不可否认的是，数字作品转售的推广和数字二手市场的发展壮大难免会增加著作权人面临的风险。但风险与收益永远是

〔1〕［美］亚伦·普赞诺斯基、杰森·舒尔茨：《所有权的终结 数字时代的财产保护》，赵精武译，北京大学出版社 2022 年版，第 48 页。

〔2〕 Kirtsaeng v. John Wiley & Sons, Inc. , 132 S. Ct. 1905 (2012).

〔3〕［美］罗尔斯：《作为公平的正义——正义新论》，姚大志译，上海三联书店 2002 年版，第 321 页。

相对应的主题，以化解著作权人的风险为由否定发行权穷竭原则数字环境适用，必然会损害版权产品消费者的正当权益。化解著作权人风险应该朝着进一步开发著作权技术措施、提高民众著作权保护意识、完善著作权侵权惩戒机制等方向不断努力。尽管价格歧视的能力不能作为限制发行权穷竭原则的理由，但著作权人价格歧视的能力并未因数字环境下适用发行权穷竭原则而丧失。发行权穷竭原则数字环境适用保障了著作权法律关系各当事人的合法利益和诉求，为著作权法律制度的规范化演进提供了可靠保证。

本章小结

法律规范的构建不是设置一套束之高阁的抽象规则，而是设置一套可予执行的鲜活规则。遵循该准则的引领，数字环境下发行权穷竭原则适用困境的破解，应从以下几个方面多维化解：

（1）域外经验的借鉴和扬弃。欧盟和我国同属发行权和信息网络传播权"分立式"立法例，这就使得我国和欧盟就发行权穷竭原则数字环境适用至少面临着相同的困境。尽管欧盟对发行权穷竭原则数字环境适用目前采取的"折中说"做法存在弊病，但其在以 UsedSoft 案为代表的个案中对发行权穷竭原则数字环境适用的论证逻辑值得我国借鉴：发行权与信息网络传播权并非绝对互相排斥，数字作品的网络传播如果符合"所有权转让"的本质特征，则落入发行权的调整范围进而具备适用发行权穷竭原则的权利前提。此外，我国司法实践中应避免美国 ReDigi 案将作品网络传播所产生的复制进行机械僵硬解释的思路，这种复制是数字作品网络传播无法避免的，不具有规制意义。

（2）制度规范构建因应。一方面，数字作品也具有财产所有权属性，数字资产的确权与保护已基本达成学术共识，数字时代再固守只有有体物才可成为所有权或其他物权客体传统无疑会使法律落后于时代需求。既然如此，就应在《著作权法》发行权条款中体现出发行行为"转移所有权"的本质属性，建议将《著作权法》的发行权条款修改为"发行权，即以出售、赠与或者其他转让所有权的方式向公众提供作品的原件或者复制件的权利"。为防止发行权与信息网络传播权的交叉冲突，建议将信息网络传播权条款修改为"以有线、无线提供作品在线浏览等非所有权转让的方式提供作品，使公众可以在选定的时间和地点接触作品的权利”。通过修改，使两权的侧重和范围各不相同，从而在权利源头上化解了二者的交叉冲突。另一方面，因应《知识产权强国建设纲要（2021-2035年）》构建健全、严密和协调的知识产权法律体系的重要要求，通过著作权司法解释的方式先行规定发行权穷竭原则条款，为后续《著作权法》修法和知识产权基本法中纳入发行权穷竭原则打下基础和铺垫。建议将发行权穷竭原则规定为："作品原件或复制件经著作权人或其授权主体的同意通过销售、赠与或其他所有权转让方式投放市场后发行权穷竭，该作品原件或复制件的后续流转无需取得著作权人的许可，当事人签订的售后限制合同，不产生排除发行权穷竭原则适用的效力。"

这一建议的条文设计合理性体现在：首先，与发行权的修改建议相对应，即明确发行行为的本质属性在于“所有权转让”，进而体现技术中立的立法原则。其次，“同意”的主体限于著作权人或其授权的主体。发行权穷竭原则不适用于通过非自愿的强制许可而投放市场的版权产品，尽管强制许可中也存在“同意”要素，但强制许可中的同意并不是著作权人的同意，而是知识产权行政管理部门的“同意”。再次，对“投放市场”不进行地域限定，对发行权穷竭原则适用的地域效力采取了“国际穷竭说”。不同于实体发行，作品的数字发行不受地域限制，“投放市场”不进行地域限定的立法设计既避免了发行权穷竭原则地域效力“国内穷竭”“国际穷竭”和“区域穷竭”的纷争，又符合数字作品网络传播的发展规律，能够保证实体发行和数字发行法律适用的统一。最后，该条文设计明确了发行权穷竭原则的法律效果和规范属性。一方面，“作品原件或复制件的后续流转无需取得著作权人的许可”之法律效果的明确，为发行权穷竭后作品后续流转提供了明确的行为指引，也符合法律规则逻辑结构的“新二要素说”；另一方面，“当事人签订的售后限制合同，不产生排除发行权穷竭原则适用的效力”之规定明确了发行权穷竭原则的强行性规范属性，能够有效避免通过合同约定方式排除发行权穷竭原则适用进而损害版权产品消费者的利益。

（3）理论和实践策应。销售与许可的区分方面，永久占有法能够从合同条款的实质内容出发，不仅仅关注合同的形式，更能反映交易的本质，是一种实质主义判断。其具体方法是，在数字环境下，如果数字作品许可合同中约定使用者进行有期限使用，且使用期限与使用费数额成正相关，使用期限截止时使用者无权继续使用数字作品，则数字作品使用者在此获得的是许可服务，数字作品的所有权并未发生移转。反之，当数字作品著作权人赋予了作品使用者无期限的使用权，且使用费一次全额支付或者即使分期支付但是与数字作品使用无直接关系，则数字作品使用人获得的是数字作品的所有权，该种情形属于“销售”。复制行为的定性方面，通过网络转售数字作品时涉及的复制行为是附带产生且无法避免的，属于合同履行中的交付行为。实现数字作品复制件的网络发行不得不创建新的复制件，这是信息流动中技术上的必然结果。该新复制件的产生应被界定为临时复制，不构成对著作权人复制权的侵犯。“转发-删除”技术和区块链技术能够保证不增加作品复制件数量的前提下实现对数字作品的转售，保障著作权人利益的同时有效兼顾了社会公共利益。对于数字环境下适用发行权穷竭原则，著作权人最大的顾虑是随着二手数字市场的出现，消费者将不再购买全新的受版权保护的作品。但是这种担心是没有根据的，因为二手市场虽然是数字市场，但仍然排名第二。价格歧视作为限制发行权穷竭原则的论据被证明是不成功的。即使价格歧视不是拒绝发行权穷竭原则的正当理由，但如果创建了二手数字市场，则二手数字市场会允许著作权人进行价格歧视，著作权人价格歧视的能力并未丧失。

第五章

NFT 数字作品发行权穷竭原则适用性之司法实践检视及理论证成

第一节 NFT 及 NFT 数字作品的基本范畴界定与澄清

一、NFT 的内涵界定

NFT（Non-Fungible Token）简称非同质化代币，是与照片、音乐相册或视频剪辑等数字资产链接并使用区块链技术来验证资产所有权的数字证书。NFT 的基本功能之一，是通过统一资源定位符实现对数字资产的映射。故此，只要某一数字资产甚至是实物资产，可以通过统一资源定位符（包含服务器的域名和要访问的文件的路径名）加以链接，那么其就可以铸造成 NFT 数字资产。这就是所谓的“万物皆可 NFT”。[1]从技术角度来看，NFT 是在区块链技术基础之上，按照以太坊平台 ERC721 智能合约标准发行的数字凭证。NFT 的“非同质化”，意味着不等同于任何其他资产或代币。一幅记录了一件艺术品的存在和所有权的 NFT，不能被推定为与任何其他 NFT 价值相同或可交换，就像一幅 30×40 英寸的油画不能被推定为与另一幅 30×40 英寸的油画可交换一样。[2]每个 NFT 都是唯一的，彼此之间不可以互换也不可再次拆分。当 NFT 与储存在网络中的特定数字资产结合，NFT 可以作为一个验证特定对象真实性的证书，赋予其独特标记。NFT“元数据”（Metadata）通过独

〔1〕 阮神裕：《论 NFT 数字资产的财产权益：以权利束为视角》，载《浙江社会科学》2023 年第 3 期，第 59 页。

〔2〕 Michael D. Murray, “NFT Ownership and Copyrights”, *Indiana Law Review 56*, no. 2 (2023): 369.

特的描述性变量或字段，详细地界定每一枚 NFT 所映射数字资产的属性特征。NFT“元数据”本质上就是对某个数据集合或者数据对象的结构、位置、内容等特征的描述，类似于房产证中对房屋坐落、面积等房屋特点的描述。根据房产证中对房屋特点的描述，人们很容易就能找到房屋的位置，理解房屋的结构、大小等基本属性。与之类似，根据“元数据”的描述，计算机程序就可以找到 NFT 映射对象的位置或索引，了解其数据类别和编码规则，从而实现对 NFT 映射对象的访问和解析。当然，也可以在“元数据”中加入各种“注释”类的信息，从而让每一枚 NFT 都显得“与众不同”或者具备“私人订制”的特点。比如，在 NFT 发行时，将艺术品作者的名字或者 NFT 认购者的 ID 写入其中。不同的 NFT 项目，其“元数据”的设计方案并不完全相同。比如，著名的朋克头像项目，其实是将 10 000 个 24×24 点阵的朋克头像拼合成一个 PNG 图片，然后将这个图片文件的哈希值作为一个特殊的不能修改的属性变量写入智能合约，结合着每个头像的编号，在逻辑上共同构成每枚 NFT 的“元数据”。这样，每枚 NFT 都会对应着一个特定编号的头像，而每一个头像都可以凭编号从拼合的大图中找到相应位置的显示单元。大图片的内容通过智能合约的哈希值可验证真伪，从而间接存证每枚 NFT 对应的朋克头像的数据内容。

NFT 具有不可篡改的特性。通过该特性，所有者能够为其作品的数字副本创造稀缺性和真实性，这再造了一种拥有实物限量版物品的切实体验，进而能够促进形成一个独特的二级市场，在这个市场中，区块链功能确保只有 NFT 的第一位消费者才能拥有和使用特定的复制品，并且能够显示任何先前所有者的记录。[1] NFT 将区块链与智能合约作为表示链上对象唯一权属的底层技术，这一底层技术使 NFT 除了不可篡改性，还集合了执行透明性和可验证性的特点。智能合约使用区块链技术来验证和记录数字资产和物理三维资产的存在和所有权。[2] NFT 所有者拥有定义和操作 NFT 功能的智能合约。智能合约在区块链上创建了一个注册条目，NFT 行业和加密社区理解该条目，

〔1〕 Chelsea Lim, “The Digital First Sale Doctrine in a Blockchain World: NFTs and the Temporary Reproduction Exception”, *Fordham Law Review 91*, no. 2 (2022): 721.

〔2〕 See What is Blockchain Technology?, LIQUID, https://blog.liquid.com/what-is-blockchain-technology [https://perma.cc/V7J7-NVGH] (last visited Mar. 20, 2023).

表示与 NFT 相关的资产的所有权证明，无论是艺术品、房地产还是其他资产。[1]这对数字艺术品来说是一个令人兴奋的发展。以前，声称拥有一个数字文件（例如，JPEG 图像）的所有权感觉像是空洞的吹嘘，因为这种资产通常可以在互联网上的许多地方找到，并且同样容易复制。NFT 进行唯一的注册，使标记化的数字艺术品成为唯一的资产。[2]尽管可能存在其他类似的艺术品，有些甚至可能由 NFT 在区块链上注册，但每个 NFT 的创建都会在唯一资产的区块链上产生唯一记录。

二、NFT 的源起与发展

最早的 NFT 始于 2012 年，是在比特币网络上创建的以比特币彩色币（Bitcoin Colored Coins）为代表的数字物品。比特币彩色币基于比特币协议，可用来表示股票、债券、投资组合等任何类型的资产，它允许比特币拥有者创建、发行资产并跟踪资产的所有权，也可以通过支持智能合约，允许发行者为更好控制资产的使用而在发行时设置特殊规则。发行者通过将资产绑定到比特币区块链上并发行出去，实现资产交易的快捷、高效和安全。2014 年，随着以太坊的诞生，开发者可以创建多种去中心化应用和智能合约，这助推了 NFT 市场的空前发展，以加密朋克（CryptoPunks）、加密音乐（CryptoMusic）、加密猫（CryptoKitties）、加密艺术（CryptoArt）为代表的各类 NFT 吸引了大量的用户和资金。2021 年，NFT 大受追捧，销售额超过 了 6000 万美元。[3]2021 年由此被称为“NFT 元年”。

NFT 的风靡，带来了一场数字艺术变革，收藏家、艺术家和投资者纷纷投入其中。艺术家迈克·温科尔曼（艺名 Beeple）就是其中一员。2007 年 5 月 1 日起，艺术家迈克·温科尔曼决定在余生的每一天都创作一件作品，用以表达自己对于科技社会快速发展的思考和态度。一开始他也用传统的纸张

---

〔1〕 Dominic Chalmers, Christian Fisch, et al., Beyond the Bubble: Will NFTs and Digital Proof of Ownership Empower Creative Industry Entrepreneurs?, 17 J. BUS. VENTURING INSIGHTS 309 (Feb. 2022), available at https://doi. org/10. 1016/j. jbvi. 2022. e00309 [https://perma. cc/ UG7B-SB5U].

〔2〕 Rakesh Sharma, Non-Fungible Token (NFT) What It Means and How It Works, INVESTOPEDIA (June 22, 2022), https://www. investopedia. com/non-fungible-tokens-nft-5115211 [https://perma. cc/ SFL8-W7DZ].

〔3〕 Chelsea Lim, “The Digital First Sale Doctrine in a Blockchain World: NFTs and the Temporary Reproduction Exception”, *Fordham Law Review 91*, no. 2 (2022): 721.

和画笔作为创作工具，后来 Cinema 4D 等电脑软件成为其主要使用的数字工具，不同名人的历史事件、卡通形象的数字建模等大量的素材积累，使得他可以在很短时间内就可以针对某个热点话题进行创作。作品的创作一天不落，因此每个作品名称中都包含“Everydays”（每天）一词。久而久之，迈克·温科尔曼的作品在网络上吸粉无数，也受到了耐克、路易威登等大品牌的青睐。2020 年，迈克·温科尔曼收到了来自区块链艺术网站 Nifty Gateway 的邀请，对方想把他的作品铸造为 NTF，作为虚拟艺术品在网站上发售。起初，迈克·温科尔曼对该邀请并不感兴趣，但自己的另一位艺术家朋友正因为接受了 Nifty Gateway 艺术网站的邀请而取得了可观的收入，这使迈克·温科尔曼也开始蠢蠢动，迈克·温科尔曼首次通过 Nifty Gateway 拍卖了 22 件数字作品，共收入 350 万美元，最贵的一件卖出了 77 万美元。很快，大拍卖行纽约佳士得也向迈克·温科尔曼发出邀请，为其策划了一场数字艺术品拍卖。佳士得拍卖行将迈克·温科尔曼积累的 5000 张数字作品通过计算机拼接成了一幅巨型拼贴画并命名为《每日之作：前 5000 天》（Everydays：The First 5000 Days）。这幅巨型拼贴画 NFT 在佳士得拍卖行以 100 美元起拍，一小时内价格攀升至 100 万美元，竞拍截止前的最后一分钟就有 220 万访客访问拍卖页面，15 天后以 6934 万美元的高价成交，创造了 NFT 数字作品的最高世界纪录，使迈克·温科尔曼的作品，成为继杰夫·昆斯（Jeff Koons）和大卫·霍克尼（David Hockney）的作品之后，在世艺术家作品拍卖史上价值第三高的艺术品。实际上，在拍卖之前，《每日之作：前 5000 天》就已经因数字时代艺术品的新形式获得了相当高的社会关注，这也是佳士得史上首次拍卖 NFT 数字作品。NFT 数字作品是指，以文学、艺术或科学领域内的具有独创性并能以一定形式表现的智力成果为映射对象，经过铸造形成的在区块链中具有该映射对象唯一数字凭证的数字化资产。[1]继加密艺术之后，美国职业篮球协会（NBA）和 Dapper Labs 区块链公司在分布式账本技术的支持下合作推出的一款名为 NBA Top Shot 的游戏产品继续点燃了 NFT 市场的热情。这款游戏将一些明星球员的绝杀球、爆扣和里程碑精彩瞬间等动作短视频、GIF 动图制作进 NFT 球星卡作为独立的 NFT 资产供球迷和收藏者进行交易和收藏。NBA Top

---

〔1〕 刘维、林星成：《论 NFT 数字作品发行权的证成与扩张》，载《新闻界》2023 年第 8 期，第 3 页。

Shot 球星卡按照稀有度的不同，分为普通（Common）、粉丝（Fandom）、稀有（Rare）和传奇（Legendary）四个级别，其价格总体根据卡牌记录球星的知名度、投球动作稀有程度等综合确定。[1]通常，知名度越高的球星，卡牌价格越高；投球动作越稀有或在赛事中被视作经典进球瞬间的卡牌，价格也越高。不同于传统的印刷式球星卡，NBA Top Shot 在区块链上发行，信息记录在链能够有效避免被篡改、盗版以及随着时间推移而产生的氧化、褪色及破损等问题。[2] NBA Top Shot 的另一个优势是易于设置和开始交易。用户可以用 Gmail 账户登录，直接用链接的信用卡支付，或使用比特币或以太坊等多种加密货币之一进行支付。NFT 市场数据平台 Cryptoslam 显示，NBA Top Shot 自上线后，交易量达 10 亿美元，拥有卡片的人数高达 69 万，发生的交易次数为 2143 万笔，在整个 NFT 数字产品销售市场中一直居于前十名的领先地位。其中，记录勒布朗 · 詹姆斯投球的 NFT 卡牌甚至被拍出了 20. 8 万美元的高价。NFT 的异常火爆得益于知名拍卖行和著名艺术家的参与，NFT 市场为各行各业带来了上链的可能性，社交媒体“推特”（Twitter）联合创始人、首席执行官杰克 · 多西（Jack Dorsey）甚至以 NFT 形式拍卖了自己于 2006 年 3 月 21 日发布的第一条推文“刚刚建立我的推特”（just setting up my twttr）。该推文最终被数字货币交易公司 Bridge Oracle 的首席执行官埃斯塔维（Sina Estavi）以高出起拍价 2. 5 倍的交易价格竞得。埃斯塔维获得了这条原始推文的文本内容、时间戳、来自创建者加密钱包地址的数字签名等元数据，埃斯塔维称：“这不仅仅是一条推文!”“我想多年以后人们会意识到这条推文的真正价值，就像蒙娜丽莎的画作一样。”

NFT 在国内的发展尽管比海外的出圈稍晚一步，但如今入局 NFT 的国内艺术家、投资者已然越来越多。2021 年 3 月，音乐人高嘉丰在 NFT 平台 Opensea 上发布了名为《Emotional Dance Music》的 7 秒 NFT 可视化音频，他将该 NFT 可视化音频的起拍价定为 0. 3 枚以太坊（约合 623. 57 美元），竞拍天数设为约 20 天。4 月 10 日也就是距离竞拍结束还有 7 天时，该 NFT 可视化

[1] See Dapper Labs, Inc. , Dapper Labs Opens NBA Top Shot Beta to All Fans, PR NEWSWIRE, Oct. 1, 2020, https://www. prnewswire. com/news-releases/dapper-labs-opens-nba-top-shot-beta-to-all-fans-301144010. html [https://perma. cc/L9XN-MVS2].

[2] K. Parikshith Arvindana, “Non-Fungible Tokens-An Overlap between Blockchain Technology and Intellectual Property Rights”, *Jus Corpus Law Journal 1*, no. 4 (2021): 357~358.

音频被买家"Oxunnamed"以 1.01 枚以太坊（约合 1953.79 美元）的价格提前拍走，打响了国内音乐界 NFT 铸造第一枪。2021 年 5 月 20 日，中国嘉德作为传统拍卖机构也举办了第一次 NFT 艺术品拍卖。加密艺术家宋婷的 NFT 作品《牡丹亭 Rêve 之标目蝶恋花—信息科技穿透了"我"》成为嘉德首次拍卖的 NFT 艺术作品，该作品呈现形式为视频，最终成交价达 66.7 万元。除了艺术家，企业和机构也是 NFT 的积极拥抱者。2021 年 5 月，阿里拍卖推出 NFT 数字艺术专场，2021 年 6 月 23 日，支付宝联名敦煌美术研究所、国产动漫《刺客伍六七》推出了 4 款 NFT 付款码皮肤。7 月 12 日，网易旗下游戏《永劫无间》也发行了 NFT 盲盒，腾讯则在 8 月 2 日发布了国内首个 NFT 交易平台"幻核"，首期限量发售 300 枚"有声《十三邀》数字艺术收藏品 NFT"。阿里、网易、腾讯的相继入局，彰显了其对 NFT 市场前景的无限信心，也为数字经济注入了充分的 NFT 燃料。毋庸置疑的是，NFT 是富有前景的数字市场，是 Web 3.0 时代作品创作传播数字化、交易在线化的未来趋势。NFT 为艺术作品注入了数字时代的新生机，在交易平台上将数字作品铸造为 NFT 数字作品出售，作为作品传播的新范式，极大地推动了数字内容商业化的同时，也给产业界带来了 NFT 数字作品本身权利性质、发行权穷竭原则是否适用、交易风险等一系列困惑。

三、NFT 与 NFT 数字作品的性质澄清

（一）NFT 的性质澄清

有学者认为，NFT 自身的非同质化特性使其能够满足物权客体的特定性要求，持有者通过掌握私钥可以排他地实现对 NFT 的支配，同时，通过交易信息的完整上链记录并对所有节点公开以及不可篡改，间接实现了 NFT 物权变动的公示效力。[1]本书认为，该观点对 NFT 与 NFT 的映射对象产生了混淆。NFT 与 NFT 的映射对象存在本质区别。NFT 本质上是登记在区块链上的一张权益凭证而绝非权利。作为一种基于区块链技术的权益凭证，NFT 的运行由"智能合约"定义和操作，[2]通过记录交易过程，为购买者提供资产真

---

〔1〕 邓建鹏、李嘉宁：《数字艺术品的权利凭证——NFT 的价值来源、权利困境与应对方案》，载《探索与争鸣》2022 年第 6 期，第 90 页。

〔2〕 Michael D. Murray, "NFT Ownership and Copyrights", *Indiana Law Review 56*, no. 2 (2023): 367~368.

实性和所有权的证明。[1]该凭证指向的是有交易价值的特定客体[2]，所映射的内容非常广泛，可以是一件数字艺术品、网络游戏中的资产、虚拟世界中的一块土地或者现实世界的资产、只有代币所有者才能解锁和驾驶的汽车等。[3] NFT 只是区块链分布式账本中的数据单元，其本身仅仅标记了元数据的归属信息，并不具备单独的价值。[4]虽然 NFT 具备独特性和稀缺性，但是这些特征本身并不会让它产生独立的价值。NFT 只能依靠映射对象的存在才具有客观市场价值，此时其法律本质应当是映射对象的数字登记证书。[5]归根到底，NFT 在法律性质上是权益凭证而非权利。[6]

（二）NFT 数字作品的性质澄清

NFT 与其所映射的数字资产，乃是两个相互独立的客体。[7]当 NFT 的映射对象为数字作品时，就产生了 NFT 数字作品。NFT 数字作品只是将数字作品铸造为 NFT 形态，并未改变数字作品的本质属性。对此，已有学者明确指出，NFT 并未对数字作品本身带来改变，而是将数字作品的所有权在区块链上进行公告，从而在观念上产生了排他的“占有”和安全的“交易”，而哈希值和识别符的存在让持有人的数字作品无法与其他复制品混淆。因此，就 NFT 数字作品而言，区块链的登记行为和哈希值识别符支撑起的非同质性是其物化的关键，也是其作为物的特殊之处。[8]如笔者在第二章所述，数字作品也具有财产属性，应被界定为网络虚拟财产。作为权益凭证的 NFT，能够为区块链上的数字作品确权。区块链的去中心化特征与 NFT 不可替代、不可

[1] 袁锋：《元宇宙时代 NFT 数字藏品交易的版权困境与应对研究》，载《湖北社会科学》2023 年第 6 期，第 129 页。

[2] 陶乾：《论数字作品非同质代币化交易的法律意涵》，载《东方法学》2022 年第 2 期，第 71 页。

[3] Joshua A. T. Fairfield, “Tokenized: The Law of Non-Fungible Tokens and Unique Digital Property”, *Indiana Law Journal 97*, no. 4 (2022): 1261~1314.

[4] 陈吉栋：《超越元宇宙的法律想象：数字身份、NFT 与多元规制》，载《法治研究》2022 年第 3 期，第 43~52 页。

[5] 邓建鹏、李嘉宁：《数字艺术品的权利凭证——NFT 的价值来源、权利困境与应对方案》，载《探索与争鸣》2022 年第 6 期，第 87~178 页。

[6] 孙山：《数字作品 NFT 交易的著作权风险治理》，载《知识产权》2023 年第 6 期，第 10~11 页。

[7] 阮神裕：《论 NFT 数字资产的财产权益：以权利束为视角》，载《浙江社会科学》2023 年第 3 期，第 56 页。

[8] 闫冬：《论 NFT 数字作品的权属特点与规则适用》，载《上海师范大学学报（哲学社会科学版）》2024 年第 1 期，第 76 页。

互换的特征相结合，造就了每个 NFT 数字作品的独一无二。[1]在 NFT 数字作品交易过程中，NFT 只是记录交易过程的电子化凭证，在功能上与传统的纸质记录凭证完全相同。与传统纸质记录相比，NFT 的特别之处在于极难伪造，但这一特征并不会改变其交易凭证的属性。传统的纸质记录凭证用于记载被交易对象的权利归属情况，不能作为独立的交易对象，NFT 同样无法脱离其映射的数字作品而独立存在。NFT 只有与底层数字作品结合为 NFT 数字作品之后，才能产生相应的价值。数字作品的价值决定 NFT 数字作品交易的价值。在由传统物理世界向数字虚拟世界的演变趋势下，购买者能够通过购买 NFT 数字作品实现数字社群中的自我塑造与群体互动，以此满足自身的文化参与和社会交往需求。

第二节　NFT 数字作品发行权穷竭原则适用性之司法实践检视

一、NFT 数字作品"胖虎打疫苗"著作权纠纷案的司法实践检视

（一）"胖虎打疫苗"著作权纠纷案的案情及法院裁判

元宇宙中 NFT 交易模式的骤然兴起，系依托于区块链分布式记账与数字化智能合约的底层技术统合及 NFT 价值产业链与电商产业链的有效融合，促成了"人—Token ID—场"的互动循环链条。[2]在万物皆可 NFT 的元宇宙时代，NFT 数字作品交易在资本推动与市场引导下呈现出勃勃生机。与此同时，NFT 数字作品相关的著作权纠纷已在司法实践中初现端倪，未来随着 NFT 数字作品交易市场的扩张是否不断产生新的司法诉争尤为可知。[3]杭州互联网法院于 2022 年 4 月审理了我国 NFT 数字作品著作权纠纷第一案。漫画家马千里于 2021 年 12 月 16 日通过微博账号"不二马大叔"发布了美术作品《胖虎打疫苗》，该作品深受网友喜爱，小胖虎因此一跃出圈火遍网络。马千里通过

---

〔1〕 刘维、林星成：《论 NFT 数字作品发行权的证成与扩张》，载《新闻界》2023 年第 8 期，第 6~7 页。

〔2〕 倪楠、罗聪铭：《元宇宙中 NFT 的交易模式与法律规制》，载《数字法治》2023 年第 6 期，第 103 页。

〔3〕 周澎：《非同质化代币交易中我国首次销售原则的适用困境与纠偏——兼评"胖虎打疫苗"案》，载《法律适用》2023 年第 8 期，第 162 页。

《著作权授权许可使用合同》授权奇策公司享有胖虎系列作品在全球范围内独占的著作财产权以及维权权利。奇策公司在杭州原与宙公司经营的数字资产交易平台 Bigvers 上发现平台用户铸造并发布了“胖虎打疫苗”NFT 数字作品，售价为 899 元。该 NFT 作品与马千里在微博发布的美术作品完全一致。奇策公司认为，杭州原与宙公司的行为严重侵害了奇策公司享有的著作权，给其造成了经济损失，故向杭州互联网法院主张权利并要求杭州原与宙公司赔偿损失 10 万元。

本案中，杭州互联网法院对 NFT 数字作品交易的技术原理与商业模式进行了考察，对 NFT 数字作品铸造、交易的法律性质进行了说理论证。法院认为：第一，在 NFT 交易模式下，每个数字文件均有唯一的标记，一部数字作品的每一个复制件均被一串独一无二的元数据所指代，产生“唯一性”和“稀缺性”等效果，因此当一件数字作品复制件以 NFT 形式存在于交易平台上时，就被特定化为一个具体的“数字商品”，NFT 交易实质上是“数字商品”所有权转移，并呈现一定的投资和收藏价值属性。第二，“数字商品”是以数据代码形式存在于虚拟空间且具备财产性的现实事物的模拟物，其具有虚拟性、依附性、行使方式的特殊性，但也具备一定的独立性、特定性和支配性。对于数字作品而言，当其复制件存储于网络空间，通过一个 NFT 唯一指向而成为一件可流通的商品时，就产生了一项受法律保护的财产权益。NFT 数字作品持有人对其所享有的权利包括排他性占有、使用、处分、收益等。NFT 交易模式本质上属于以数字化内容为交易内容的买卖关系，购买者所获得的是一项财产权益，并非对一项数字财产的使用许可，亦非对一项知识产权的转让或许可授权。第三，虽然 NFT 数字作品交易对象是作为“数字商品”的数字作品本身，交易产生的法律效果亦表现为所有权转移。但因发行权的核心特征在于作品原件或复制件的所有权转让，即当前《著作权法》中的发行限定为有形载体上的作品原件或复制件的所有权转让或赠与，故未经权利人许可将 NFT 数字作品在第三方交易平台的出售行为尚无法落入发行权所控制范畴。第四，虽然 NFT 数字作品所有权转让结合了区块链和智能合约技术，但是 NFT 数字作品是通过铸造被提供在公开的互联网环境中，交易对象为不特定公众，每一次交易通过智能合约自动执行，可以使公众可以在选定的时间和地点获得 NFT 数字作品，故 NFT 数字作品交易符合信息网络传播行为的特征。尽管 NFT 数字作品铸造过程中存在对作品的上传行为，该行为使得铸造者终端设备中存储的数字作品被同步复制到网络服务器中，但该复制是网络传播的一个步骤，其目的在于以互联网方式向社会公众提供作品，故复制造成的损害后果已经被信息网络传播给权利人造成的损害后果所吸收，无需单独对此予以评价。基于此，杭州互联网法院认为，网络用户未经原告许可通过原与宙公司经营的被控NFT平台交易“胖虎打疫苗”NFT数字作品的行为，应认定为侵害原告作品的信息网络传播权。〔1〕判决作出后，杭州原与宙公司不服，向杭州市中级人民法院提起上诉。

二审法院认为，涉案Bigverse平台中NFT数字作品的交易流程涉及三个阶段。其中，在NFT数字作品的“铸造”阶段，网络用户将存储在终端设备中的数字化作品复制到NFT数字作品交易平台的中心化服务器上，产生了一个新的作品复制件，涉及复制行为；在NFT数字作品的上架发布阶段，NFT数字作品的铸造者（发布者）通过将NFT数字作品在交易平台上架发布的形式，使公众可以在选定的时间和地点获得该作品，涉及信息网络传播行为；在NFT数字作品的出售转让阶段，交易双方完成NFT数字作品对价的支付和收取，区块链中与之对应的NFT作相应的变更记录。在此过程中，NFT数字作品始终存在于作为“铸造者”的网络用户最初上传所至的服务器中，未发生存储位置的变动，不涉及复制行为，也不涉及信息网络传播行为。至于是否涉及发行行为，法院认为，NFT数字作品符合网络虚拟财产的特征，具有财产利益的属性。不同于民事主体对有体物的实际占有和支配，NFT数字作品的“占有”更多地体现为对“所有人”身份的表征，其“支配”也需依托于交易平台提供的技术支持，故NFT数字作品作为网络虚拟财产受到民法保护时体现为一种财产性权益。数字作品出售转让的结果是在不同的民事主体之间移转财产性权益，并非物权的移转，故其虽能产生类似于“交付”的后果，但尚不能落入发行权的规制范畴。因此，涉案NFT数字作品交易行为不受发行权规制。对于原审判决采用了“NFT交易实质上是数字商品所有权转移”“NFT数字作品交易产生的法律效果亦表现为所有权转移”等类似表述，二审院认为，原审判决中“所有权”的表述存在语义模糊之处，原审判决中所指的NFT数字作品的“所有权”不应理解为民法中的物权意义上的所有权，其系从数字作品交易所呈现的形式而言，即从形式上看，NFT数字作品交

〔1〕　参见杭州互联网法院［2022］浙0192民初1008号民事判决书。

易呈现的后果是该数字作品的“持有者”发生了变更，相应地，基于该 NFT 数字作品的财产性权益在不同的民事主体之间发生了移转。[1]

（二）“胖虎打疫苗”著作权纠纷案法院裁判的检视

可以看出，一审法院“NFT 数字作品持有人对其所享有的权利包括排他性占有、使用、处分、收益等”的裁判说理实际上是肯定了 NFT 数字作品所有权。一审法院承认版权产品消费者获得 NFT 数字作品所有权的事实无疑具有进步意义，但在论证 NFT 数字作品发售行为是否落入发行权调整范围时，却未能坚守逻辑连贯且稳定一致的解释路径。一审法院认为发行权的核心特征是有形载体上的作品原件或复制件的所有权转让，因 NFT 数字作品不涉及有形载体所有权的转移，故而不受发行权控制。

二审法院“NFT 数字作品符合网络虚拟财产的特征，具有财产利益的属性”的说理论证澄清了 NFT 数字作品的财产属性，在这一点上具有进步意义，但二审法院仍没将这种论证逻辑进一步坚守，认为“NFT 数字作品的‘占有’更多地体现为对‘所有人’身份的表征，其‘支配’也需依托于交易平台提供的技术支持，故 NFT 数字作品作为网络虚拟财产受到民法保护时体现为一种财产性权益。数字作品出售转让的结果是在不同的民事主体之间移转财产性权益，并非物权的移转”。二审法院一方面承认 NFT 数字作品的网络虚拟财产属性，另一方面却基于“需依赖于交易平台提供的技术支持”而否认权利人对 NFT 数字作品的支配。网络虚拟财产是权利人借由对特定账号控制而得以直接支配并且排他性享受的财产利益。[2]实际上，网络虚拟财产的界定本身即蕴含着排他性并且可以由权利人直接支配的内涵，借助技术手段实现排他性支配并不影响其支配效力。正如有学者犀利指出的一样，虚拟空间本身就是一个人为构建的系统，包括 NFT 数字作品在内的一切网络虚拟财产都必然会在一定程度上依赖网络运营商的技术支持，因而在事实上难以实现不需要任何技术手段支撑下的支配。然而，成为物权客体并不需要绝对的可支配性，法律将物归属于某人支配的意义在于使其享受物的利益[3]，从利益享有的角度来看，权利人并不需要对物进行绝对支配，相对支配也能实现物的使

[1] 参见浙江省杭州市中级人民法院［2022］浙 01 民终 5272 号民事判决书。

[2] 谢潇：《超越物债区分原则：论作为财产支配权的网络虚拟财产权》，载《法制与社会发展》2023 年第 4 期，第 61 页。

[3] 参见崔建远：《物权法》，中国人民大学出版社 2009 年版，第 17 页。

用价值或交换价值。进言之，实现物的利益只要求权利人对该物具有一定的控制力，这种控制既可以是账户密码，也可以是数字签名，而不要求权利人对该物进行人力之下的绝对控制。这种将物的可支配性等同于绝对支配的观点陷入了“有体物才是物”的观念窠臼。[1]数字作品通过 NFT 生成了包含唯一识别符的元数据，这些数据被记录在不可篡改的分布式账簿中，从而实现了其可支配性和独特性。[2]

此外，二审法院只承认 NFT 数字作品持有人的身份表征，但不认可其法律上的所有权人地位，实质上变相剥夺了数字版权产品消费者本应享有的财产利益。二审法院进一步强调的“原审判决中所指的 NFT 数字作品的‘所有权’不应理解为民法中的物权意义上的所有权”的论证在法理上也是值得商榷的。按照二审法院的逻辑，除了物权意义上的所有权，还存在债权意义上的抑或是其它意义上的所有权，不免让人迷惑。需要强调的是，二审法院虽然最终和一审法院的结论一致，即否定发行权穷竭原则在本案中的可适用性，但二审法院的根本理由在于本案中用户在 Bigvers 平台上铸造并发布了“胖虎打疫苗” NFT 数字作品，并未取得著作权人的合法授权。“权利用尽原则适用的情形是作品原件或经授权合法制作的复制件经著作权人许可首次售出或赠予之后的再次销售或赠予行为，就本案而言，涉案 NFT 数字作品系由网络用户擅自铸造，并未取得著作权人的授权，故即使权利用尽原则能够扩张适用，本案亦缺乏适用该原则的前提”，通过二审法院的这段说理论证，我们不难发现，本案中法院对于发行权穷竭原则能否扩张适用是存在一定的迟疑和讨论的，在这种迟疑和讨论间，法院基于涉案 NFT 作品是未经著作权人授权擅自铸造的事实而最终否定了发行权穷竭原则的适用。从法院的裁判说理中，我们可以假设，如果本案事实是用户经过著作权人的合法授权后进行的铸造发售，是否能够适用发行权穷竭原则，也许二审法院会作出不一样的裁判。

---

〔1〕 郭鹏：《功能等同原则视域下 NFT 数字藏品交易的法律定性——兼论虚拟财产纳入物权法调整的新路径》，载《现代法学》2023 年第 6 期，第 123~124 页。

〔2〕 闫冬：《论 NFT 数字作品的权属特点与规则适用》，载《上海师范大学学报（哲学社会科学版）》2024 年第 1 期，第 86 页。

二、NFT 数字作品《囍》著作权纠纷案的司法实践检视

（一）NFT 数字作品《囍》著作权纠纷案的案情及一审法院裁判检视

原告王某玉为涉案视听作品《囍》的著作权人。被告链盒公司是 NFT 交易平台 iBox 网站的运营方。2021 年 6 月，链盒公司未经王某玉允许，擅自在 iBox 网站上通过账号“鱼鱼”铸造并发售了 30 个数字藏品《囍》。藏品详情页面附有时长为 15 秒的展示视频，视频中人物的造型、动作、神情及动态效果与涉案作品《囍》均相同，二者的区别在于展示视频配乐不同、时长较短并穿插了若干人物脸部特写画面。30 个被控侵权数字藏品页面均标注“该作品拥有鱼鱼官方认证”，创作者显示为该网站账号“鱼鱼”，同时还标注有数字藏品编号、合约地址、链上标识、交易记录等信息。经查，30 个 NFT 数字藏品已全部售出，每件售价 599 元，且多名买家在购买该作品后，再次上架销售，已转手多次，最高转售价格达 12 888 元。iBox 网站对于在站内发生交易的数字藏品均会按照成交金额收取一定比例的综合服务费。王某玉认为，链盒公司的行为已经侵犯了自己对该作品享有的复制权、信息网络传播权，因此向成都市中级人民法院提起诉讼，请求判令链盒公司停止侵权行为，删除其网站上发布的侵权作品；披露在被告网站上出售侵权作品的所有用户的实名信息；赔偿其经济损失及合理支出共计 584 215 元。

在侵权行为认定的思路上，成都市中级人民法院将 NFT 作品上架、出售、转售的整个流程拆解为交易准备和实际交易两个阶段。在交易准备阶段中，链盒公司将著作权人的作品铸造为 NFT，并在 iBox 网站上传了该 NFT 作品的介绍信息，其中包括与著作权人作品实质性相似的展示视频内容。法院认为，在此阶段，链盒公司的行为可进一步拆分为“铸造”及“上传”。“铸造”是将权利作品复制至特定区块链系统并最终形成指向该作品的 NFT 的过程。链盒公司在铸造涉案 NFT 数字作品时，不可避免地需要将权利作品进行复制，因此侵犯了权利人的复制权。“上传”是链盒公司将权利作品相关信息上传至交易网站中用以介绍 NFT 数字作品的相关情况。上述介绍信息包括涉案侵权视频，故经链盒公司上传，涉案侵权视频被置于公开网站当中供用户在其选定的时间和地点进行浏览。链盒公司的上传行为属于典型的侵犯作品信息网络传播权的行为。在实际操作中，链盒公司只需在系统中完成一次复制和上传侵权视频的操作，上述“铸造”和“上传”即可由系统自动完成。故审理

法院对“铸造”及“上传”进行了概括评价，认为复制行为系通过信息网络传播侵权视频的前置程序，已被信息网络传播所涵盖，不再单独判断。最终，成都市中级人民法院认为，在 NFT 交易准备阶段，链盒公司侵犯了权利人的信息网络传播权。

在交易阶段，链盒公司对涉案 NFT 进行了公开定价销售，并在买家转售时就每一次转售收取交易金额 4.5%的技术服务费用。一审法院认为实际发生的事实仅仅是买家在支付对价后，涉案 NFT 的智能合约自动执行代码指令在选定的区块链上将不同用户标记为数字藏品所有者。由于 NFT 并非作品副本，上述过程中也没有新的 NFT 数字作品产生，因此上述过程并不涉及著作权法意义上的复制或发行行为。同时，由于没有发生新的将作品提供给买家的行为，因此也不属于信息网络传播行为。买家获得作品的方式仅仅是在涉案 NFT 的网站介绍页面进行浏览，而该行为已经在交易准备阶段当中进行过评价。综合上述原因，一审成都市中级人民法院认为涉案 NFT 在实际交易阶段中，链盒公司不存在著作权侵权行为。

本案中，成都市中级人民法院回避了就 NFT 数字作品的性质进行具体界定。但就侵权问题，法院虽然将前述“NFT 数字作品第一案”（“胖虎打疫苗”著作权纠纷案）中杭州互联网法院分析的铸造阶段和上架发布阶段统一合并为交易准备阶段进行讨论，将杭州互联网法院分析的 NFT 数字作品的出售转让阶段称之为交易阶段进行讨论，但两个法院就涉案 NFT 数字作品侵犯的著作权权利类型观点是一致的。即，未经著作权人许可，将数字作品复制到 NFT 平台进行铸造的行为侵犯了著作权人的复制权，将 NFT 数字作品上架发布到 NFT 交易平台的行为侵犯了著作权人的信息网络传播权，而复制行为是信息网络传播行为的前置行为，不具备独立评价的意义，因此由铸造行为和上架发布行为共同构成的交易准备阶段，侵犯了著作权人的信息网络传播权。而在 NFT 数字作品的出售转让阶段，由于只是购买者向出售者的对价支付和将所交易的 NFT 数字作品变更标记为新的持有者，未发生新的复制、发行或者信息网络传播行为，不侵犯著作权人的著作权。

（二）NFT 数字作品《囍》著作权纠纷案二审法院裁判检视

著作权人王某玉对不服成都市中级人民法院的一审判决，上诉于四川省高级人民法院。二审四川省高级人民法院虽然最终维持了一审判决，但在一审法院逻辑的基础上，就 NFT 数字作品的法律性质以及铸造者、购买者和转售者的法律关系进行了补充论证。四川省高级人民法院认为，由于 NFT 数字作品兼具物的属性，NFT 数字作品首次交易后，在购买人和铸造者（首次销售者）之间形成了合同之债的关系。购买人获得了对铸造者的债权请求权，有权要求铸造者履行给付义务，即通过交易系统将购买人的名字记入智能合约，使其成为该 NFT 数字作品的权利人。由于 NFT 数字作品在铸造时就自动生成带有智能合约的凭证，且在交易成功后智能合约会将购买人记录为凭证的权利人，该凭证是购买人对铸造者享有债权的依据，即债权凭证。购买人的后续转售行为属于债权转让，与将涉案作品铸造为 NFT 作品的行为是否由著作权人实施并无关系，因此这一阶段并未侵犯著作权人的著作权。综上，四川省高级人民法院认为，未经授权铸造 NFT 数字作品及将含有侵权内容的介绍信息在网站上向公众提供浏览的行为侵犯了权利人的信息网络传播权，而后续的销售、转售行为如果不存在对权利作品的复制和新的交互式传播，则不存在著作权侵权。

四川省高级人民法院肯定了 NFT 数字作品具有物的属性，却未能将 NFT 数字作品物的属性贯穿到裁判说理论证的始终，法院将 NFT 数字作品的交易界定为债权转让，我国学界也有学者持此观点。例如，有学者认为，NFT 本质上是一种债权凭证。将作品铸造成 NFT 数字作品并“出售”，形成了铸造者（首次销售者）与首次购买者之间的合同关系。成功“购入”NFT 数字作品的购买者获得了对铸造者的债权请求权，可以要求铸造者给付，也就是依合同通过交易系统将购买者的名字记入智能合约，使之成为该 NFT 数字作品的拥有者。NFT 数字作品的首次交易形成了购买者对铸造者的债权。NFT 数字作品后续交易的本质是《民法典》第 545 条规定的债权转让，而且明显不属于该条列举的不得转让债权的情形。同时，NFT 数字作品之所以有价值，就是基于其稀缺性具有的升值和转售盈利的空间，这就决定了铸造者（首次出售者）通常愿意让购买者“转售”，即允许债权转让。[1]还有学者在此基础上，进一步认为，NFT 持有者对 NFT 交易平台享有的是请求其为或不为一定行为的债权请求权。NFT 数字作品的铸造是 NFT 交易平台的计算机程序在区块链中记录“谁拥有某一哈希值对应的数字作品”并赋予其通证 ID。当发生 NFT 数字作品交易活动时，智能合约会自动在区块链中记录该数字作品的

---

〔1〕 王迁：《论 NFT 数字作品交易的法律定性》，载《东方法学》2023 年第 1 期，第 29~30 页。

新的拥有者及相关交易信息。显然，NFT 交易平台并未向购买者提供某种固定资产，而只是向用户提供计算、存储、记录、传输等网络技术服务。NFT 持有者对 NFT 交易平台享有的是请求其提供相关网络技术服务的债权请求权。[1]

笔者认为，以上学者进行的这一界定是值得商榷的。首先，NFT 的法律性质是权益凭证，对此笔者在前文中已经进行了论证。但权益凭证并不等同于债权凭证，即使标的同为物，表征请求权的债权凭证与表征所有权的物权凭证之间存在区别，而 NFT 显然属于后者。在本质上，NFT 是登记在区块链上的所有权凭证，代表着对互联网上某个数字化文件的所有权。[2]NFT 本就是一种证明权利归属的工具，其作为一组加盖时间戳的元数据，通过指向网络中某个唯一且永恒不变的数字作品来实现证明权利归属的功能。因此，NFT 是一种表征所有权的物权凭证，而非债权凭证。[3]其次，持“债权转让”观点的学者只看到了 NFT 数字作品的交易过程，忽视了交易结果。债权转让中，受让人的目的并非在于其仅仅拿到权益凭证，其最终意旨在于获取所转让债权的履行利益。成功“购入”NFT 数字作品的购买者基于其对铸造者享有的债权请求权，有权要求铸造者以及 NFT 交易平台为给付义务，而铸造者以及 NFT 交易平台给付义务履行的结果是购买者成为该 NFT 数字作品的拥有者。这从交易结果上看，实质上是 NFT 数字作品的物权发生了变动。最后，仅看到过程，无视结果，将 NFT 数字作品的交易界定为债权转让不利于 NFT 数字作品的流通。NFT 作为新兴事物，因其唯一性和可确权性迅速成为行业联动的风口。法院面对 NFT 数字作品引发的争论应持谨慎但开放的态度，既要为维护市场秩序进行一定限制，也要为激励产业发展留下空间。[4]按照《民法典》对债权转让的规定[5]，债权转让的合同在债权人通知债务人之后生效，NFT 数字作品的每次转让都需要通知债务人才能发生法律效力，必然影响

---

〔1〕 李逸竹：《NFT 数字作品的法律属性与交易关系研究》，载《清华法学》2023 年第 3 期，第 198 页。

〔2〕 梅夏英、曹建峰：《从信息互联到价值互联：元宇宙中知识经济的模式变革与治理重构》，载《图书与情报》2021 年第 6 期，第 71 页。

〔3〕 郭鹏：《功能等同原则视域下 NFT 数字藏品交易的法律定性——兼论虚拟财产纳入物权法调整的新路径》，载《现代法学》2023 年第 6 期，第 126 页。

〔4〕 马天杰等：《非同质化通证的风险挖掘及应对策略——价值互联网时代的权益保障》，载《上海法学研究》（集刊）2023 年第 6 卷，第 185 页。

〔5〕 参见《民法典》第 546 条规定：“债权人转让债权，未通知债务人的，该转让对债务人不发生效力。债权转让的通知不得撤销，但是经受让人同意的除外。”

NFT 数字作品的流通效率，对 NFT 数字作品的产业发展构成障碍。

三、NFT 数字作品交易平台的注意义务界定

以“胖虎打疫苗”著作权纠纷案和“《囍》”著作权纠纷案为代表的NFT 数字作品著作权纠纷表明，实践中存在未经著作权人授权将作品铸造为NFT 上架交易的现象。这是因为，NFT 虽然具有不可篡改性、执行透明性和可验证性，但这些特性所能够保证的交易安全仅仅局限于 NFT 数字作品上架后的阶段。将 NFT 数字作品上架前的铸造阶段，相关权属状态超出了 NFT 的认证范围。作品权属信息的审查与真实性保证制度的缺位，导致 NFT 数字作品的铸造者、购买者和第三方平台都不能确保被交易的 NFT 数字作品本身的合法性，无法排除以根本不存在的“权利”或有瑕疵的权利充当交易标的进行欺诈性交易的可能性。[1]此外，NFT 数字作品在流转的同时，与元宇宙独有的金融活动高度挂钩，增强了风险的积聚效应，使 NFT 数字作品交易的金融风险成倍数级增加，出现 NFT 底层权益金融化、NFT 交易的金融违法犯罪等一系列风险。

笔者认为，对这些风险从系统化的角度进行全方位的规制实属必要，但风险规制首先需要解决的是 NFT 数字作品交易平台的注意义务界定问题。NFT 数字作品交易平台是元宇宙背景下产生的新型网络服务提供者[2]，提供数字作品铸造与交易的平台服务。实践中，NFT 数字作品交易平台大都以避风港规则作为其应否对侵权内容承担注意义务及侵权责任的抗辩依据。NFT 交易平台在接到了著作权人的侵权通知后，如果对侵权 NFT 数字作品及时采取了删除、断链、屏蔽等必要措施，则主张可以进入“避风港”而对侵权NFT 数字作品的传播行为予以免责。笔者认为，注意义务的设定要与 NFT 数字作品交易平台的干预控制能力和盈利模式相吻合。一方面，整个 NFT 数字作品铸造流程以及 NFT 数字作品交易所形成的相关数据皆由 NFT 交易平台完整控制。从技术上讲，NFT 数字作品交易平台承担所铸造作品的著作权审查义务具备现实可能性。NFT 数字作品交易平台若未履行事前对 NFT 底层数字作品权利来源、权利归属等著作权审查义务，便会处于“明知或应知”的状

---

〔1〕 孙山：《数字作品 NFT 交易的著作权风险治理》，载《知识产权》2023 年第 6 期，第 10 页。

〔2〕 刘双舟、郭志伟：《NFT 数字作品交易的法律风险及合规管理》，载《东北财经大学学报》2023 年第 1 期，第 56 页。

态，仅通过事后履行“通知-删除”义务并不能成为间接侵权的抗辩事由；另一方面，NFT 数字作品交易平台的盈利模式不同于传统互联网平台的盈利模式。传统的互联网平台企业只充当内容的发布平台，并不会直接通过发布内容本身获利，而是通过广告等间接获利。NFT 数字作品交易平台的盈利模式则是从 NFT 数字作品交易中收取一定比例的费用。例如，“胖虎打疫苗”著作权纠纷案和《囍》著作权纠纷案中，被告两个不同的 NFT 数字作品交易平台均在铸造和交易环节收取了相关服务费用。如果数字作品本身存在权利瑕疵时，NFT 数字作品交易平台没有权利真实性保障义务，一旦著作权人或者其授权的主体提出权利主张，NFT 数字作品平台也只需按照避风港规则采取相应措施并进行抗辩就可以免除法律责任，这样的义务设定，只能反向激励 NFT 数字作品交易平台敷衍完成权利真实性的审查，由此所导致的更多侵权行为和商业泡沫是可想而知的后果。[1]因此，应赋予 NFT 数字作品交易平台承担拟铸造作品的著作权审查义务。NFT 数字作品交易平台有权要求 NFT 数字作品的铸造者在上传作品的同时提供初步的权属证明，例如，涉及著作权的底稿、原件、合法出版物、著作权登记证书、认证机构出具的证明、取得权利的合同等，证明其为著作权人或享有相应权利，从而让公众对 NFT 作品的著作权归属有基础的认知。必要时，NFT 数字作品交易平台可以要求铸造者提供必要保证，通过权利的完整性、充分性审核，使作为交易首要环节的“铸造行为”被有效控制，从源头上最大限度预防著作权侵权。

值得肯定的是，在“胖虎打疫苗”著作权纠纷案中，杭州市中级人民法院从涉案 NFT 数字作品交易平台提供网络服务的性质、NFT 数字作品交易可能引发的侵权后果、涉案 NFT 数字作品交易平台的营利模式三个方面综合论证了被告原与宙公司应当对其网络用户侵权行为负有相对于一般网络服务提供者而言较高的注意义务。NFT 数字作品的铸造发布者不仅应当是该特定的数字化作品的持有者，还应当是该数字化作品的著作权人或被授权人。[2]故而，除一般网络服务提供者应当承担的义务外，被告原与宙公司作为专门从事 NFT 数字作品交易服务的平台经营者，还应当建立起有效的知识产权审查机制，审查 NFT 数字作品来源的合法性，确认 NFT 数字作品铸造者具有适当权利。

---

〔1〕 孙山：《数字作品 NFT 交易的著作权风险治理》，载《知识产权》2023 年第 6 期，第 20~21 页。

〔2〕 参见浙江省杭州市中级人民法院［2022］浙 01 民终 5272 号民事判决书。

第三节　NFT 数字作品发行权穷竭原则适用性之理论证成

一、NFT 数字作品本质属性的必然遵从

数字作品也具有财产属性，其转售具有客观的市场需求，数字环境并未削弱或否定发行权穷竭原则的价值，将该原则扩展到涵盖数字内容并允许数字二手市场产生有利于防止盗版，这些因素综合决定了数字作品应当适用发行权穷竭原则，笔者对此命题已在前文第二章进行了证成。从政策角度看，数字环境下发行权穷竭原则的适用也至关重要。在过去的四十年里，消费者的个人财产权逐渐被数字平台所剥夺，这一现象被认为是“所有权的终结”。在互联网出现之前，消费者购买的是书籍、磁带和录像机等实体媒介。如果唱片公司能够立即销毁你的磁带，或者能够控制你将磁带借给他人，那将是不可想象的，这同样应当适用于数字媒介，消费者应当拥有真正的所有权，因为他们的财产权都受到发行权穷竭原则的保护。[1]

作为权益凭证的 NFT 与其所映射的数字资产，乃是两个相互独立的客体。财产权益凭证仅是记载相关权益的形式和符号，它和记载内容（即所映射的数字资产）相独立。[2]尽管 NFT 符合相对的稀缺性和受限制的可支配性特征，但它不具备有用性，离开所映射的对象，NFT 就不能发挥任何指示功能，失去了独立评价的可能性和必要性。[3]当 NFT 的映射对象为数字作品时，就产生了 NFT 数字作品。NFT 数字作品只是将数字作品铸造为 NFT 形态，并未改变数字作品的本质属性。对此，笔者已在本章第一节中进行了证成。既然数字作品应当适用发行权穷竭原则，而 NFT 数字作品的本质属性仍然是数字作品，那么其当然具备发行权穷竭原则的适用性，这是对 NFT 数字作品本质属性的必然遵从。NFT 与底层数字作品结合为 NFT 数字作品之后产生了相应

〔1〕 Joshua L. Durham, “Creating True Digital Ownership with the ” First Sale “Doctrine”, *Wake Forest Journal of Business and Intellectual Property Law 23*, no. 3 (Winter 2022): 136~163

〔2〕 参见胡泰忠、肖波：《财产权利凭证的财产控制方式与盗窃数额的计算》，载《法律适用》2008 年第 5 期，第 45 页。

〔3〕 参见孙山：《数字作品 NFT 交易的著作权风险治理》，载《知识产权》2023 年第 6 期，第 14 页。

的价值。每“件”NFT 数字作品都具有独立价值，NFT 数字作品塑造了作品的稀缺性，无论产生多少个 NFT 数字作品副本，每个副本均有唯一的标记，被一串独一无二的元数据所指代，以此保证“唯一性”。同时 NFT 数字作品发行也存在数量限制，或保留唯一“原件”进行拍卖，或限量发行以实现市场价值，完全实现了数字作品的“稀缺性”[1]，这为 NFT 数字作品的出售或赠与提供了前提。由于创建 NFT 数字作品的步骤通常涉及复制要代币化的资产，因此为了避免侵权指控，NFT 的铸造者应该拥有基础作品的著作权或者获得著作权人的许可。只有经过底层作品著作权人的授权，不拥有底层数字作品著作权的 NFT 铸造者才能确保他们在铸造 NFT 时的行为不会侵犯著作权人的权利。[2]根据我国《著作权法》第 10 条第 6 项之规定，发行权是以出售或者赠与方式向公众提供作品的原件或者复制件的权利，那么，经著作权人合法授权，以出售或者赠与方式向公众提供 NFT 数字作品原件或者复制件的行为落入了发行权的调整范围，提供作品的行为能够落入发行权的调整范围，是发行权穷竭原则适用的首要前提。

二、NFT 数字作品交易架构的发行权穷竭原则适应性

在 NFT 数字作品交易过程中，以区块链技术为基础的 NFT 作为非同质化通证，可使数字资源具备可交易性、原真性、完整性等特点，实现元宇宙之间的价值传递，成为搭建元宇宙的基础设施和入口，进而成为连接现实世界和元宇宙的桥梁。[3] NFT 数字作品交易的技术原理和交易架构保证了交易的执行透明性、不可篡改性和可验证性，使其具备了发行权穷竭原则的适用条件。要将创作好的数字作品铸造为 NFT，一般要经过以下几个步骤：①选择铸币平台，创建账户。在以太坊生态系统内有 NFT 中国、OpenSea 和 Rarible 等多个 NFT 交易平台可供选择，这些交易平台各自具有不同的优势，需要用户结合自身需求进行选择。②连接加密钱包，充值加密货币。铸造 NFT 所需

---

〔1〕 刘丁勤：《论 NFT 作品首次销售原则的可适用性——基于英美财产权理论考察》，载《知识产权》2023 年第 6 期，第 39 页。

〔2〕 Michael D. Murray，“NFT Ownership and Copyrights”，*Indiana Law Review 56*，no. 2（2023）：383.

〔3〕 袁锋：《元宇宙时代 NFT 数字藏品交易的版权困境与应对研究》，载《湖北社会科学》2023 年第 6 期，第 128 页。

要的手续费（Gas Fee）通过存储在 MetaMask、TrustWallet 等加密钱包中的加密货币进行支付。因此，NFT 铸造的第二步需要用户连接加密钱包，并在加密钱包中充值以太币（ETH）、波卡币（DOT）等加密货币以实现后续支付。③上传数字作品。在选定的 NFT 交易平台上，上传拟铸造为 NFT 的数字作品，并填写作品名称、作品描述、拍卖出售或固定价出售价格等信息，这些信息将作为与 NFT 数字作品关联的元数据（metadata）存储在区块链上。④支付并完成铸造。确认以上步骤无误后，用户使用所连接的加密钱包进行手续费支付，待交易被 NFT 交易平台确认后，该数字作品的 NFT 铸造就宣告完成，NFT 交易平台将该 NFT 数字作品载入区块并将区块嵌入公链。经过铸造被写入公链的 NFT 数字作品可以实现在交易平台的查看、展示和出售。

当出售 NFT 数字作品时，智能合约将检查交易的合法性，其他用户通过加密钱包支付加密货币，完成 NFT 数字作品的购买，智能合约在交易平台上公开显示该数字作品的购买者为新的所有者以更新可以追溯的所有权信息。该 NFT 数字作品的相关权利内容、历史交易流转信息会全部记录在智能合约的标示信息中，并在对应的区块链上给该 NFT 数字作品生成一个无法篡改的独特编码以实现交易信息的公开透明。NFT 数字作品交易模式的有效运行离不开“区块链分布式记账”和“数字化智能合约”的协同效应。前者作为通常不具备中心化机构的防篡改和抗篡改的数字账本，其分布式数据存储方式与记账副本为区块链信用机制加固了双重保险，不仅成为元宇宙 NFT 数字作品交易与传统互联网平台交易模式的根本区别所在，也成为元宇宙中 NFT 数字作品交易客观透明的首要逻辑及显著优势；后者基于共识算力的经济激励和灵活可编程特性成为区块链技术最具代表性的创新点，是根据任意的预先指定的规则自动转移数字资产的系统，能够记录关于该特定客体的初始发行者、发行日期以及未来的每一次流转信息。[1]区块链在其公共分类账中保留了从 NFT 的创建者到当前所有者的所有记录。[2]一旦信息经过验证并存储在区块链网络上，它就会变得防篡改、有弹性且不可否认。美国企业家 Marc Andreessen 最好地描述了这种技术的实际结果，称它为“实现了一个互联网

〔1〕 倪楠、罗聪铭：《元宇宙中 NFT 的交易模式与法律规制》，载《数字法治》2023 年第 6 期，第 104~105 页。

〔2〕 Michael D. Murray, “NFT Ownership and Copyrights”, *Indiana Law Review 56*, no. 2 (2023): 374.

用户将独特的数字财产转移给另一个互联网用户，可以保证转移是安全可靠的，每个人都知道转移已经发生，没有人可以质疑转移的合法性”。[1]购买者完成 NFT 数字作品的购买后也可重新设定新的出售价格，对 NFT 数字作品进行再次流通。由此观之，NFT 数字作品的交易架构能够产生特定作品复制件所有权转移的法律效果。所有权转移法律效果的达成，为我国现行法视阈下发行权与信息网络传播权交叉困境提供了解决路径。

NFT 数字作品作为数字个人财产的一个新的、强大的基础示例，能够抵抗“出售”给消费者的资产实际上只是获得许可的陷阱。通过许可而非默认的所有权规则去定义消费者权利，与我们通常对待个人财产的方式大相径庭。对于受知识产权保护的商品，权利用尽原则是解决知识产权人与个人财产所有权人纠纷的主要工具。从用尽到许可的转变是为了把权利从个人手中夺走，转而支持版权人及其销售合作伙伴。由于这种权利的攫取降低了效率，产生了有害的外部性，并干扰了个人的自主权，人们发现它成为一个麻烦。[2]而 NFT 数字作品交易模式和交易架构在技术上打造了数字化内容的买卖关系，而非对一项数字财产的使用许可，亦非对一项知识产权的许可授权。著作权人或其授权的人有权通过买卖合同来处分该数字商品，能够产生实体商品相同的交易效果。购买者支付对价之后，获得了该项数字商品财产权，其可以转售、转赠，享受商品溢价收益，不受出卖人的干涉。当该项数字商品的财产权人死亡时，该项数字商品财产权可被继承、遗赠。如果因系统漏洞、黑客攻击等原因造成 NFT 数字作品的灭失，可适用侵权法规则进行救济。[3]数字资产中有意义的个人财产权将使消费者、创作者和整个市场受益。消费者能获得稳定且可预测的使用权、更好的隐私保护以及使用其购买的产品来创造经济和社会价值的自由。人们拥有借出、转售和赠送自己拥有的东西的自由，为获得这些自由，他们愿意花更多钱。而且由于所有权降低了信息成本并加强了竞争，整个市场的效率都得到提高。[4]

---

[1] Katya Fisher, “Once upon a Time in NFT: Blockchain, Copyright, and the Right of First Sale Doctrine”, *Cardozo Arts & Entertainment Law Journal 37*, no. 3 (2019): 629~634.

[2] [美] 亚伦·普赞诺斯基、杰森·舒尔茨:《所有权的终结 数字时代的财产保护》，赵精武译，北京大学出版社 2022 年版，第 22 页。

[3] 陶乾:《数字作品非同质代币化交易的法律意涵》，载《东方法学》2022 年第 2 期，第 75 页。

[4] [美] 亚伦·普赞诺斯基、杰森·舒尔茨:《所有权的终结 数字时代的财产保护》，赵精武译，北京大学出版社 2022 年版，第 283 页。

三、NFT 数字作品交易效果的实施持久性和技术可负担性

NFT 数字作品的交易能够实现“转发-删除”技术机制同样的法律效果且能够有效避免“转发-删除”技术机制的成本问题。NFT 数字作品的交易是与“转发-删除”技术机制类似的另一种技术控制手段，二者相同之处在于皆可实现数字作品的稀缺性与排他性，不同的是将作品铸造为 NFT 形态，形成 NFT 数字作品，能够最大程度减少“复制”的教义解释问题。当权利人完成 NFT 铸造并将其出售时，只需点击面向公众，在固定价格列表或拍卖之间进行选择并设置价格，若买方出价满意便可成交，NFT 数字作品随即与买方的钱包地址绑定，整个交易完全由智能合约管理，保证了交易的稳定安全。NFT 作品交易中，不必特意审查转售人的账户是否已经删除作品，买受人在交易页面点击“购买”后，转售人对 NFT 数字作品即不可访问，买受人所得到的正是原先铸造的那份 NFT 数字作品，而不是在交易过程中额外产生的全新复制件，无需形成新的复制件，避免了对“复制”进行教义解释的困境。

“转发-删除”技术作为与发行权穷竭原则相适应的、结构化的、数字化的模拟，是数字环境下发行权穷竭原则适用中最常被引用的解决方案。笔者在前文中论述了“转发-删除”技术机制的缺点是成本问题。为了实现这种方法，软件中需要包含编码，需要发行者采取几个步骤。此外，转发功能可能需要维护成本，尤其是在转发过程仅将密钥转让给购买者以允许下载的情况。这将导致数字作品至少两次被下载的情况，这可能会使发行商的带宽使用量增加一倍，增加发行商的发行服务成本。有学者甚至认为“转发-删除”技术机制试图通过控制传输前后的副本数量减少侵权的解决方法就像 ReDigi 案中被告 ReDigi 公司决定对复制件进行费力的统计一样，是基于 20 世纪的思想。它假定复制件是有价值的、持久的并且难以获得。但今天，由于我们信息网络的基本体系结构，合法和非法的复制件无处不在。权利人和决策者应该关注的不是谁拥有作品的复制件，而是谁拥有使用和转让该作品的权利。如果能找到谁拥有这些权利的可靠证据，将使得向数字环境下发行权穷竭原则的过渡大大简化。[1]相比于“转发-删除”技术机制，NFT 数字作品交易则不

---

〔1〕 参见［美］亚伦·普赞诺斯基、杰森·舒尔茨：《所有权的终结 数字时代的财产保护》，赵精武译，北京大学出版社 2022 年版，第 277 页。

存在实施成本的缺陷，NFT 数字作品的交易以 NFT 交易平台为中心，平台提供铸造服务与交易服务，承担几乎全部的技术实施成本。NFT 交易平台具有营利性，对其提供的铸造、发行、流转服务收取一定的费用以获取利润，因此，从这个角度而言，其更具实施持久性和技术可负担性，具备发行权穷竭原则适用的正当性。〔1〕正是如此，有学者指出，NFT 为解决互联网最古老的问题之一奠定了基础。互联网威胁到知识产权，因为它是一种通过制造无限的、廉价的、相同的复制品来运作的技术。人们花了 20 多年的时间才开发出一种技术，使互联网重新焕发独特性。在这种技术下，数字资产不再是只需点击一个按钮就能完全复制的。如果 NFT 技术在互联网出现时就已经可用，法律会走一条截然不同的弧线，我们会拥有自己的 kindle 电子书、谷歌电影和数字艺术。而现在，是时候在最后时刻修正路线了，随着 NFT 加入作为日益稳定的数字个人财产的权益凭证，法律进程也将随之改变。在数字财产方面建立强大的转售市场、以数字资产作为抵押担保以及个人所有者积累财富的方式。拥有、投资、展示和转售独特物品的强烈欲望不仅会改变我们拥有的东西，还会改变我们在线拥有的方式。〔2〕

消费者和知识产权权利人之间存在着一场拉锯战。如果法律加强了知识产权，就会缩小个人财产权的范围。如果法律给予人们更多的自由，可以对自己购买的东西为所欲为，知识产权权利人就会牺牲一些对我们的控制。这种张力是兼顾创作者与消费者利益的法律制度所不可避免的特征。从政策角度看，知识产权和个人财产权之间的讨论可以替换成一系列广泛的问题，比如创新性激励、信息成本和其他外部性、欺诈和自主权。由于法律创造并定义了这些权利的轮廓，因此，怎样实现这些权利的最佳平衡是难以避免的问题。一个多世纪以来，版权法通过发行权穷竭原则为该问题提供了透明且可预测的答案。〔3〕

〔1〕 刘丁勤：《论 NFT 作品首次销售原则的可适用性——基于英美财产权理论考察》，载《知识产权》2023 年第 6 期，第 41 页。

〔2〕 Fairfield J. A. T. Tokenized, "The law of non-fungible tokens and unique digital property", *Ind. LJ*, 2022, 97: 1313.

〔3〕［美］亚伦·普赞诺斯基、杰森·舒尔茨：《所有权的终结 数字时代的财产保护》，赵精武译，北京大学出版社 2022 年版，第 35 页。

本章小结

NFT将区块链与智能合约作为表示链上对象唯一权属的底层技术，这一底层技术使NFT除了不可篡改性，还集合了执行透明性和可验证性的特点。最早的NFT始于2012年，是在比特币网络上创建的以比特币彩色币为代表的数字物品。2014年，随着以太坊的诞生，开发者可以创建多种去中心化应用和智能合约，这助推了NFT市场的空前发展。NFT的风靡，带来了一场数字艺术变革，收藏家、艺术家和投资者纷纷投入其中。在交易平台上将数字作品铸造为NFT出售，作为作品传播的新范式，极大地推动了数字内容商业化的同时，也给产业界带来了NFT数字作品本身权利性质、发行权穷竭原则是否适用、交易风险等一系列困惑。NFT与NFT的映射对象存在本质区别。NFT本质上是登记在区块链上的一张权益凭证而绝非权利。该凭证指向的是有交易价值的特定客体，所映射的内容非常广泛。虽然NFT具备独特性和稀缺性，但是这些特征本身并不会让它产生独立的价值。NFT只能依靠映射对象的存在才具有客观市场价值，当NFT的映射对象为数字作品时，就产生了NFT数字作品。

在万物皆可NFT的元宇宙时代，NFT数字作品相关的著作权纠纷已在司法实践中初现端倪。杭州互联网法院于2022年4月审理的“胖虎打疫苗”著作权纠纷案是我国NFT数字作品著作权纠纷第一案。本案中，一审杭州互联网法院“NFT数字作品持有人对其所享有的权利包括排他性占有、使用、处分、收益等”的裁判说理实际上是肯定了NFT数字作品所有权。一审法院承认版权产品消费者获得NFT数字作品所有权的事实无疑具有进步意义，但在论证NFT数字作品发售行为是否落入发行权调整范围时，却未能坚守逻辑连贯且稳定一致的解释路径。二审法院一方面承认NFT数字作品的网络虚拟财产属性，另一方面却基于“需依赖于交易平台提供的技术支持”而否认权利人对NFT数字作品的支配。实际上，网络虚拟财产的界定本身即蕴含着排他性并且可以由权利人直接支配的内涵，借助技术手段实现排他性支配并不影响其支配效力。虚拟空间本身就是一个人为构建的系统，包括NFT数字作品在内的一切网络虚拟财产都必然会在一定程度上依赖网络运营商的技术支持，因而在事实上难以实现不需要任何技术手段支撑下的支配。数字作品通过

NFT 生成了包含唯一识别符的元数据，这些数据被记录在不可篡改的分布式账簿中，从而实现了其可支配性和独特性。此外，二审法院只承认 NFT 数字作品持有人的身份表征，但不认可其法律上的所有权人地位，实质上变相剥夺了数字版权产品消费者本应享有的财产利益。二审法院进一步强调的“原审判决中所指的 NFT 数字作品的‘所有权’不应理解为民法中的物权意义上的所有权”的论证在法理上也是值得商榷的。按照二审法院的逻辑，除了物权意义上的所有权，还存在债权意义上的抑或是其它意义上的所有权，不免让人迷惑。需要强调的是，二审法院虽然最终和一审法院的结论一致，即否定发行权穷竭原则在本案中的可适用性，但二审法院的根本理由在于本案中用户在 Bigvers 平台上铸造并发布了“胖虎打疫苗”NFT 数字作品，并未取得著作权人的合法授权。我们不难发现，本案中法院对于发行权穷竭原则能否扩张适用是存在一定的迟疑和讨论的，在这种迟疑和讨论间，法院基于涉案 NFT 作品是未经著作权人授权擅自铸造的事实而最终否定了发行权穷竭原则的适用。从法院的裁判说理中，我们可以假设，如果本案事实是用户经过著作权人的合法授权后进行的铸造发售，是否能够适用发行权穷竭原则，也许二审法院会做出不一样的裁判。NFT 数字作品《囍》著作权纠纷案中，一审法院成都市中级人民法院回避了就 NFT 数字作品的性质进行具体界定。但就侵权问题，法院虽然将“胖虎打疫苗”著作权纠纷案中杭州互联网法院分析的铸造阶段和上架发布阶段统一合并为交易准备阶段进行讨论，将杭州互联网法院分析的 NFT 数字作品的出售转让阶段称之为交易阶段进行讨论，但两个法院就涉案 NFT 数字作品侵犯的著作权权利类型观点是一致的。二审四川省高级人民法院肯定了 NFT 数字作品具有物的属性，却未能将 NFT 数字作品物的属性贯穿到裁判说理论证的始终，法院将 NFT 数字作品的交易界定为债权转让，我国学界也有学者持此观点。认为，NFT 本质上是一种债权凭证。NFT 数字作品的首次交易形成了购买者对铸造者的债权。NFT 数字作品后续交易的本质是债权转让。这一界定是值得商榷的。首先，NFT 的法律性质是权益凭证。但权益凭证并不等同于债权凭证，即使标的同为物，表征请求权的债权凭证与表征所有权的物权凭证之间存在区别，而 NFT 显然属于后者。其次，持“债权转让”观点的学者只看到了 NFT 数字作品的交易过程，忽视了交易结果。债权转让中，受让人的目的并非在于其仅仅拿到权益凭证，其最终意旨在于获取所转让债权的履行利益。成功“购入”NFT 数字作品的购买者基于其对铸造者享有的债权请求权，有权要求铸造者以及 NFT 交易平台履行给付义务，而铸造者以及 NFT 交易平台给付义务履行的结果是购买者成为该 NFT 数字作品的拥有者。这从交易结果上看，实质上是 NFT 数字作品的物权发生了变动。再次，仅看到过程，无视结果，将 NFT 数字作品的交易界定为债权转让不利于 NFT 数字作品的流通。

以“胖虎打疫苗”著作权纠纷案和《囍》著作权纠纷案为代表的 NFT 数字作品著作权纠纷表明，作品权属信息的审查与真实性保证制度的缺位，导致 NFT 数字作品的铸造者、购买者和第三方平台都不能确保被交易的 NFT 数字作品本身的合法性，无法排除以根本不存在的“权利”或有瑕疵的权利充当交易标的进行欺诈性交易的可能性。此外，NFT 数字作品在流转的同时，与元宇宙独有的金融活动高度挂钩，增强了风险的积聚效应，使 NFT 数字作品交易的金融风险成倍数级增加，出现 NFT 底层权益金融化、NFT 交易的金融违法犯罪等一系列风险。对这些风险从系统化的角度进行全方位的规制实属必要，但风险规制首先需要解决的是 NFT 数字作品交易平台的注意义务界定问题。注意义务的设定要与 NFT 数字作品交易平台的干预控制能力和盈利模式相吻合。一方面，整个 NFT 数字作品铸造流程以及 NFT 数字作品交易所形成的相关数据皆由 NFT 交易平台完整控制。从技术上讲，NFT 数字作品交易平台承担所铸造作品的著作权审查义务具备现实可能性；另一方面，NFT 数字作品交易平台的盈利模式不同于传统互联网平台的盈利模式。如果数字作品本身存在权利瑕疵时，NFT 数字作品交易平台没有权利真实性保障义务，一旦著作权人或者其授权的主体提出权利主张，NFT 数字作品平台也只需按照避风港规则采取相应措施并进行抗辩就可以免除法律责任，这样的义务设定，只能反向激励 NFT 数字作品交易平台敷衍完成权利真实性的审查，由此所导致的更多侵权行为和商业泡沫是可想而知的后果。因此，应赋予 NFT 数字作品交易平台承担拟铸造数字作品的著作权审查义务，从源头上最大限度预防著作权侵权。

NFT 数字作品只是将数字作品铸造为 NFT 形态，并未改变数字作品的本质属性。NFT 与底层数字作品结合为 NFT 数字作品之后产生了相应的价值。每“件”NFT 数字作品都具有独立价值，这为 NFT 数字作品的出售或赠与提供了前提。根据我国《著作权法》第 10 条第 6 项之规定，经著作权人合法授权，以出售或者赠与方式向公众提供 NFT 数字作品原件或者复制件的行为落入了发行权的调整范围。NFT数字作品交易的技术原理和交易架构保证了交易的执行透明性、不可篡改性和可验证性，使其具备了发行权穷竭原则的适用条件。当出售NFT数字作品时，智能合约将检查交易的合法性，其他用户通过加密钱包支付加密货币，完成NFT数字作品的购买，智能合约在交易平台上公开显示该数字作品的购买者为新的所有者以更新可以追溯的所有权信息。该NFT数字作品的相关权利内容、历史交易流转信息会全部记录在智能合约的标示信息中，并在对应的区块链上给该NFT数字作品生成一个无法篡改的独特编码以实现交易信息的公开透明。由此观之，NFT数字作品的交易架构能够产生特定作品复制件所有权转移的法律效果。“转发-删除”技术作为与发行权穷竭原则相适应的、结构化的、数字化的模拟，是数字环境下发行权穷竭原则适用中最常被引用的解决方案。但“转发-删除”技术机制的缺点是成本问题，为了实现这种方法，软件中需要包含编码，需要发行者采取几个步骤。此外，转发功能可能需要维护成本，尤其是在转发过程仅将密钥转让给购买者以允许下载的情况。这将导致数字作品至少两次被下载的情况，这可能会使发行商的带宽使用量增加一倍，增加发行商的发行服务成本。相比于“转发-删除”技术机制，NFT数字作品交易则不存在实施成本的缺陷，NFT数字作品交易以NFT交易平台为中心，平台提供铸造服务与交易服务，承担几乎全部的技术实施成本。NFT交易平台具有营利性，对其提供的铸造、发行、流转服务收取一定的费用以获取利润，因此，从这个角度而言，其更具实施持久性和技术可负担性，具备发行权穷竭原则适用的正当性。

结　语

对技术发展及时高效地回应是现代法治建设的基础指标。我国知识产权制度的改革，特别是知识产权专门法的修订，必须因应技术的发展。只有紧跟技术发展的步伐，有效地规制技术发展中出现的新问题，才能实现知识产权法的现代化。数字时代，发行权穷竭原则的适应性问题日益受到关注，传统的发行权穷竭原则是否应在数字转型时代生存下来？面临困境和危机的发行权穷竭原则如何有效适应数字时代作品传播的创新范式变迁？这些都是迫切需要解决的理论和实践问题。作为著作权权利限制制度的重要内容，发行权穷竭原则有利于实现对作品的接触和收藏、有利于保护消费者隐私权、有利于减少消费者锁定和促进社会创新。发行权穷竭原则的运用，不仅可以在宏观层面回应国家版权产业的发展战略，也可以为企业商业模式和战略的运用提供借鉴。在我国版权产业国际化、数字化的背景下，正确认识发行权穷竭原则的作用和价值，进而在不同的立法模式和规范制度之间做出合理的选择，具有重要的理论意义和实践价值。

数字环境下以协议方式对版权产品的后续流转进行售后限制是著作权人惯常采用的方法，该方法的合法性判断取决于发行权穷竭原则本身的规范属性，对其进行准确界定是数字环境下满足各方利益、促进资源流转和实现作品价值的首要前提。关于发行权穷竭原则规范属性的论争，学界存在“强行性规范说”和“任意性规范说”两种观点。澄清发行权穷竭原则规范属性的前提是对强行性规范和任意性规范进行准确的区分。发行权穷竭原则具有有利于实现对作品的接触和收藏、保护消费者隐私权等价值目标，这些价值目标决定了应将其界定为“强行性规范”。“任意性规范说”主要从保障合同自由和著作权人分销控制权的视角对售后限制排除发行权穷竭原则的正当性进行了分析论证，该理由是无法成立的。第一，允许当事人通过缔结协议的方式排除发行权穷竭原则的适用，在表层上看是高举了合同自由的大旗弘扬了当事人意思自治，在深层上看则忽视了其背后所衍生的交易成本因素。允许售后限制使版权产品消费者笼罩于交易秩序的非可预期和不安定之下，版权产品消费者需要煞费苦心地确认售后限制的有无、模式、内容等情况，在版权产品备受青睐并多次转让的情境下考量，由版权产品最终端的消费者去核实售后限制相关情况显然是不具有可操作性的纸上谈兵。第二，任何权利的保护都是存在边界的，著作权也不例外，加强著作权保护应将严厉惩戒和打击著作权侵权行为等方式作为导管和手段，而不是任由著作权人恣意排除权利之法定限制。第三，古典契约理论“以合意正当证明合同公平”的判断标准在当代已经失灵。“任意性规范说”继续沿用这一理论允许交易双方以合同约定的形式排除发行权穷竭原则的适用，只会越来越导致合同公平的崩塌。第四，持“任意性规范说”的学者提出了法院和决策者在某些情况下更灵活地应用发行权穷竭原则时可以考虑的分析框架，这些分析框架的具体应用很难实施。以“售后限制是否已充分传达给购买方”为例，售后限制已充分传达给购买方，且购买方点击“同意”的情况下，是否意味着购买方有明确的同意售后限制的真实意思表示，是值得思考的。

对于数字环境下发行权穷竭原则能否适用的问题，目前学界存在“肯定说”“否定说”以及“折中说”三种观点。“肯定说”揭示了数字环境下发行权不穷竭引发的不利后果，从维护法律稳定性的视角提出在既有交易习惯下不应针对数字环境另行设计一套单独的法律制度，发行权穷竭原则应继续予以适用。该观点有一定的合理之处，但弊端是，该观点始终从反面阐释其支持发行权穷竭原则数字环境适用的理由，即不适用发行权穷竭原则会产生哪些不利后果，而未从正面直指数字作品转售行为应当适用发行权穷竭原则的根本原因，论据上缺乏说服力。本书在赞同“肯定说”的观点及理由的基础上，从四个方面对发行权穷竭原则应适用于数字环境的观点进行补充证成。第一，数字作品通过消费者支付对价得来，为消费者个人所占有使用，应承认其具有财产属性，不应区别对待不同的转让方式，这也是技术中立原则的体现。第二，数字环境下，作品存在着传统市场流通过程中同样的交易需求，市场应当对这种需求做出回应。第三，发行权穷竭原则有利于实现对作品的接触和收藏、保护消费者隐私权、减少消费者锁定、促进社会创新。这些基本价值与作品的传播媒介并不相关，并未在数字环境中受到任何削弱或否定。第四，通过在二手市场上为客户提供以较低的价格购买数字内容的选择，可以促进更多合法的销售从而防止盗版。“否定说”的观点有待商榷。首先，发行权可以通过网络传输的方式行使。将网络传输排除出发行权的范围，使著作权法背离了“技术中立”的原则，在法律上制造出了更多的技术性的“鸽子笼”，人为地增加了法律选择和适用的难度。其次，数字作品的非损耗性仅指物理非损耗，不包括价值非损耗，而物理非损耗性可以通过技术手段突破。再次，数字环境的确解放了作品与有形载体之间的捆绑，但著作权与物权之间的冲突在数字环境下并未由此消失。数字作品也具有财产属性，数字环境下仍需要发行权穷竭原则保护版权产品消费者对其所拥有的作品复制件的财产处分权。数字环境虽然便利了作品的传播，但作品的传输并非畅通无阻，公众对作品的接触和体验并非在任何情况下都能够轻易实现。技术措施，尤其是接触控制措施的存在，如果被版权人滥用，极易构成对社会公众接触作品权利的侵害。发行权穷竭原则在数字环境下的适用，是对著作权人技术措施滥用的合理限制。最后，“否定说”以 DMCA 报告撰写之时的情况对“转发-删除”技术的实现存有忧虑，这是对当时技术发展水平的现实考虑，但是报告撰写距今已有 23 年之久，报告撰写之时的技术水平与当今的技术发展水平不可同日而语，当今存在的区块链技术可以用来促进数字传输同时避免盗版风险并避免对作弊的担忧。此外，在作品类型的判定本身就存在很大的争议的情况下，“折中说”根据作品类型去折中适用无异于使发行权穷竭数字适用的问题更加复杂化，不具备实际可行性。

对数字环境下发行权穷竭原则的适用进行域外考察，有助于我们从一个更广阔的国际视野理解和把握发行权穷竭原则的最新域外动态。2013 年美国 ReDigi 案和 2012 年欧盟 UsedSoft 案的判决，体现出美欧在对发行权穷竭原则是否适用于数字环境问题上呈现出了不同态度。美国虽然承认数字发行，却强调发行权穷竭原则只适用于著作权人交付的特定复制件。通过对网络复制进行机械僵硬的解释，美国将网络传输行为与其传输的作品复制件割裂开来，即使传输的作品在内容与形式上与接收的作品完全一样并且传输后只存在一个复制件，也认为每一次传输都构成新的复制和产生新的复制件。基于此，美国法院排除了依靠网络传输进行的转售适用发行权穷竭原则的可能。欧盟法院在 UsedSoft 案中则认为发行不取决于载体形式，而取决于是否发生“所有权转让”，所有权转让与否才是发行权与信息网络传播权的本质区别，进而通过灵活的解释明确了计算机软件在线销售的发行权穷竭原则适用。数字环境下发行权穷竭原则美欧司法实践差异化的原因在于美欧站在了不同的利益取舍点上。美国个人主义的价值内核在著作权领域最直接的体现是重视个人利益，直观显现为尊重当事人双方的意思自治、认可版权商拟定的禁止转售格式条款的效力并承认用户协议是“许可”而非“销售”、认为网络传输数字作品复制件侵犯著作权人的复制权。除了个人主义的价值观，集团政治也是思考美国问题的重要维度。以数字作品生产商为代表的利益集团向国会游说必然使发行权穷竭原则的数字环境适用充满阻碍。与美国相比，欧盟在UsedSoft案中，在寻求发行权穷竭原则是否适用于在线销售软件问题的解决之道时，站在了更高层次的公共利益的视角进行分析推理和论证，这样的解决路径既保持了著作权法律秩序的既有平衡，又不失灵活性和实用性，没有陷入美国机械僵硬式解决路径的泥潭。然而遗憾的是，继UsedSoft案之后，在备受瞩目的Allposters案和Tom Kabinet案为代表的司法判例中，欧盟法院并未将UsedSoft案的判决完美诠释的论证逻辑扩展到受《信息社会版权指令》调整的作品上。欧盟将数字环境下是否适用发行权穷竭原则与作品是属于《信息社会版权指令》调整还是属于《计算机程序保护指令》调整关联起来的做法陷入了“折中说”的错误，在作品类型的判断本身就颇具争议的情况下，根据作品类型去折中适用发行权穷竭原则使得对适用标准的理解成为“罗生门”式的图景，这无异于使发行权穷竭原则数字环境适用的问题更加复杂化，不具备实际可行性。

数字环境下发行权穷竭原则适用相关的美欧实践检视为我们提供了可资殷鉴的对象，美欧的司法实践足以说明该原则在适用中面临的困境不容忽视。法律层面上，发行权与信息网络传播权的交叉、销售与许可的混淆影响了该原则适用的根本性前提判断，复制行为的定性涉及新复制件的产生是否侵犯著作权人的复制权。这些困境的破解，需要从多层次、立体化的角度展开：第一，域外经验的借鉴和扬弃。我国一方面应借鉴欧盟法院在UsedSoft案中的论证逻辑：软件复制件所有权转让的事实使“信息网络传播”行为转化为“销售”行为进而满足了发行权穷竭原则适用的前提条件。我国司法实践中对相关纠纷的处理也应跳出作品有形载体的束缚，通过实质解释将发行权穷竭原则延伸适用于网络传输。另一方面应扬弃美国法院在ReDigi案中的论证逻辑，避免对作品网络传输过程中的复制进行机械化解释进而剥夺发行权穷竭原则数字环境适用的可能性。第二，制度规范构建因应。建议通过修改我国著作权法律规范发行权条款和信息网络传播权条款、增设发行权穷竭原则条款的方式构建面向数字时代的发行权穷竭原则。第三，理论实践策应。首先，销售与许可的区分方面，永久占有法能够从合同条款的实质内容出发，不仅仅关注合同的形式，更能反映交易的本质，是一种实质主义判断。实质主义判断更准确地反映了实践中由著作权人提供数字作品方式不同所引起的交易情形的多样性，越过表层透析交易的本质，承认了特定情形下数字作品传播应属“销售”的本质，进而避免了“许可”对“销售”的生存空间无限挤压，回应了现代消费者权益保护的要求。其次，复制行为的定性方面，以网络为媒介转售数字作品时，作品复制件的网络传输中新复制件的产生应被界定为临时复制，其并不会对版权人的合法权益造成任何损害。如果将上述复制行为从整个网络传输过程中单独抽离出来并界定为构成侵犯复制权，是站在僵硬教条的立场上曲解了复制权本身的意涵，不仅构成了对版权产品消费者财产权的粗暴限制，还影响了知识文化的传播，进而阻碍著作权法促进文化繁荣的价值目标。“转发-删除”技术是数字环境下发行权穷竭原则适用中最常被引用的解决方案。亚马逊公司获得的“数字对象二级市场”专利和苹果公司获得的“数字内容接触管理”专利表明，“转发-删除”技术已相对比较成熟。随着数字技术的进一步发展和域外数字作品交易平台的率先垂范，以开放的姿态迎接数字作品二手交易市场的建立是我国在信息化和全球化浪潮中掌握战略主动的必然选择。区块链技术也能够打破发行权穷竭原则数字环境适用的僵局，保证不增加作品复制件数量的前提下实现对数字作品的转售，保障著作权人利益的同时有效兼顾了社会公共利益。再次，对著作权人顾虑的回应方面，数字环境下适用发行权穷竭原则，著作权人最大的顾虑是随着二手数字市场的出现，版权产品消费者将不再购买全新的受版权保护的作品。但是这种担心是没有根据的，因为二手市场虽然是数字市场，但仍然排名第二。即使存在强大的二手市场，著作权人仍将具备从最初的销售收入中获取最大份额的能力，这些收益主要来自那些希望尽早获得作品的消费者。价格歧视作为限制发行权穷竭原则的论据被证明是不成功的。但如果创建了二手数字市场，则二手数字市场会允许著作权人进行价格歧视，著作权人价格歧视的能力并未丧失。数字作品转售的推广和数字二手市场的发展壮大难免会增加著作权人面临的风险。但风险与收益永远是相对应的主题，以化解著作权人的风险为由否定发行权穷竭原则数字环境适用，必然会损害版权产品消费者的正当权益。化解著作权人风险应该朝着进一步开发著作权技术措施、提高民众著作权保护意识、完善著作权侵权惩戒机制等方向不断努力。

总之，传统发行权穷竭原则的数字环境适用虽然面临着一定困境，然而这些困境通过域外经验的借鉴扬弃、制度规范的构建和理论实践的策应都可以得到相应的破解。我国《著作权法》及相关司法解释尚未对发行权穷竭原则进行明确规定虽为著作权法律规范的缺憾，但该缺憾反而为我国体系化构建面向数字时代的发行权穷竭原则提供了广阔的空间。在“万物皆可 NFT”的元宇宙时代，NFT 数字作品相关的著作权纠纷已在司法实践中初现端倪。在“胖虎打疫苗”著作权纠纷案中，法院一方面承认 NFT 数字作品的网络虚拟财产属性，另一方面却基于“需依赖于交易平台提供的技术支持”而否认权利人对 NFT 数字作品的支配。实际上，网络虚拟财产的界定本身即蕴含着排他性并且可以由权利人直接支配的内涵，借助技术手段实现排他性支配并不影响其支配效力。从法院裁判文书的说理论证能够看出，法院对于发行权穷竭原则能否扩张适用于数字环境是存在一定的迟疑和讨论的，在这种迟疑和讨论间，法院实际上是基于涉案 NFT 作品系未经著作权人授权擅自铸造的事实而最终否定了发行权穷竭原则的适用。因此，我们有理由认为，如果本案 NFT 数字作品是经过著作权人授权铸造的，法院很有可能会迈出发行权穷竭原则数字环境适用实质性的一步。NFT 数字作品《囍》著作权纠纷案中，二审四川省高级人民法院肯定了 NFT 数字作品具有物的属性，却未能将 NFT 数字作品物的属性贯穿到裁判说理论证的始终，法院将 NFT 数字作品的交易界定为债权转让，只看到了 NFT 数字作品的交易过程，忽视了交易结果。债权转让中，受让人的目的并非在于其仅仅拿到权益凭证，其最终意旨在于获取所转让债权的履行利益。成功“购入”NFT 数字作品的购买者基于其对铸造者享有的债权请求权，有权要求铸造者以及 NFT 交易平台为给付义务，而铸造者以及 NFT 交易平台给付义务履行的结果是购买者成为该 NFT 数字作品的拥有者。这从交易结果上看，实质上是 NFT 数字作品的物权发生了变动。NFT 数字作品交易的风险规制首先需要解决的是 NFT 数字作品交易平台的注意义务界定问题。应赋予 NFT 数字作品交易平台承担拟铸造数字作品的著作权审查义务以从源头上最大限度预防著作权侵权。NFT 数字作品只是将数字作品铸造为 NFT 形态，并未改变数字作品的本质属性。NFT 数字作品交易的技术原理和交易架构保证了交易的执行透明性、不可篡改性和可验证性，使其具备了发行权穷竭原则的适用条件。相比于“转发-删除”技术机制，NFT数字作品交易则不存在实施成本的缺陷，更具实施持久性和技术可负担性。

随着我国搭乘5G、区块链、大数据的技术快车，欣欣向荣的数字版权产业正成为我国服务贸易产业升级的助推剂和高质量转型发展的催化剂。发行权穷竭原则数字环境适用就在临门一脚，本书对“面临危机”的发行权穷竭原则如何有效适应数字时代作品传播的创新范式变迁提出了系统研究后的见解。发行权穷竭原则数字环境适用随着数字作品二手市场的发展壮大定会出现许多新的矛盾和问题，囿于目前我国尚未有相关的司法实践判例支撑，本书对可能出现的新矛盾和问题并未涉及，期望未来随着发行权穷竭原则数字环境适用司法实践的丰富继续展开后续研究。

参考文献

(一) 中文文献

[1] 王迁:《知识产权法教程》,中国人民大学出版社 2014 年版。

[2] 刘家瑞、郑成思:《知识产权文集:版权及邻接权卷(二)》,知识产权出版社 2017 年版。

[3] 刁胜先:《论权利穷竭原则》,法律出版社 2018 年版。

[4] 刘春田:《知识产权法》,中国人民大学出版社 2014 年版。

[5] [澳] 山姆·里基森、简·金斯伯格:《国际版权与邻接权——伯尔尼公约及公约以外的新发展》,郭寿康等译,中国人民大学出版社 2016 年版。

[6] [美] 保罗·戈斯汀:《著作权之道:从谷登堡到数字点播机》,金海军译,北京大学出版社 2018 年版。

[7] 王春燕:《平行进口法律规则的比较研究》,中国人民大学出版社 2012 年版。

[8] 沈宗灵:《比较法研究》,北京大学出版社 2014 年版。

[9] 陈瑞华:《论法学研究方法》,北京大学出版社 2009 年版。

[10] [美] 博登海默:《法理学——法哲学及其方法》,邓正来,姬敬武译,华夏出版社 1987 版。

[11] 联合国贸易与发展会议、国际贸易和可持续发展中心编:《TRIPS 协定与发展:资料读本》,中华人民共和国商务部法条司译,中国商务出版社 2013 年版。

[12] 梁志文:《数字著作权论》,知识产权出版社 2017 年版。

[13] [美] 朱莉·E. 科恩等:《全球信息经济下的美国版权法》,王迁等译,商务印书馆 2016 年版。

[14] [美] 罗伯特·P. 莫杰思:《知识产权正当性解释》,金海军等译,商务印书馆 2019 年版。

[15] 崔国斌:《著作权法原理与案例》,北京大学出版社 2014 年版。

[16] [美] 威廉·M. 兰德斯、理查德·A. 波斯纳:《知识产权法的经济结构》,金海军译,北京大学出版社 2016 年版。

[17] [美] 亚伦·普赞诺斯基、杰森·舒尔茨:《所有权的终结——数字时代的财产保

护》，赵精武译，北京大学出版社 2022 年版。
[18] 梁志文：《变革中的版权制度研究》，法律出版社 2018 年版。
[19] 黄海峰：《知识产权的话语与现实——版权、专利与商标史论》，华中科技大学出版社 2011 年版。
[20] [美] 理查德 · A. 波斯纳：《正义、司法的经济学》，苏力译，中国政法大学出版社 2002 年版。
[21] 李明德等：《欧盟知识产权法》，法律出版社 2010 年版。
[22] 孙国华、朱景文：《法理学》，中国人民大学出版社 2002 年版。
[23] 姚建宗：《法理学——一般法律科学》，中国政法大学出版社 2006 年版。
[24] 黄茂荣：《法学方法与现代民法》，中国政法大学出版社 2001 年版。
[25] [德] 卡尔 · 拉伦茨：《德国民法通论》，王晓晔等译，法律出版社 2003 年版。
[26] 王利明：《合同法研究（第一卷）》，中国人民大学出版社 2011 年版。
[27] 刘家瑞：《郑成思知识产权文集版权与邻接权卷（一）》，知识产权出版社 2017 年版。
[28] 高富平：《物权法原论》，法律出版社 2014 年版。
[29] 李琛：《著作权基本理论批判》，知识产权出版社 2013 年版。
[30] 曹新明：《知识产权法学》，中国人民大学出版社 2016 年版。
[31] 刘春田：《知识产权法》，高等教育出版社 2015 年版。
[32] 许辉猛：《著作权基本原理》，知识产权出版社 2011 年版。
[33] 陶凯元：《知识产权审判指导》，人民法院出版社 2017 年版。
[34] 冯晓青、胡梦云：《动态平衡中的著作权法——"私人复制"及其著作权问题研究》，中国政法大学出版社 2011 年版。
[35] [日] 北川善太郎：《著作权交易市场——信息社会的法律基础》，郭慧琴译，华中科技大学出版社 2011 年版。
[36] [美] 罗尔斯：《作为公平的正义——正义新论》，姚大志译，上海三联书店 2002 年版。
[37] 李琛：《论知识产权法的体系化》，北京大学出版社 2005 年版。
[38] 吴汉东：《中国知识产权理论体系研究》，商务印书馆 2018 年版。
[39] 李扬：《著作权法基本原理》，知识产权出版社 2019 年版。
[40] 熊琦：《著作权法中的私人自治原理》，法律出版社 2020 年版。
[41] 何志鹏：《权利基本理论：反思与构建》，北京大学出版社 2012 年版。
[42] 万勇：《论向公众传播权》，法律出版社 2014 年版。
[43] 崔建远：《物权法》，中国人民大学出版社 2009 年版。
[44] 钟瑞栋：《论著作权法中的平衡精神——以版权穷竭制度为个案》，载《厦门大学法

律评论》2001 年第 4 期。

[45] 刘浏、闻凯:《论网络版权产业发展的挑战及其法律应对——基于河北省网络版权产业情况调研》，载《河北法学》2021 年第 8 期。

[46] 胡慧源、朱仲玉:《“十三五”时期我国版权保护与管理回眸及展望》，载《中国出版》2020 年第 24 期。

[47] 詹爱岚:《美国版权耗尽与平行进口立法及其司法实践解析》，载《科技进步与对策》2005 年第 3 期。

[48] 郭雅菲:《基于区块链的数字作品发行权用尽研究》，载《上海法学研究》2020 年第 1 期。

[49] 梁志文、蔡英:《数字环境下的发行权穷竭原则——兼评欧盟法院审理的 Oracle 公司诉 UsedSoft 公司案》，载《政治与法律》2013 年第 11 期。

[50] 薛亚君:《数字化图书与发行权穷竭原则》，载《天津科技》2015 年第 9 期。

[51] 张永艾:《略论权利穷竭的地域性与普遍性》，载《山东审判》2004 年第 5 期。

[52] 余翔:《权衡耗尽原则——中国专利权耗尽与平行进口相关分析》，载《国际贸易》2001 年第 6 期。

[53] 刘春田:《〈民法典〉与著作权法的修改》，载《知识产权》2020 年第 8 期。

[54] 王清、聂欣妍:《基于区块链技术探讨权利穷竭原则对数字出版物的适用性》，载《出版参考》2019 年第 6 期。

[55] 高莉:《基于利益平衡的数据隐私与商业创新协同保护研究》，载《江苏社会科学》2020 年第 6 期。

[56] 冯晓青、周贺微:《知识产权的公共利益价值取向研究》，载《学海》2019 年第 1 期。

[57] 杨明:《私人复制的著作权法制度应对：从机械复制到云服务》，载《国法学》2021 第 1 期。

[58] 杰西卡·李特曼:《视版权为财产时我们会忽视什么》，倪朱亮译，载《知识产权》2019 年第 9 期。

[59] 陈晓萍:《阅读权利：我国全民阅读立法的本源》，载《图书馆理论与实践》，2018 年第 11 期。

[60] 冯可欧:《论首次销售与合同约定之关系——以淘宝电子书市场“集体违约”现象为观察视角》，载《出版发行研究》2017 年第 7 期。

[61] 唐艳:《数字化作品与首次销售原则——以〈著作权法〉修改为背景》，载《知识产权》2012 年第 1 期。

[62] 马晶、张小强:《数字作品首次销售原则的适用及版权人利益再平衡》，载《科技与出版》2016 年第 7 期。

[63] 王泽鉴:《人格权的具体化及其保护范围·隐私权篇（上）》，载《比较法研究》2008年第6期。

[64] 王泽鉴:《人格权的具体化及其保护范围·隐私权篇（中）》，载《比较法研究》2009年第1期。

[65] 谢惠加:《技术措施保护的隐私权限制》，载《知识产权》2012年第3期。

[66] 张长琳:《法律制度创新与电子书使用版权的授权问题》，载《图书馆理论与实践》，2018年第7期。

[67] 王金金等:《知识产权强国框架下版权强国建设的相关问题研究》，载《科技与法律》2017年第6期。

[68] 赵加兵:《论版权权利穷竭原则在数字环境中的适用及其考量因素》，载《郑州大学学报（哲学社会科学版）》2021年第1期。

[69] 崔波、赵忠楠:《数字环境下作品首次销售原则的改良适用研究》，载《陕西师范大学学报（哲学社会科学版）》2021年第1期。

[70] 孟祥娟:《论专利权保护与平行进口问题》，载《北方论丛》2006年第5期。

[71] 张耕、孙正樑:《自贸区知识产权产品平行进口的法理分析》，载《兰州学刊》2019年第6期。

[72] 朱喆琳:《“权利穷竭”理论对我国版权产业影响研究》，载《科技与出版》2018年第1期。

[73] 孙颖:《平行进口与知识产权保护之冲突及其法律调控》，载《政法论坛》1999年第3期。

[74] 鲁甜:《版权平行进口的理论分析与立法选择——以约翰威利出版社案为视角》，载《中国版权》2015年第2期。

[75] 丁婧文:《论数字作品转售不适用首次销售原则》，载《学术研究》2021年第4期。

[76] 卢纯昕:《论网络环境中首次销售原则的扩大适用》，载《电子知识产权》2015年第3期。

[77] 刘敬东:《国际贸易法治的危机及克服路径》，载《法学杂志》2020年第1期。

[78] 李建华:《我国知识产权权利穷竭制度的立法设计——基于知识产权法典化的思考》，载《法学论坛》2011年第2期。

[79] 刘廷涛:《反垄断法下价格歧视之竞争损害分析》，载《东方法学》2016年第3期。

[80] 许光耀:《价格歧视行为的反垄断法分析》，载《法学杂志》2011年第11期。

[81] 韩磊:《权利国际用尽原则与平行进口的法律规制》，载《河北法学》2017第10期。

[82] 陈东:《区域一体化演变趋势与我国中长期应对策略》，载《中国科学院院刊》2020年第7期。

[83] 熊琦:《网络时代著作权法与合同法的冲突与协调》，载《法商研究》2008年第

2 期。

[84] 许中缘:《民法强行性规范研究》, 载《法学家》2009 年第 21 期。

[85] 马治国、赵龙:《价值冲突: 公共领域理论的式微与著作权扩张保护的限度》, 载《山东社会科学》2020 年第 10 期。

[86] 马驰升:《数字环境下首次销售原则适用的困境与突破》, 载《知识产权》2016 年第 3 期。

[87] 许德风:《合同自由与分配正义》, 载《中外法学》2020 年第 4 期。

[88] 冯晓青:《知识产权法与公共利益探微》, 载《行政法学研究》2005 年第 1 期。

[89] 李秀芬:《法律漏洞的特征与填补路径》, 载《华东政法大学学报》2019 年第 6 期。

[90] 王磊:《动态体系论: 迈向规范形态的"中间道路"》, 载《法制与社会发展》2021 年第 4 期。

[91] 梁慧星:《从近代民法到现代民法——二十世纪民法回顾》, 载《中外法学》1997 年第 2 期。

[92] 夏庆锋:《网络合同中不正当格式条款的纠正规则》, 载《江淮论坛》2020 年第 2 期。

[93] 马辉:《格式条款规制标准研究》, 载《华东政法大学学报》2016 年第 2 期。

[94] 王翼泽:《版权许可格式合同扩大版权人权利范围的应对》, 载《中国版权》2020 年第 8 期。

[95] 曾殷志、许中缘:《论我国转型时期的民法规范》, 载《湖南社会科学》2014 年第 3 期。

[96] 范围、刘曼:《"私" 自治的辨析》, 载《河北法学》2008 年第 12 期。

[97] 宫士友:《我国著作权法律制度面临的困惑——写在著作权法修订之际》, 载《知识产权》2012 年第 2 期。

[98] 陶乾:《电子书转售的合法性分析》, 载《法学杂志》2015 年第 7 期。

[99] 齐爱民:《数字文化商品确权与交易规则的构建》, 载《中国法学》2012 年第 5 期。

[100] 陶乾:《数字出版物二次交易技术评析》, 载《现代出版》2017 年第 1 期。

[101] 李晓秋、李家胜:《二手数字音乐作品转卖中的首次销售原则适用例外分析——以美国国会唱片公司诉 ReDigi 公司为例》, 载《重庆理工大学学报 (社会科学版)》2014 年第 4 期。

[102] 魏玮:《论首次销售原则在数字版权作品转售中的适用》, 载《知识产权》2014 年第 6 期。

[103] 王迁:《论网络环境中的"首次销售穷竭原则"》, 载《法学杂志》2006 年第 3 期。

[104] 陈琛、夏瑶:《虚拟发行语境下首次销售穷竭原则的法律与经济分析》, 载《广西社会科学》2017 年第 1 期。

[105] 夏扬:《发行权理论在信息技术条件下的变迁》，载《出版发行研究》2012 年第 12 期。
[106] 何炼红、邓欣欣:《数字作品转售行为的著作权法规制——兼论数字发行权有限用尽原则的确立》，载《法商研究》2014 年第 5 期。
[107] 华劼:《数字网络环境下版权权利穷竭原则延伸性研究》，载《江海学刊》2017 年第 1 期。
[108] 龙卫球:《数据新型财产权构建及其体系研究》，载《政法论坛》2017 年第 4 期。
[109] 冯晓青:《数据财产化及其法律规制的理论阐释与构建》，载《政法论丛》2021 年第 4 期。
[110] 郑佳宁:《数字经济时代数据财产私法规制体系的构塑》，载《学术研究》2021 年第 6 期。
[111] 程啸:《论大数据时代的个人数据权利》，载《中国社会科学》2018 年第 3 期。
[112] 梁志文:《云计算、技术中立与版权责任》，载《法学》2011 年第 3 期。
[113] 梁志文:《作品类型法定缓和化的理据与路径》，载《中外法学》2021 年第 3 期。
[114] 李建华、麻锐:《知识产权法律关系的私法研究范式转换》，载《政法论丛》2020 年第 5 期。
[115] 梅术文:《消费者运动与数字著作权法的完善》，载《法学》2013 年第 8 期。
[116] 孔祥俊:《论知识产权的公共政策性》，载《上海交通大学学报（哲学社会科学版）》2021 年第 139 期。
[117] 彭学龙:《“复制”版权之反思与重构》，载《学术论坛》2005 年第 2 期。
[118] 林旭东等:《数字盗版控制策略研究综述与展望——法律、技术与企业运营层面的分析视角》，载《管理评论》2018 年第 6 期。
[119] 宋苏晨、徐剑:《新媒体时代版权保护与知识传播的结构性矛盾——基于音像盗版的社会意义解读》，载《上海交通大学学报（哲学社会科学版）》2007 年第 1 期。
[120] 何怀文:《二手数字出版物与发行权用尽——兼评美国“ReDigi 案”与欧盟“UsedSoft 案”》，载《出版发行研究》2013 年第 6 期。
[121] 陈锦川:《法院可以创设新类型作品吗?》，载《中国版权》2018 年第 3 期
[122] 金松:《论作品的“可复制性”要件——兼论作品概念条款与作品类型条款的关系》，载《知识产权》2019 年第 1 期。
[123] 卢纯昕:《法定作品类型外新型创作物的著作权认定研究》，载《政治与法律》2021 年第 5 期。
[124] 凌宗亮:《网络游戏的作品属性及其权利归属》，载《中国版权》2016 年第 5 期。
[125] 马晶、杨天红:《论数字作品所有权转让与著作权许可的区分——基于首次销售原则的考察》，载《大连理工大学学报（社会科学版）》2017 年第 1 期。

[126] 梁志文:《论版权法上使用者利益的保护》，载《法律科学》2013 年第 6 期。

[127] 付继存:《著作权绝对主义之反思》，载《河北法学》2017 年第 7 期。

[128] 宋智慧:《3D 打印技术背景下复制权的扩张》，载《电子知识产权》2017 年第 4 期。

[129] 姚洪军:《中美处理网络服务提供者著作权问题的比较》，载《比较法研究》2011 年第 5 期。

[130] 梁志文、蔡英:《数字环境下的发行权穷竭原则——兼评欧盟法院审理的 Oracle 公司诉 UsedSoft 公司案》，载《政治与法律》2013 年第 11 期。

[131] 于程远:《论法律行为定性中的“名”与“实”》，载《法学》2021 年第 7 期。

[132] 沈仁干:《世界知识产权组织推出两个新条约》，载《知识产权研究》1997 年第 3 期。

[133] 刘子涵:《作品数字复制件的可转卖性探析——基于物权法与著作权法双重视角》，载《天津法学》2020 年第 3 期。

[134] 梅术文、曹文豪帅:《我国统一化数字版权交易平台的构建》，载《科技与法律》2020 年第 6 期。

[135] 穆向明:《基于区块链技术的数字版权保护新思路——〈2018 年中国网络版权保护年度报告〉评述》，载《出版广角》2019 年第 19 期。

[136] 张冰清、李琳:《基于区块链技术的数字版权利益平衡》，载《中国出版》2019 年第 11 期。

[137] 万勇:《新型知识产权的法律保护与国际规则建构》，载《中国政法大学学报》2021 年第 3 期

[138] 易继明:《后疫情时代“再全球化”进程中的知识产权博弈》，载《环球法律评论》2020 年第 5 期。

[139] 马忠法、李依琳:《后 TRIPS 协议时代美国知识产权国际保护诉求之变及其影响》，载《河北法学》2020 年第 8 期。

[140] 蒋舸:《知识产权法与反不正当竞争法一般条款的关系——以图式的认知经济性为分析视角》，载《法学研究》2019 年第 2 期。

[141] 蒋舸:《论著作权法的“宽进宽出”结构》，载《中外法学》2021 年第 2 期。

[142] 万勇:《知识产权全球治理体系改革的中国方案》，载《知识产权》2020 年第 2 期。

[143] 崔国斌:《知识产权确权模式选择理论》，载《中外法学》2014 年第 2 期。

[144] 崔国斌:《知识产权 vs. 网络自由：新一轮国际立法争议解读》，载《电子知识产权》2012 年第 3 期。

[145] 李明德:《两大法系背景下的作品保护制度》，载《知识产权》2020 年第 7 期。

[146] 朱京安、王鸣华:《TRIPS-plus 扩张的新制度经济学解析》，载《知识产权》2014

年第11期。
[147] 胡建国、左海聪:《中美知识产权案显国际著作权和贸易法灵活性》,载《WTO经济导刊》2009年第6期。
[148] 吴汉东:《试论“民法典时代”的中国知识产权基本法》,载《知识产权》2021年第4期。
[149] 吴汉东、刘鑫:《我国〈著作权法〉第三次修订之评析》,载《东岳论丛》2020年第1期。
[150] 朱雪忠、杨静:《中国知识产权话语策略研究:基于话语与秩序相互建构的视角》,载《中国软科学》2017年第5期。
[151] 焦和平:《发行权规定的现存问题与改进建议——兼评〈著作权法(修订草案送审稿)相关规定〉》,载《交大法学》2015年第1期。
[152] 阮神裕:《论NFT数字资产的财产权益:以权利束为视角》,载《浙江社会科学》2023年第3期。
[153] 石巍:《平行进口与灰色市场:知识产权国际穷竭原则新探:南开国际法、经济法和民商法论集——祝贺高尔森教授九十寿辰专辑》,南开大学出版社2019年版。
[154] 刘维、林星成:《论NFT数字作品发行权的证成与扩张》,载《新闻界》2023年第8期。
[155] 邓建鹏、李嘉宁:《数字艺术品的权利凭证——NFT的价值来源、权利困境与应对方案》,载《探索与争鸣》2022年第6期。
[156] 袁锋:《元宇宙时代NFT数字藏品交易的版权困境与应对研究》,载《湖北社会科学》2023年第6期。
[157] 陶乾:《论数字作品非同质代币化交易的法律意涵》,载《东方法学》2022年第2期。
[158] 陈吉栋:《超越元宇宙的法律想象:数字身份、NFT与多元规制》,载《法治研究》2022年第3期。
[159] 孙山:《数字作品NFT交易的著作权风险治理》,载《知识产权》2023年第6期。
[160] 闫冬:《论NFT数字作品的权属特点与规则适用》,载《上海师范大学学报(哲学社会科学版)》2024年第1期。
[161] 倪楠、罗聪铭:《元宇宙中NFT的交易模式与法律规制》,载《数字法治》2023年第6期。
[162] 周澎:《非同质化代币交易中我国首次销售原则的适用困境与纠偏——兼评“胖虎打疫苗”案》,载《法律适用》2023年第8期。
[163] 谢潇:《超越物债区分原则:论作为财产支配权的网络虚拟财产权》,载《法制与社会发展》2023年第4期。

[164] 郭鹏:《功能等同原则视域下 NFT 数字藏品交易的法律定性——兼论虚拟财产纳入物权法调整的新路径》，载《现代法学》2023 年第 6 期。

[165] 王迁:《论 NFT 数字作品交易的法律定性》，载《东方法学》2023 年第 1 期。

[166] 李逸竹:《NFT 数字作品的法律属性与交易关系研究》，载《清华法学》2023 年第 3 期。

[167] 梅夏英、曹建峰:《从信息互联到价值互联：元宇宙中知识经济的模式变革与治理重构》，载《图书与情报》2021 年第 6 期。

[168] 马天杰等:《非同质化通证的风险挖掘及应对策略——价值互联网时代的权益保障》，载《上海法学研究》2022 年第 6 期。

[169] 刘双舟、郭志伟:《NFT 数字作品交易的法律风险及合规管理》，载《东北财经大学学报》2023 年第 1 期。

[170] 胡泰忠、肖波:《财产权利凭证的财产控制方式与盗窃数额的计算》，载《法律适用》2008 年第 5 期。

[171] 刘丁勤:《论 NFT 作品首次销售原则的可适用性——基于英美财产权理论考察》，载《知识产权》2023 年第 6 期。

[172] 陈雪:《我国数字出版产业极具活力》，载《光明日报》2020 年第 9 期。

[173]《英国〈在线版权侵权追踪报告〉显示：盗版情况受疫情影响有限仍受便利性、成本等驱使》，载《中国新闻出版广电报》2021 年第 7 期。

[174] 王奔通:《国际贸易中知识产权的权利穷竭问题研究》，复旦大学 2011 年博士学位论文。

[175] 崔恒:《政治民主与政府效能的冲突与平衡——基于美国利益集团参与政治过程的一项研》，武汉大学 2010 年博士学位论文。

(二) 外文文献

[1] Péter Mezei, *Copyright Exhaustion: Law and Policy in the United States and the European Union*, Cambridge University Press, 2018.

[2] Melvile B. Nimmer, David Nimmer, *Nimmer on Copyright*, Matthew Bender& Company Press, 2003.

[3] Atiyah, *The Rise and Fall of Freedom of Conteact*, Oxford University Press, 1985.

[4] L · Ray Patterson, Stanley W. Lindberg, *The Nature of Copyright: A Law of Users' Rights*, University of Georgia Press, 1991.

[5] Melaine Swan, *Blockchain: Blueprint for a new economy*, O'Reilly Media, press, 2015.

[6] Guy Tritton etc, *Intellectual Property in Europe*, Sweet& Maxwell press, 2008.

[7] Munroe Smith, *A General View of European Legal History and Other Papers*, Ams Press, 1967.

[8] Ariel Katz, "Copyright, Exhaustion, and the Role of Libraries in the Ecosystem of Knowl-

edge", *A Journal of Law and Policy for the Information Society*, (1) 2016.

[9] Aaron Perzanowski, Jason Schultz, "Legislating Digital Exhaustion", *Berkeley Technology Law Journal*, 2014, 29 (3).

[10] Antoni Rubi Puig, "Copyright Exhaustion Rationales and Used Software [J]. Journal of Intellectual Property", *Information Technology and Electronic Commerce Law*, 2013, 4 (3).

[11] Matthew J. Turchyn, "It Looks Like a Sale; It Quacks Like a Sale. But It's Not-An Argument for the Application of the Duck Test in a Digital First Sale Doctrine", *Journal of Business, Entrepreneurship & the Law*, 2011, 5 (3).

[12] Lothar Determann, "Digital Exhaustion: New Law from the Old World", *Berkeley Technology Law Journal*, 2018, 33 (1).

[13] Aaron Perzanowski, Jason Schultz, "Copyright Exhaustion and the Personal Use Dilemma ", *Minnesota Law Review*, 2012, 96 (6).

[14] P. SeanMorris, "Beyond Trade: Global Digital Exhaustion in International Economic Regulation", *Campbell Law Review*, 2013, 36 (1).

[15] Theo Papadopoulos, "Copyright Law and Competition Policy: International Aspects", *The Australian National University Agenda*, 2002, 9 (2).

[16] Diepiriye A. Anga, "Intellectual Property without Borders: The Effect of Copyright Exhaustion on Global Commerce", *International Law & Management Review*, 2014, 10 (1).

[17] Guy A. Rub, "Rebalancing Copyright Exhaustion", *Emory Law Journal*, 2015, 64 (3).

[18] Orit Fischman Afori, "Implied License: An Emerging New Standard in Copyright Law", *Santa Clara Computer & High Technology Law Journal*, 2008-2009, 25 (2).

[19] Lorie M. Graham, Stephen M. McJohn, "Intellectual Property's First Sale Doctrine and the Policy against Restraints on Alienation", *Texas A&M Law Review*, 2020, 7 (3).

[20] Jessica Litman, "Real Copyright Reform", *Iowa Law Review*, 2010, 96 (1).

[21] R. Anthony Reese, "The First Sale Doctrine in the Era of Digital Networks", *Boston College Law Review*, 2003, 44 (2).

[22] Sarah Reis, "Toward a Digital Transfer Doctrine-The First Sale Doctrine in the Digital Era", *Northwestern University Law Review*, 2014, 109 (1).

[23] Evan Hess, "Code-ifying Copyright: An Architectural Solution to Digitally Expanding the First Sale Doctrine", *Fordham Law Review*, 2013, 81 (4).

[24] Deirdre K. Mulligan, Jason M. Schultz, "Neglecting the National Memory: How Copyright Term Extensions Compromise the Development of Digital Archives", *Journal of Appellate Practice and Process*, 2002, 4 (2).

[25] Aaron Perzanowski, Jason Schultz, "Digital Exhaustion", *UCLA Law Review*, 2011, 58 (4).

[26] Julie E. Cohen, "A Right to Read Anonymously: A Closer Look at Copyright Management in Cyberspace", *Connecticut Law Review*, 1996, 28 (4).

[27] Thomas W. Merrill, Henry E. Smith, "Optimal Standardization in the Law of Property: The Numerus Clausus Principle", *Yale Law Journa*l, 2000, 110 (1).

[28] Zbigniew J. Bednarz, "Unreal Property: Vernor v. Autodesk, Inc. and the Rapid Expansion of Copyright Owners´ Rights by Granting Broad Deference to Software License Agreements", *DePaul L. Rev*, 2012, 61 (3).

[29] Nancy T. Gallini , Aidan Hollis, "A Contractual Approach to the Gray Market", *Int' l Rev. L. & Econ*, 1999, 19 (1).

[30] Shubha Ghost, "An Economic Analysis of the Common Control Exception to Gray Market Exclusion", *U. Pa. J. Int' l Bus*. L, 1994, 15 (3).

[31] William M. Landers, Richard A. Posner, "Trademark Law: An Economic Perspective", *J. L. & Econ*, 1987, 30 (2).

[32] Elin Dugan, "United States of America, Home of the Cheap and the Gray: A Comparison of Recent Court Decisions Affecting the U. S. and European Gray Markets", *Geo. Wash. Int' l L. Rev*, 2011, 33.

[33] Peng Jiang, "Fighting the AIDS Epidemic: China' s Options under the WTO TRIPs Agreement ", *Albany Law Journal of Science and Technology* , 2002, 13 (1).

[34] Cosovanu, Catalin, "Piracy, Price Discrimination, and Development: The Software Sector in Eastern Europe and Other Emerging Markets", *The Columbia Science and Technology Law Review*, 2003, 5.

[35] Ariel Katz, Aaron Perzanowski , Guy A. Rub, "The Interactions of Exhaustion and the General Law: A Reply to Duffy and Hynes", *VA. L. REV. ONLINE*, 2016, 102 (8).

[36] Mark A. Lemley, "Terms of Use", *Minnesota Law Review*, 2006, 91 (2).

[37] Cassandra E. Havens, "Saving Patent Law from Competition Policy and Economic Theories: Kimble v. Marvel Entertainment, LLC", *Berkeley Technology Law Journal*, 2016, 31 (2).

[38] Cass Sunstein, "Boundedly Rational Borrowing", *University of Chicago Law Review*, 2006, 73 (1).

[39] P. S. Atiyah, "Contract and Fair Exchange", *The University of Toronto Law Journal*, 1985, 35 (1).

[40] P. Bernt Hugenholtz, "Commentary: Copyright, contract and code: what will remain of the

public domain", *Brooklyn Journal of International Law*, 2006, 26 (1).

[41] Keith Kupferschmid, "Lost in Cyberspace: The Digital Demise of the First-Sale Doctrine", *John Marshall Journal of Computer and Information Law*, 1998, 16 (4).

[42] Michael S. Richardson, "The Monopoly on Digital Distribution", *Pacific McGeorge Global Business & Development Law Journal*, 2014, 27 (1).

[43] Christopher B. Graber, "Tethered Technologies, Cloud Strategies and the Future of the First Sale/Exhaustion Defence in Copyright Law", *Queen Mary Journal of Intellectual Property*, 2015, 5 (4).

[44] Monica L. Dobson, "ReDigi and the Resale of Digital Media: The Courts Reject a Digital First Sale Doctrine and Sustain the Imbalance between Copyright Owners and Consumers", *Akron Intellectual Property Journal*, 2015, 7 (2).

[45] Deborah Tussey, "Technology Matters: The Courts, Media Neutrality, and New Technologies ", *Journal of Intellectual Property Law*, 2005, 12 (2).

[46] Jane C. Ginsburg, "Essay: From Having Copies to Experiencing Works: The Development of an Access Right in U. S. Copyright Law", *Journal of the Copyright Society of the U. S. A.*, 2002-2003, 50.

[47] Mark A. Lemley, "Dealing with Over-lapping Copyright on the Internet", *University of Daytona Law Review*, 1997, 22.

[48] Aurele Nanoff, "The Moral Rights Act of 2007: Finding the Melody in the Music", *Journal of Business Entrepreneurship&Law*, 2007, 1 (1).

[49] Brian W. Carver, "Why License Agreements Do Not Control Copy Ownership: First Sales and Essential Copies", *Berkeley Technology Law Journal*, 2010, 25 (4).

[50] Joseph E. Van Tassel, "Remote Deletion Technology, License Agreements, and the Distribution of Copyrighted Works", *Virginia Law Review*, 2011, 97 (5).

[51] Natali Helberger, P. Bernt Hugenholtz, "No Place Like Home for Making a Copy: Private Copying in European Copyright Law and Consumer Law", *Berkeley Technology Law Journa*, 2007, 122 (3).

[52] Theodore Serra, "Rebalancing at Resale: Redigi, Royalties, and the Digital Secondary Market", *Boston University Law Review*, 2013, 93 (5).

[53] D. Theodore Rave, "Politicians as Fiduciaries", *Harvard Law Review*, 2013, 126 (3).

[54] Herbert Hovenkamp, "Post-Sale Restraints and Competitive Harm: The First Sale Doctrine in Perspective", *New York University Annual Survey of American Law*, 2011, 66 (3).

[55] Clark D. Asay, "Kirtsaeng and the First-Sale Doctrine's Digital Problem, *Stanford Law ReviewOnline* , 2013-2014, 66.

[56] Steve Lauff, "Decompilation of Collective Works: When the First Sale Doctrine Is a Mirage", *Texas Law Review*, 1997-1998, 76 (4).

[57] Melissa Goldberg, "A Textbook Dilemma: Should the First Sale Doctrine Provide a Valid Defense for Foreign-Made Goods", *Fordham Law Review*, 2012, 80 (6).

[58] Guy A. Rub, "A Less-Formalistic Copyright Preemption", *Journal of Intellectual Property Law*, 2017, 24 (2).

[59] Sarah Reis, "A Closer Look at the European Union Copyright Directive", *AALL Spectrum*, 2019, 24 (2).

[60] Ole-Andreas Rognstad, "Restructuring the Economic Rights in Copyright-Some Reflections on an Alternative Model", *Journal of the Copyright Society of the USA*, 2015, 62 (4).

[61] Michael J. Meurer, "Copyright Law and Price Discrimination", *CardozoLaw Review*, 2001, 23 (1).

[62] Guy A. Rub, "Amazon and the New World of Publishing: Comments on Chris Sagers, Apple, Antitrust, and Irony", *A Journal of Law and Policy for the Information Society*, 2018, 14 (2).

[63] Guy A. Rub, "Contracting around Copyright: The Uneasy Case for Unbundling of Rights in Creative Works", *University of Chicago Law Review*, 2011, 78 (1).

[64] Ole-Andreas Rognstad, "Legally Flawed but Politically Sound: Digital Exhaustion of Copyright in Europe after UsedSoft", *Oslo Law Review*, 2014 (1).

[65] Peter Mezei, "Digital First Sale Doctrine Ante Portas: Exhaustion in the Online Environment", *Journal of Intellectual Property*, *Information Technology and Electronic Commerce Law*, 2015, 6 (1).

[66] Caterina Sganga, "A Plea for Digital Exhaustion in EU Copyright Law", *Journal of Intellectual Property*, *Information Technology and Electronic Commerce Law*, 2018, 9 (3).

[67] Michael V. Sardina. Exhaustion and First Sale in Intellectual Property, *Santa Clara Law Review*, 2011, 51 (4).

[68] Guy A. Rub, "Market Regulation of Contractual Terms: A Sceptical View", *Canadian Business Law Journal*, 2013, 54 (2).

[69] Aaron Perzanowski, Chris Jay Hoofnagle, "What We Buy When We Buy Now", *University of Pennsylvania Law Review*, 2017, 165 (2).

[70] James Lafave, "The Absence of Common Sense from the Copyright Act's Treatment of Software and the First Sale Doctrine", *Intellectual Property Brief* , 2010, 2 (2).

[71] Joseph L. Roth, "Exhaustion Cannot Stifle Innovation: A Limitation on the First Sale Doctrine", *UC Irvine Law Review*, 2015, 5 (5).

[72] Patrick J. Coyne, "The First Sale Doctrine after Costco: Brilliantly Reconciling Decades of Legislative Revision; the Forgotten Curse of the Manufacturing Clause; or Just Plain Bad Statutory Drafting", *Akron Intellectual Property Journal*, 2012, 6 (1).

[73] Justin Yedor, "Lacking Swiss Precision: The First-Sale Doctrine in Costco v. Omega", *Duke Journal of Constitutional Law and Public Policy Sidebar*, 2011 (6).

[74] Maureen B. Collins, "Crossing Parallel Lines: The State of the First Sale Doctrine after Costco v. Omega", *Buffalo Intellectual Property Law Journal*, 2012, 8 (1).

[75] Constance Boutskaris, "Can I sell My iTunes Library-The Implications of Expanding the First Sale Doctrine to Digital Goods", *Landslide*, 2015, 8 (2).

[76] Terence Leong, "When Software We Buy is Not Actually Ours: An Analysis of Vernorv, Autodesk on the First Sale Doctrine and Essential Step Defense", *Northwestern Journal of Technology and Intellectual Property*, 2012, 10 (3).

[77] Kimberley Byer, "The Death of the First Sale Doctrine", *Journal on Telecommunications & High Technology Law*, 2013, 11 (2).

[78] Thomas J. Bacon, "Caveat Bibliotheca: The First Sale Doctrine and the Future Of Libraries after Omega v. Costco", *John Marshall Review of Intellectual Property Law*, 2011, 11 (2).

[79] Elizabeth McKenzie, "A Book by Any Other Name: E-Books and the First Sale Doctrine", *Chicago-Kent Journal of Intellectual Property*, 2013, 12 (1).

[80] Benjamin Hamborg, John Wiley & Sons, Inc. v. Kirtsaeng, "The Uncertain Future of the First-Sale Doctrine", *Minnesota Journal of Law, Science and Technology*, 2012, 13 (2).

[81] Tricia Riskin, "Out with the Old, in with the New: How a Functionalist Approach Could Save a Dying First Sale Doctrine", *Northwestern Journal of Technology and Intellectual Property*, 2015, 13 (2).

[82] C. Todd Mosley, "Mourning the Loss of Copyright's Unsung Hero: Destruction of the First Sale Doctrine", *Chicago-Kent Journal of Intellectual Property*, 2014, 14 (1).

[83] B. Chase Smith, "International or National Exhaustion: The Need for Legislative Intervention regarding the First Sale Doctrine", *Wake Forest Journal of Business and Intellectual Property Law*, 2014, 14 (4).

[84] John T. Soma, Michael K. Kugler, "Why Rent When You Can Own: How ReDigi, Apple, and Amazon Will Use the Cloud and the Digital First Sale Doctrine to Resell Music, E-Books, Games, and Movies", *North Carolina Journal of Law & Technology*, 2014, 15 (3).

[85] Vartan J. Saravia, "Shades of Gray: The Internet Market of Copyrighted Goods and a Call for

the Expansion of the First - Sale Doctrine", *Southwestern Journal of International Law*, 2009, 15 (2).

[86] Kristy Wiehe, "Dollars, Downloads and Digital Distribution: Is Making Available a Copyrighted Work a Violation of the Author's Distribution Right", *UCLA Entertainment Law Review*, 2008, 15 (1).

[87] Esti Miller, "NAFTA: Protector of National Intellectual Property Rights or Blueprint for Globalization–The Effect of Nafta on the First Sale Doctrine in Copyright Law", *Loyola of Los Angeles Entertainment Law Journal* 16, no. 2 (1996).

[88] Anthony C. Eichler, "Owning What You Buy: How iTunes Uses Federal Copyright Law to Limit Inheritability of Content, and the Need to Expand the First Sale Doctrine to Include Digital Assets", *Houston Business and Tax Law Journal*, 2016, 16 (2).

[89] Maureen Steimer, "Restoring the Balance: Bringing Back Consumer Rights in UMG Recordings v. Augusto by Reaffirming the First Sale Doctrine in Copyright Law", *Villanova Sports & Entertainment Law Journal*, 2009, 16 (2).

[90] Zachary L. Rhines, "An Exhausting Idea: Applying the Doctrine of First Sale to Purely International Transactions", *Wake Forest Journal of Business and Intellectual Property Law*, 2017, 17 (2).

[91] Sage Vanden Heuvel, "Fighting the First Sale Doctrine: Strategies for a Struggling Film Industry", *Michigan Telecommunications and Technology Law Review*, 2012, 18 (2).

[92] Vladimir L. Nechev, "Globalizing the First–Sale Doctrine to Prohibit Potential Loopholes and Unfair Profiting and to Facilitate the Free Flow of Goods", *New England Journal of International and Comparative Law*, 2012, 18 (2).

[93] Vivian F. Wang, "Sale or License–UMG v. Augusto, Vernor v. Autodesk, and the First Sale Doctrine", *Texas Intellectual Property Law Journal*, 2010, 19 (1).

[94] William Brice, "Omega S. A. v. Costco Wholesale Corp: An Example of the Ninth Circuit Adding Confusion to First–Sale Doctrine in Order to Prevent Gray Market Imports", *University of Baltimore Intellectual Property Law Journal*, 2011, 19 (2).

[95] Dan Kamenetz, "Ninth Circuit Welcomes Copyright - Holders to Bypass the First Sale Doctrine by Crafting New Rule for Establishing Licenses", *University of Baltimore Intellectual Property Law Journal*, 2011, 19 (2).

[96] Trevor McDaniel, "Copyright and the Internet: Expanding the First Sale Doctrine to Digital Goods across International Boundaries", *Wake Forest Journal of Business and Intellectual Property Law*, 2019, 19 (2).

[97] Michael Stockalper, "Is There a Foreign Right of Price Discrimination under United States

Copyright Law－An Examination of the First－Sale Doctrine as Applied to Gray－Market Goods", *DePaul Journal of Art, Technology & Intellectual Property Law*, 2010, 20 (2)

[98] Daniela Alvarado, "Seamaster-ing the First Sale Doctrine: A Tripartite Framework for Navigating the Applicability of Section 109 (a) to Gray Market Goods", *Fordham Intellectual Property, Media & Entertainment Law Journal*, 2012, 22 (4).

[99] Kimberly A. Condoulis, "Let Me Sell My Song: The Need for a Digital First Sale Doctrine Amendment to the Copyright Act", *Boston University Journal of Science and Technology Law*, 2016, 22 (1).

[100] Gary Donatello, "Killing the Secondary Market: How the Ninth Circuit Interpreted Vernor and Aftermath to Destroy the First Sale Doctrine", *Seton Hall Journal of Sports and Entertainment Law*, 2012, 22 (1).

[101] Caitlin O'Connell, "The End of Patent Extraterritoriality-The Reconciliation of the Patent and Copyright First Sale Doctrine", *George Mason Law Review*, 2015, 23 (1).

[102] Michael A. Shinall, "Software & Copyright Exhaustion: A Proposal to Amend Section 117 & Restore Balance to the Copyright System", *Albany Law Journal of Science & Technology*, 2014, 24 (2).

[103] Kristin Cobb, "The Implications of Licensing Agreements and the First Sale Doctrine on U.S. and EU Secondary Markets for Digital Goods", *Duke Journal of Comparative and International Law*, 2014, 24 (3).

[104] S Karjiker, "The First-Sale Doctrine: Parallel Importation and Beyond", *Stellenbosch Law Review*, 2015, 26 (3).

[105] Keith Harris, "For Promotional Use Only: Is the Resale of a Promotional CD Protected by the First Sale Doctrine", *Cardozo Law Review*, 2009, 30 (4).

[106] Gregory Capobianco, "Rethinking ReDigi: How a Characteristics-Based Test Advances the Digital First Sale Doctrine Debate", *Cardozo Law Review*, 2013, 35 (1).

[107] Andrew Degner, "Wise-ing up about the First Sale Doctrine: A Look at the Ninth Circuit's Approach to Vernor v. Autodesk", *Columbia Journal of Law & the Arts*, 2012, 35 (4).

[108] May Khoury, "Exhausted Yet: The First-Sale Doctrine and the Second-Hand Market for Software Licenses in the European Union", *Boston College International and Comparative Law Review*, 2014, 37 (3).

[109] Katya Fisher, "Once upon a Time in NFT: Blockchain, Copyright, and the Right of First Sale Doctrine", *Cardozo Arts & Entertainment Law Journal*, 2019, 37 (3).

[110] Kali Murray, "Does the First-Sale Doctrine Apply to Copyrighted Goods Purchased Abroad-Kirtsaeng v. John Wiley & Sons, Inc. (11－697) ", *Preview of United States Supreme*

Court Cases, 2012, 40 (2).

[111] Owen Lee Wilson, "Does Kirtsaeng v. Wiley Open the Door for an Abuse of the First-Sale Doctrine", *Journal of Law & Education*, 2014, 43 (4).

[112] Dan Karmel, "Off the Wall: Abandonment and the First Sale Doctrine" *Columbia Journal of Law and Social Problems*, 2012, 45 (3).

[113] Brittany Greger, "Consumer Rights Need a Reboot: The Supreme Court's Decision in Kirtsaeng v. John Wiley & Sons, Inc. May Have Unintended Consequences for the First Sale Doctrine and Consumers", *Texas Tech Law Review*, 2015, 47 (2).

[114] Alandis Kyle Brassel, "Confused, Frustrated, and Exhausted: Solving the U. S. Digital First Sale Doctrine Problem through the International Lens", *Vanderbilt Journal of Transnational Law*, 2015, 48 (1).

[115] Rachel Ann Geist, "A License to Read: The Effect of E-Books on Publishers, Libraries, and the First Sale Doctrine", *IDEA: The Intellectual Property Law Review*, 2012, 52 (1).

[116] Jenny Lynn Sheridan, "Does the Rise of Property Rights Theory Defeat Copyright's First Sale Doctrine", *Santa Clara Law Review*, 2012, 52 (2).

[117] Andrew Wynans, "Limiting the First Sale Doctrine: Why Would Anyone Make Copies in the United States", *South Texas Law Review*, 2011, 52 (4).

[118] Brett A. Shanks, "The First Sale Doctrine and Unauthorized Imports: Feeding an out-of-Control Gray Market [Kirtsaeng v. John Wiley & Songs, Inc., 133 S. Ct. 1351 (2013)]", *Washburn Law Journal*, 2013, 53 (1).

[119] Henry Sprott Long II, "Reconsidering the Balance of the Digital First Sale Debate: Re-examining the Case for a Statutory Digital First Sale Doctrine to Facilitate Second-Hand Digital Media Markets", *Alabama Law Review*, 2008, 59 (4).

[120] Christopher J. Adams, "Booking It to the Supreme Court: The Evolution of the First Sale Doctrine and Kirtsaeng v. John Wiley & Sons, Inc", *Wayne Law Review*, 2014, 60 (1).

[121] Justin Graham, "Preserving the Aftermarket in Copyrighted Works: Adapting the First Sale Doctrine to the Emerging Technological Landscape", *Stanford Technology Law Review*, 2002 (1).

[122] Michael D. Murray, "NFT Ownership and Copyrights", *Indiana Law Review*, 2023, 56 (2).

[123] Chelsea Lim, "The Digital First Sale Doctrine in a Blockchain World: NFTs and the Temporary Reproduction Exception", *Fordham Law Review*, 2022, 91 (2).

[124] K. Parikshith Arvindana, "Non-Fungible Tokens-An Overlap between Blockchain Technology and Intellectual Property Rights", *Jus Corpus Law Journal*, 2021, 1 (4).

[125] Joshua L. Durham, "Creating True Digital Ownership with the 'First Sale' Doctrine", *Wake Forest Journal of Business and Intellectual Property Law*, 2022, 23 (3).

[126] Katya Fisher, "Once upon a Time in NFT: Blockchain, Copyright, and the Right of First Sale Doctrine", *Cardozo Arts & Entertainment Law Journal*, 2019, 37 (3).

后　记

热辣滚烫的数智时代，新技术、新业态、新模式蓬勃发展，给知识产权保护带来了新机遇，也带来了新挑战。生活在这样一个复杂性和不确定性日益增强的时代，从某种程度上讲，是知识产权法学者的幸运。从对“专利法首次销售原则”这一主题发表学术论文，到进一步将“发行权穷竭原则”确定为研究对象，我一头扎入著作权法基础理论的海洋中，试图寻找数字环境下发行权穷竭原则适用困境破解的路径。在新问题的映照下，旧原则的真实含义反而更真实地显现出来。批判不是为了否定，反思是为了更好地建设，本书即为我系统深入思考这一问题的结果。本书写作的过程虽然身体疲惫，但精神振奋，让我领略了诸多知识产权法的奥妙并发现了更多新问题。这个过程中，我深深地体会到了做研究的种种乐趣与艰辛。

在后记中所要迫切表达的，是一直以来埋藏于内心深处的感谢。感谢河北大学、河北大学法学院诸多为我提供各种帮助的领导和同事们，因为他们的帮助，我才得以在一个非常温馨、自由的环境中完成并不断修缮这部书稿。

感谢我的父母、妹妹。作为挚爱的亲人，他们一方面欣喜于我所取得的点滴进步，另一方面又担心我的身体劳累，这最深沉的爱是我最珍视的财富。今天是母亲节，感谢母亲赋予我生命并丰富了我的人生。在这样一个特殊的日子里写下这段后记，让我想起父母在20年前送我到南开大学报道时，母亲嘱托我“不要想家，以后要以校为家”，而今我的工作和终生的事业追求也落脚在高校，这是20年前的那个夏天未曾预测到的美好，不由感慨一切都是最好的安排。感恩父母用他们的善良和包容言传身教，让我学会做人做事的准则。父母总是用他们默默的关怀带给我深深的感动，有一日我无意发现父亲竟然关注了“知识产权杂志”公众号，父亲并不研究知识产权，我相信那些专业的文章也并非他的兴趣爱好，但那一刻我深深感受到了父亲的殷切期望，这是催我奋进的坚定力量。感谢我的先生对我的疼爱，作为我坚强的后盾，他总是在我有所懈怠的时候不断督促我，在怕我劳累的时候，偷偷关掉我设置的晨起闹钟，他非法学专业出身，但是每次看到知识产权抑或与我论文相关的主题，他都会第一时间转发给我，作为一个外行人，他努力和我探讨法律问题的样子让我觉得既搞笑又温暖。学习上取得的进步和生活上的历练成长，都离不开亲人的关怀和鼓励，有这样一个充满爱的家，我没有理由不努力。

感谢中国政法大学出版社丁春晖主任的敬业、高效和专业，正是他的督促与高质量的编辑工作，使得“发行权穷竭原则”这一“老树”，能够在数字时代焕发出新鲜的生机与活力。

受笔者认识水平和能力所限，本书难免还有许多问题与可商榷之处。真诚期待学界同仁给予批评指正，让本主题的研究不断完善和走向成熟。

2024年5月12日

于河北大学法学院